ऋग्वेद

परिचय

ऋग्वेद

परिचय

हृदयनारायण दीक्षित

वाणी प्रकाशन

वाणी प्रकाशन
4695, 21-ए, दरियागंज, नयी दिल्ली 110 002
फ़ोन : +911123273167 फ़ैक्स : +911123275710
शाखाएँ
अशोक राजपथ, पटना 800 004, बिहार
कॉफ़ी हाउस कैम्पस, महात्मा गांधी मार्ग, इलाहाबाद 211 001, उत्तर प्रदेश
महात्मा गांधी अन्तरराष्ट्रीय हिन्दी विश्वविद्यालय, वर्धा 442 001, महाराष्ट्र
सुल्तानिया रोड, मोतिया पार्क, भोपाल 462 001, मध्य प्रदेश
www.vaniprakashan.com
marketing@vaniprakashan.in
sales@vaniprakashan.in

RIGVEDA : PARICHAYA
by Hridaynarayan Dikshit

ISBN : 978-93-89563-98-6
Religion/Culture

प्रथम संस्करण 2020

मूल्य : ₹ 450

सिटी प्रेस, दिल्ली-110 095 में मुद्रित

वाणी प्रकाशन का लोगो मक़बूल फ़िदा हुसेन की कूची से

प्रेरणा और प्रयोजन

वर्तमान समाज पूर्वजों के सचेत और अचेत कर्मों का परिणाम है। अतीत के कर्म का फल वर्तमान है। अतीत और वर्तमान का ठीक विभाजन असम्भव है। काल गति तीव्र है। वर्तमान प्रतिपल अतीत में बदल रहा है। सुन्दर भविष्य के लिए सचेत कर्म विधान ज़रूरी है। इसके लिए अचेत ढंग से किये गये कर्मों का विवेचन भी ज़रूरी है और सचेत ढंग से किये गये शुभ कर्मों का भी।

सारा अतीत त्याज्य नहीं है और सारा अतीत स्वीकार्य भी नहीं। आधुनिक सन्दर्भ में सारा अतीत कालबाह्य नहीं है। इसी तरह सारा अतीत भी वर्तमान संगत नहीं है। सो सम्यक इतिहास बोध ज़रूरी है।

कोई भी समाज व्यवस्था आदर्श नहीं होती। उसमें आत्म–परिष्कार व परिवर्तन की सम्भावना बनी रहती है। समाज परिवर्तन के इच्छुक कार्यकर्त्ता, चिन्तक, विचारक अपनी विचारधारा के अनुरूप सामाजिक परिवर्तन और पुनर्गठन का खाका बनाते हैं। तद्नुसार लोकमत बनाते हैं। यही उचित भी है। सबको अपनी विचारधारा के अनुसार समाज बदलने का अधिकार है, होना भी चाहिए।

समाज के प्राचीनतम स्वरूप का विवरण कम उपलब्ध है। पत्थर के औज़ार आदि उपकरणों से पर्याप्त जानकारी नहीं मिलती। सभ्यता और संस्कृति के इतिहास में ऋग्वेद दुनिया का प्राचीनतम काव्य साक्ष्य है। प्राचीन मानव समाज की जानकारी के लिए ऋग्वेद से प्राचीन कोई अन्य शब्द साक्ष्य उपलब्ध नहीं है। इसलिए दुनिया की सभ्यताओं के विकास को समझने के लिए ऋग्वेद ही एकमात्र उपाय है। ऋग्वेद को अलग हटाकर मानव सभ्यता का विवेचन सम्भव नहीं है।

निस्सन्देह, ऋग्वेद आदिम मानव सभ्यता के बाद का विकास है। लेकिन इसमें तत्कालीन सभ्यता के पहले के भी संकेत हैं। ऋग्वेद में

इतिहास है, ऋग्वेद इतिहास है। प्राचीनतम काव्य है। प्राचीनतम दर्शन है। प्राचीनतम विज्ञान है। इसमें प्राचीनतम कला और रस–लालित्य है। प्राचीनतम सौन्दर्यबोध भी है। अतिरिक्त जिज्ञासा है। सुख आनन्द की प्यास है। ऋग्वेद में भरापूरा इहलोकवाद है और आध्यात्मिक लोकतन्त्र भी है।

भारत के आस्तिक मन में यह ईश्वरीय वाणी है और अपौरुषेय है। वेद वचन अकाट्य कहे जाते हैं। अन्य विश्वासों की तरह यहाँ ईश्वर के अविश्वासी नास्तिक नहीं हैं। नास्तिक–आस्तिक के भेद वेद विश्वास–अविश्वास से जुड़े हैं। जो वेद वचनों के निन्दक हैं, वे नास्तिक हैं। वेद वचनों को स्वीकार करने वाले आस्तिक हैं।

ऋग्वेद भारतीय संस्कृति और दर्शन का आदि स्रोत है। विश्व मानवता का प्राचीनतम ज्ञान अभिलेख है। प्रायः इसे रहस्यपूर्ण भी बताया जाता है। इसके इतिहास पक्ष की चर्चा कम होती है। इसका मूल कारण इतिहास की यूरोपीय दृष्टि है। भारत में इतिहास संकलन की पद्धति यूरोप से भिन्न है। स्थापित यूरोपीय दृष्टि से भिन्न दृष्टि कार्ल मार्क्स ने भी अपनायी थी। इस दृष्टि से ऋग्वेद का विवेचन भारतीय मार्क्सवादी विद्वानों ने भी किया है। ऋग्वेद साढ़े दस हज़ार मन्त्रों वाला विशालकाय ग्रन्थ है। आधुनिक अन्तर्ताना–इंटरनेट तकनीकी से बेशक इसकी सुलभता आसान हुई है लेकिन इसका सम्पूर्ण अध्ययन परिश्रम साध्य है।

ऋग्वेद के प्रति विश्व जिज्ञासा है। यह असाधारण ग्रन्थ है। इसका ज्ञान भी असाधारण ग्रन्थ द्वारा ही सम्भव है लेकिन इसका एक साधारण परिचय भी हो सकता है। साधारण परिचय के भी दो साधारण लाभ हैं। पहला–साधारण परिचय ऋग्वेद के प्रति हमारी जानकारी को बढ़ा सकता है। दूसरा कि साधारण परिचय हमारी जिज्ञासा को और भी असाधारण बना सकता है। ऋग्वेद से भारत के युवजन का परिचय ज़रूरी है। ऋग्वेद मोक्ष या मुक्ति की प्रतिभूति नहीं है। वैदिककालीन भारत में मोक्ष धारणा मुख्य अभिलाषा नहीं है।

ऋग्वेद का साधारण परिचय देना–लेना हमारी प्रवृत्ति रही है। इसकी प्रेरणा ऋग्वेद का आनन्दमग्न समाज है। यह हमारा प्राचीन इतिहास भी है। हमारा प्रयोजन भारतीय संस्कृति के आदि स्रोत ऋग्वेद से नयी पीढ़ी का परिचय कराना है। यह पुस्तक वैदिक काल का इतिहास नहीं है। यह तत्कालीन दर्शन और सभ्यता का विवेचन भी नहीं है। यह ऋग्वेद का सार संक्षेप भाष्य भी नहीं है। यह सामान्य परिचय ही है।

इसमें ऋग्वेद के भिन्न–भिन्न अंशों के ही उद्धरण हैं। इन उद्धरणों का उद्देश्य ऋग्वेद के परिचय तक ही सीमित है।

पुस्तक में 18 अध्याय हैं। एक अध्याय वैदिक समाज का परिचय है। ऋग्वेद में अनेक नदियों का उल्लेख है लेकिन सरस्वती महत्त्वपूर्ण नदी है। एक अध्याय सरस्वती पर है। ऋग्वेद में अनेक पशुओं के उल्लेख हैं। अश्व और गाय के उल्लेख ज़्यादा हैं, एक अध्याय में अश्व और गाय का विवरण है। जाति वर्ण की सामाजिक समस्या पर भी एक अध्याय में विचार किया गया है।

आधुनिक समाज पर भी ऋग्वैदिक सन्दर्भ में एक अध्याय है। भरतमुनि का नाट्यशास्त्र विश्व का अपने ढंग का अनूठा नाट्य विज्ञान है। ऋग्वेद के सन्दर्भ में भरतमुनि के नाट्यशास्त्र पर विचार वाला एक अध्याय भी है। वृद्ध या वरिष्ठ नागरिक आधुनिक समाज में व्यथित हैं। इस सन्दर्भ का विवेचन भी एक अध्याय में है।

ऋग्वेद में देवोपासना है। अनेक देवता हैं। ऋग्वेद का देवतन्त्र अनूठा है। एक अध्याय देवतन्त्र पर भी है। ऋग्वैदिक काल में महिलाओं की स्थिति के विवेचन पर भी एक अध्याय है।

आधुनिक विश्व में राष्ट्र और राष्ट्रवाद पर गहरा विमर्श है। आधुनिक राष्ट्रवाद का उदय दसवीं शताब्दी के बाद हुआ है लेकिन भारत में यह ऋग्वैदिक काल में ही है। एक अध्याय में प्राचीन राष्ट्र को समझने का प्रयास किया गया है। ऋग्वेद और आधुनिक भारत पर भी एक अध्याय है।

पुस्तक के किसी भी अंश में अन्तिम निष्कर्ष का दावा नहीं। यह ऋग्वेद का सामान्य परिचय ही है। इस विनम्र प्रयास की सफलता या असफलता की घोषणा बेकार है। सामान्य परिचय पूर्ण नहीं होता। सामान्य परिचय पूर्ण तुष्ट नहीं करता। इसे पढ़कर असन्तुष्ट होने वाले मित्र सम्पूर्ण जानने के लिए प्रेरित हो सकते हैं। यही इस लेखन का उद्देश्य है।

पुस्तक के लेखन में मैंने अनेक पुस्तकों से सहायता ली है। उनकी सूची पुस्तक के अन्त में दी गयी है। सभी लेखकों व वरिष्ठों के प्रति आभारी हूँ। इस अवसर पर मैं पत्नी माधुरी व तीनों पुत्रों अरुण, दिलीप, सुशील और तीनों बहुओं के प्रति स्नेह व्यक्त करता हूँ। सहयोगी पंकज मिश्र ने इसे अनेकशः टंकित व संशोधित किया है। उनके प्रति आभार। अनन्य सहयोगी अजय प्रताप सिंह ने इच्छित सामग्री देकर इस अनुष्ठान में सहायता की है। मैं उनके प्रति धन्यवादी हूँ।

वाणी प्रकाशन के स्वामी अरुण माहेश्वरी के प्रति कृतज्ञ हूँ। उन्होंने बार–बार पाण्डुलिपि माँग कर पुस्तक लेखन की गति व उत्साह में बढ़ोतरी की है। इसका सत्य, शिव, सौन्दर्य ऋग्वेद का काव्य है। गल्तियों का दोषी मैं ही हूँ। अन्ततः यह पुस्तक भारत के जनगणमन को समर्पित करता हूँ।

5, माल एवेन्यू, लखनऊ, उ.प्र.

हृदयनारायण दीक्षित

अनुक्रम

प्राचीनतम ज्ञान और प्राचीनतम काव्य

ऋग्वेद विश्व मानवता का प्रथम शब्द साक्ष्य है। यह दुनिया का सबसे प्राचीन काव्य संकलन भी है। अन्तर्राष्ट्रीय संस्था यूनेस्को ने भी ऋग्वेद को प्राचीनतम अन्तर्राष्ट्रीय धरोहर बताया है। ऋग्वेद के रचनाकाल में 'लिपि' नहीं थी। ऋषियों ने अपनी मनतरंग में गीत गाये। भारतीय परम्परा इन गीतों को मन्त्र कहती है और इन कवियों को ऋषि। परम्परा के अनुसार ऋषि इन मन्त्रों के रचनाकार नहीं कहे जाते। वे मन्त्रों के द्रष्टा माने जाते हैं। द्रष्टा का अर्थ है–ठीक से देखने वाला। अस्तित्व विविधि आयामी रूपवान सत्ता है। इस सत्ता के भीतर प्राण है। अस्तित्व प्राणवान है। चेतन है। पृथ्वी, जल, अग्नि, वायु और आकाश महाभूत हैं। वे प्रत्यक्ष हैं। सूर्य, चन्द्र, ग्रह, उपग्रह और तारामण्डल है। करोड़ों जीव वनस्पतियाँ हैं। इस प्रत्यक्ष के भीतर ढेर सारा प्रपंच अप्रत्यक्ष अव्यक्त है। ऋग्वेद में यह सब काव्यमन्त्र के रूप में विद्यमान है। तत्कालीन विश्व का काव्यमय वर्णन है ऋग्वेद।

ऋग्वेद हज़ारों वर्ष पहले का प्राचीनतम ज्ञान झरोखा है। ऋग्वेद में प्राचीनतम समाज का दर्शन–दिग्दर्शन है। भिन्न–भिन्न विचार हैं। अनेक देवता हैं। सामाजिक संगठन के तमाम रूप हैं। प्रकृति के प्रति अतिरिक्त जिज्ञासा है। ऋग्वेद प्राकृतिक अनुभूति की अद्वितीय काव्य अभिव्यक्ति है। इस काव्य में छन्द हैं, छन्दों में रससिक्त भाव हैं। ऋषियों के श्रीमुख से निकले यह छन्द तत्कालीन समाज का दर्पण और दर्शन हैं। ऐसी स्वाभाविक अनुभूति और अभिव्यक्ति श्रुति परम्परा में लगातार प्रवाहमान रही। हज़ारों वर्ष बीतते गये लेकिन ऋषिकुलों ने इसे अपनी स्मृति में सँजोए रखा। उसे बार–बार गाया गया, सुना गया। ऋग्वेद की कविता की अभिव्यक्ति श्रुति किसी एक ऋषि की सम्पदा नहीं है। यह साल–दो साल की अवधि की मन्त्ररचना या अभिव्यक्ति भी नहीं है। मन्त्र काव्य उगते रहे। सूर्य उगे,

अस्त हुए। दिन उगा रात्रि आयी। मास गये। वर्ष गये। मन्त्रों का उदय या सृजन धर्म जारी रहा। ऐसे दीर्घकाल के काव्यमन्त्रों का संकलन ऋग्वेद कहलाया। भारत को ऋग्वेद पर गर्व है। यह सर्वसमावेशी है।

प्रकृति प्रतिपल प्रकट होती रहती है। सौन्दर्य प्रकृति की सर्वोत्तम अभिव्यक्ति है और सौन्दर्य का सर्वोत्तम सरस कथन कविता है। कविता का उद्‌भव केन्द्र भाव है। विचार का केन्द्र बुद्धि है। बुद्धि से तर्क का जन्म होता है। तर्क अकेला नहीं होता। तर्क और प्रतितर्क साथ–साथ चलते हैं जिज्ञासा इन्हें उकसाती रहती है। प्रश्न ऊर्जा देते हैं तब ज्ञान का जन्म होता है। बुद्धि का अन्तिम परिणाम है ज्ञान। ऋग्वेद में ज्ञान भी देवता है। एक सूक्त (10.71) में ज्ञान का प्रारम्भिक चरण भी बताया गया है। बताते हैं कि प्रारंभिक स्थिति में पदार्थों के नाम रखे गये। नाम और रूप मिलाकर बोले गये शब्द ज्ञान के प्रथम सोपान बने। इनका दोषरहित शुद्ध ज्ञान अनुभूति गुहा में छुपा रहता है–तदेषां निहितं गुहावि। (वही, 1) महाभारत के यक्ष प्रश्नों में जीवन मार्ग पूछने पर युधिष्ठिर ने भी धर्म तत्त्व को गुहा में बताया था–धर्मस्य तत्त्वं निहितं गुहायां।

ऋग्वेद के ज्ञान सूक्त में आगे बताते हैं, "मेधावी लोग सूप से सत्तू स्वच्छ करने की तरह बुद्धि की सामर्थ्य से भाषा शुद्ध परिष्कृत करते हैं तब मित्रजन वास्तविक भाव समझते हैं।" ज्ञान आसान नहीं होता। ज्ञानी होना कठिन है। कहते हैं कि इनमें कोई–कोई प्रत्यक्ष देखकर भी मूलज्ञान नहीं पाते, तमाम लोग ज्ञान सुनकर भी नहीं समझ पाते, वाग्देवी सुपात्र के सामने ही प्रकट होती हैं। (वही) ज्ञान का प्रारम्भ पदार्थ के रूपों से होता है फिर गुणबोध और पदार्थ के सूक्ष्म रहस्यों की जानकारी से ज्ञान यात्रा की मंज़िलें तय की जाती हैं।

भाव प्रधान जीवन एक सरल, तरल और सरस प्रवाह है लेकिन बुद्धि प्रधान जीवन जटिल, तर्कपूर्ण, चुनौतीपूर्ण यात्रा है। जीवन में दोनों हैं। कविता और तर्कपूर्ण ज्ञान साथ–साथ हैं। कविता आनन्दवर्द्धन होती है और बुद्धि सतत खोजी स्वयं विश्वासी संघर्षपूर्ण यात्रा। बुद्धि की पराकाष्ठा विज्ञान और दर्शन में प्रकट होती है और भाव की पराकाष्ठा प्रेम में। ऋग्वेद में भाव, अनुभूति और तर्क साथ–साथ हैं।

प्रेम की शब्द अभिव्यक्ति भी कविता में होती है। प्रेम जगत् का सार है। जैसे फूलों में गन्ध होती है, वैसे ही। इसीलिए गन्ध आनन्द की व्याख्या नहीं हो सकती। प्रेम की भी व्याख्या असम्भव है। प्रेम अदृश्य है।

फूलों की गन्ध भी अदृश्य है। रस आनन्द देता है लेकिन रस भी अदृश्य है। कविता भी आनन्द देती है, काव्य रस नहीं दिखाई पड़ता। वैज्ञानिक किसी रसायन को पुष्पगन्ध का कारण बता सकते हैं। वे रस का रसायन भी जानते हैं लेकिन रसानुभूति की व्याख्या असम्भव है। तैत्तिरीय उपनिषद् के ऋषि ने परम तत्त्व को रस बताया है। उसे रसो वै सः कहा है। इसी उपनिषद् में आनन्द की मीमांसा भी है। लेकिन आनन्द भी मीमांस्य या व्याख्येय नहीं है। प्रत्येक कविता का भावार्थ भी होता है। भावार्थ यानी भाव का अर्थ। लेकिन भाव–अर्थ भी कविता के रस तक नहीं पहुँचाता।

आनन्द के लिए काव्य का कोई विकल्प नहीं। इसी तरह ज्ञान के लिए तर्क, प्रश्न या जिज्ञासा के अलावा दूसरा कोई उपाय नहीं। आधुनिक विज्ञान स्वागत योग्य है। यह सूक्ष्म का ज्ञान है, लेकिन इसमें कविता नहीं होती। भाव भी नहीं होते। विज्ञान में पदार्थ के सूक्ष्मतम की व्याख्या वाला तरंग सिद्धान्त तो है लेकिन प्रेम तरंग भाव तरंग नहीं। क्या हम एक साधारण कल्पना कर सकते हैं? सोचता हूँ विज्ञान और कविता में प्यार हो तो कैसा रहेगा? कामचलाऊ–प्यार ही नहीं। लिव–इन भी नहीं। दोनों ठीक से मिलें। विज्ञान भाव रस से भरे और कविता में ज्ञान–विज्ञान की प्रज्ञा छलके।

हृदयहीन विज्ञान मानवता का प्रेमी नहीं हो सकता। संहारक परमाणु हथियार विज्ञान से ही अस्तित्व में आये हैं। कविता में अनुभूति होती है लेकिन प्रायः शोध नहीं होता। काव्य और ज्ञान–विज्ञान की गहन प्रीति से 'भाव प्रवण विज्ञान' का जन्म सम्भव है। इसी तरह दोनों की अनन्य प्रीति से ज्ञानपूर्ण काव्य का जन्म भी सम्भव है। कविता में जब तब ऐसा ही होता है। जब ज्ञान और भाव संयुक्त होते हैं तब कविता लोकमंगल का उपकरण बन जाती है। विज्ञान में भी भाव पक्ष जुड़े तो विज्ञान सम्पूर्ण मानवता के सुख, स्वस्ति और आनन्द का अधिष्ठान बन सकता है।

प्राचीन भारतीय इतिहास के वैदिक काल में कविता और विज्ञान का मिथुन है। ऋग्वेद दुनिया की प्राचीनतम कविता है। इस कविता में रस है, प्रीति है, अस्तित्व का ज्ञान गान है। ऋग्वेद के रचनाकाल में ज्ञान और काव्य अलग–अलग नहीं है। तब सत्य और सौन्दर्य साथ–साथ हैं। ऋग्वेद के अनुसार धरती–आकाश भी तब मिले हुए हैं। दोनों का संयुक्त नाम 'रोदसी' है। पति–पत्नी का साझा नाम 'दम्पती' है। अनेक विद्वानों ने लक्ष्य किया है कि पति–पत्नी दम्पती जैसा साझा नाम अन्य भाषाओं में नहीं है।

ऋग्वेद का नासदीय सूक्त सुन्दर कविता है। उस समय तक उपलब्ध सृष्टि सृजन की धारणा नासदीय सूक्त में है। रात–दिन, जीवन–मृत्यु और वायु सृष्टि के पूर्व नहीं थे। तब सृष्टि का सम्पूर्ण जड़–चेतन एक बिन्दु पर केन्द्रित है। यह विज्ञान है। भाव पक्ष यह है कि वह एक वायुहीनता की स्थिति में स्वयं की क्षमता से स्पन्दित है। फिर वैज्ञानिक दृष्टिकोण वाले प्रश्न हैं कि कौन जानता है कि सृष्टि कैसे अस्तित्व में आयी? फिर भाव पक्ष की शिखर ऊँचाई है कि परम आकाश में बैठा सृष्टि अध्यक्ष भी यह सब जानता है कि नहीं जानता? कौन जानता है?

कविता और विज्ञान की प्रीति से ऐसे ही छन्द उगते हैं। तब दोनों की प्रणय–लीला में कविता मन्त्र बन जाती है। जल सृष्टि सृजन का मूल है। वैज्ञानिक भी यही बताते हैं। ऋग्वेद में इसी वैज्ञानिक तथ्य को बहुत सुन्दर काव्यात्मक शैली में गाया गया है। जल यहाँ विश्व को जन्म देने वाली माताएँ है–मातृतमा विश्वस्य स्थातुर्जगतो जनित्री। (6.50.7) वैज्ञानिक विवेचन में जल रस है, रसायन है, पदार्थ है लेकिन ऋषियों के भाव बोध में यह माता है। जल से सभी जीवों का प्रेम सम्बन्ध है। प्रेम की अभिव्यक्ति कविता है लेकिन विज्ञान भी साथ–साथ है। सृष्टि का उद्‌भव जल से जुड़ा हुआ है। 'जल माताएँ' भी हैं। इसलिए माताओं से संरक्षण की प्रार्थना है, जल आकाश से आते हैं। नदियों में प्रवाहित है। ऋग्वेद में कहते हैं, जो जल भूमि खोदने से प्राप्त होते हैं, ऐसी स्वयं प्रवाहमान जलमाताएँ हमारी रक्षा करें–आपो देवीरिह मामवंतु। ऋग्वेद में एक पूरा सूक्त (10.9) जल से स्तुति है–"हे जल देव! आप सुखों के मूल स्रोत हैं। आप पोषक रस दें। जैसे माताएँ बच्चों को दूध पिलाती हैं, आप हमें वैसे ही रस पोषण दें।" (वही, 1 व 2) यहाँ ज्ञान और कविता साथ–साथ हैं। आगे कहते हैं, "आप संरक्षक औषधियाँ (वनस्पतियाँ) प्रदान करें। हम निरोगी रहें, दीघार्यु प्राप्त करें।" यहाँ जल का विज्ञान है लेकिन आगे सदाचरण की स्तुति है। कहते हैं, "आप हमारे अन्तःकरण के द्वेषभाव व विकार दूर करें। हमें पवित्र करें।" (वही, 8) यहाँ लोकमंगल से जुड़ी कविता है।

सृष्टि–सृजन की जानकारियों पर वैज्ञानिक व ऋग्वेद के ऋषि लगभग एक मत हैं। दोनों के कथन का ढंग स्वाभाविक ही भिन्न–भिन्न है। बिंग बैंग सिद्धान्त के अनुसार महाविस्फोट हुआ था। विस्फोट की ऊर्जा से ऊर्जाकण सब तरफ़ फैल गये थे। ऋग्वेद के अनुसार सृष्टि के पहले देवता नहीं थे। सृष्टि प्रकट हुई तो देवता प्रंकट हुए। देवता प्रकृति

की सूक्ष्म शक्ति हैं। जैसे वैज्ञानिक सिद्धान्त के अनुसार ऊर्जाकण तीव्र गतिशील हुए वैसे ही ऋग्वेद के अनुसार देवों के नर्तन से तीव्र रेणु प्रकट हुए–''नृत्यभिव तीव्र रेणुर पायत।'' (10.72.6) देवता और नृत्य शब्द का प्रयोग काव्यात्मक है। कविता है। शेष तथ्य वैज्ञानिक है। ऋग्वेद दुनिया का पहला ज्ञान–गान है।

ऋग्वेद में विश्वामित्र के सूक्त में नदी और ऋषि का संवाद है। नदी से वार्ता को वैज्ञानिक नहीं कहा जा सकता। लेकिन ऋग्वेद की कविता कपोल–कल्पना नहीं है। विश्वामित्र नदी तट पर हैं। नदी उफनाकर बह रही है। विश्वामित्र ने नदी से कहा, "आप नीचे होकर बहें। हम आपके उस पार जाना चाहते हैं।" उन्होंने नदी की स्तुति की। नदी ने कहा, "आप हमारी प्रशंसा न करें। हम वैसे ही झुककर नीचे जाते हैं जैसे माता स्तनपान कराने के लिए अपने शिशु के ऊपर झुक जाती है।" यहाँ काव्य–भाव का चरम है। नदी प्रवाह सत्य वैज्ञानिक तथ्य है और नदी का माता की तरह झुकने का आश्वासन है भावप्रवण कविता।

विश्वामित्र ऋग्वेद के अनेक मन्त्रों के द्रष्टा कवि हैं। वे वैदिक काल में थे। ऋग्वेद साक्ष्य है। वे रामकथा में हैं और पुराणों में भी। विश्वविख्यात गायत्री मन्त्र ''तत्सवितुर्वरेण्यं'' के द्रष्टा कवि ऋषि भी वही हैं। भारतीय परम्परा ने विश्वामित्र को अनवरत प्यार दिया। विश्वामित्र ऋग्वैदिक काल में ही संस्था हो गये थे। वे ऋग्वेद में ब्रह्मेदं–तत्त्ववेत्ता हैं। उनके सूक्त मन्त्र काव्य भारत जनों के संरक्षक हैं–विश्वामित्रस्य रक्षति ब्रह्मेदं भारतं जनं। (3.53.12) प्रकृति प्रतिपल अभिव्यक्त होती रहती है। सौन्दर्य प्रकृति की सर्वोत्तम अभिव्यक्ति है और सौन्दर्य का सर्वोत्तम सरस कथन कविता है। कविता का उद्‌भव केन्द्र भाव है। विचार का केन्द्र बुद्धि है। बुद्धि से तर्क का जन्म होता है। तर्क अकेला नहीं होता। तर्क और प्रतितर्क साथ–साथ चलते हैं। जिज्ञासा इन्हें उकसाती रहती है। प्रश्न ऊर्जा देते हैं तब ज्ञान का जन्म होता है। बुद्धि का अन्तिम परिणाम है ज्ञान। भाव हमारा प्राकृतिक अन्तस् है। बाह्यजगत् में जो प्राकृतिक है वही अन्तर्जगत् में स्वाभाविक है। स्वाभाविक का मूल भाव स्वभाव है। प्रभाव में गुनगुनाने का मन करता है, गीत काव्य की तरंगें उठती हैं, चित्त सरस होता है। कविता भावाभिव्यक्ति है और विचार तर्क की परिणिति।

ऋग्वेद का काव्य विश्वमानवता का प्रथम इतिहास है। इस काव्य में ऋग्वेद के उदय के पूर्व का इतिहास बोध है। काव्यसृजन अन्य देशों

में भी हुआ है। वह भी आदरणीय है लेकिन प्रकृति के अन्तरंग रहस्यों पर काव्यसृजन का ऋग्वेद जैसा उदाहरण अन्यत्र नहीं है। यह बुद्धि से बुद्धि का संवाद है लेकिन जिज्ञासा बनी रहती है। लेकिन यह हृदय से हृदय का संवाद भी है। ऐसे संवाद को कविता कहने से बात पूरी नहीं होती। इसीलिए यह ऋचा है और आनन्दवर्द्धन ज्ञानवर्द्धन मन्त्र भी। यहाँ कविता का चरम ही मन्त्र है। प्रत्येक कविता मन्त्र नहीं होती। लेकिन प्रत्येक मन्त्र कविता होता है। ऋग्वेद कविता के मन्त्र हो जाने का प्राचीनतम ज्ञान गान है। इस ज्ञान गान की प्राचीनता पर तमाम बहसें चलती हैं।

भारतीय परम्परा में चार युग हैं। राजा परीक्षित के समय कलियुग का प्रारम्भ हुआ। परीक्षित महाभारत काल के युवा योद्धा अभिमन्यु के पुत्र थे। अभिमन्यु को कई योद्धाओं ने मिलकर मार गिराया था। अनुमान किया जा सकता है कि महाभारत का युद्ध पाँच हज़ार वर्ष पूर्व हुआ है। यह कम से कम ईसा के तीन हज़ार वर्ष पहले की घटना है। डॉ. रामधारी सिंह दिनकर ने 'संस्कृति के चार अध्याय' (पृ. 53) में बताया है कि इससे 400 वर्ष पूर्व संहिताएँ लिखी गयी थीं। उससे भी सात सौ वर्ष पूर्व से वेदों की रचना होती आ रही थी। हम कह सकते हैं कि ऋचाएँ ईसा पूर्व 2500 से बनने लगीं और ई.पू. 1400 में सम्पूर्ण हो गया। दिनकर जी ऋग्वेद के रचनाकारों–आर्यों को बाहर से भारत आया हुआ मानते थे। इसलिए ऋग्वेद को वे सिन्धु सभ्यता का परवर्ती सोचते हैं।

बुद्ध भारतीय इतिहास में हैं। वे ईसा के लगभग 500 वर्ष पहले हैं। बुद्ध दर्शन के तमाम तत्त्व उपनिषदों में हैं। उपनिषद् के ऋषियों ने ये तत्त्व बुद्ध दर्शन से नहीं पाये। उपनिषद् ऋग्वेद के दर्शन का विकास हैं। मुख्य उपनिषद् ऋग्वेद और बुद्ध दर्शन के बीच में रचे गये थे। इस दृष्टिकोण से भी ऋग्वेद के रचनाकाल की प्राचीनता पर प्रश्न नहीं उठाये जा सकते। ऋग्वेद की प्राचीनता असन्दिग्ध है लेकिन पुरातात्विक उत्खनन से प्राप्त हड़प्पा सभ्यता के साम्राज्यवादी विवेचन से ऋग्वेद के रचनाकाल को खींच–खाँच कर परवर्ती बनाने का काम हुआ। इन विद्वानों की मानें तो ऋग्वेद हड़प्पा सभ्यता के बाद की रचना है। सच दूसरा है। हड़प्पा सभ्यता प्राचीन वैदिक सभ्यता का विस्तार है। वैदिक सभ्यता का विस्तार क्षेत्र बड़ा था और हड़प्पा का सीमित। ऋग्वेद का रचनाकाल हड़प्पा से प्राचीन है।

जर्मन विद्वान जैकोबी ने ऋग्वेद के बाद रचे गये कल्पसूत्रों का

रचनाकाल ईसा से 4700 वर्ष पूर्व माना है। उन्होंने ऋग्वेद का रचनाकाल लगभग 6500 वर्ष ईसा पूर्व माना था। भारत के प्रतिष्ठित विद्वान लोकमान्य तिलक ने ब्राह्मण ग्रन्थों का रचनाकाल ईसा से 4500 वर्ष पूर्व बताया था। इस तरह कुछ ऋचाएँ 10 हज़ार वर्षों की, कुछ 8500 वर्ष, और कुछ 7500 वर्ष (ई.पूर्व) प्राचीन हैं। तिलक ने लिखा है कि "सभी प्राचीनतम ऋचाएँ ऋग्वेद की हैं।" वैदिक ऋचाएँ प्राणवान कविता हैं।

ऋग्वेद के रचनाकाल का विषय यूरोपीय दृष्टिकोण वाले विद्वानों के कारण बहस का विषय बनता है। मैक्समूलर के अनुसार ऋग्वेद ईसा से 1200–1000 वर्ष पूर्व की रचना है। 'हिस्ट्री ऑफ़ ऐंशियेंट संस्कृत लिटरेचर' (1959) में उन्होंने समूचे वैदिक साहित्य को तीन कालखण्डों में बाँटा– पहला–मन्त्रकाल, इस समय मन्त्र रचे गये। दूसरा–संहिताकाल, इस समय मन्त्रों का संग्रह हुआ और तीसरा ब्राह्मण काल, इस समय बाद का सारा वैदिक साहित्य रचा गया। उन्होंने प्रत्येक काल का समय 200 वर्ष बताया।

मैक्समूलर प्रतिष्ठित विद्वान थे सो अध्ययन श्रम न करने वाले लेखकों/इतिहासकारों ने उनका यह विचार लपक लिया। प्राचीन भारतीय समाज को बर्बर व असभ्य सिद्ध करने में संलग्न साम्राज्यवादी विचारकों को भी यह विचार उपयोगी लगा। मैक्समूलर ने कोई प्रमाण नहीं दिये, उनके मत के समर्थकों ने भी कोई प्रमाण नहीं जुटाये। मैक्समूलर ने यह अटकल 19वीं सदी में की थी। अटकल भारी पड़ी। इसकी ज़बर्दस्त आलोचना हुई। उन्होंने अपना मत संशोधित किया, "Whether the vedic hymns were composed 1000 or 1500 or 2000 or 3000 B.C., no power on earth were ever determine." "वैदिक मन्त्र 1000 या 1500 या 2000 या 3000 वर्ष ईसवी पूर्व रचे गये, दुनिया की कोई भी ताक़त ठीक से यह बात नहीं बता सकती।" (फिजिकल रिलीजन, गिफर्ड लेक्चरर्स 1889, नयी दिल्ली–प्रो. शिवाजी सिंह द्वारा "ऋग्वैदिक आर्य और सरस्वती सिन्धु सभ्यता", पृ. 28 में उद्धृत)

मैक्समूलर ऋग्वेद के बाद उपनिषद् काल व महाभारत युद्ध के समय में समन्वय की चिन्ता नहीं करते। 1200–1000 वर्ष ईसा पूर्व उपनिषद् को भी रखना युक्तिसंगत नहीं है। डॉ. अविनाश चन्द्र दत्त ने पूरी युक्ति के साथ ऋग्वेद को 50 से 75 हज़ार वर्ष प्राचीन बताया है। सिन्धु घाटी के विवरण में भारत में लेखन कला की जानकारी ईसा से 3000 वर्ष पूर्व अनुमानित है। ईसा पूर्व 3000 वर्ष में यहाँ लेखन कला थी। आर्य बाद में

आये तो उन्हें लेखन कला का प्रयोग करना चाहिए था। लेखन कला का सिन्धु सभ्यता के बाद का साक्ष्य सम्राट अशोक के अभिलेख हैं। ऋग्वेद सिन्धु सभ्यता के बहुत पहले की रचना है।

मैक्समूलर का अनुमान पुरातत्व द्वारा 20वीं सदी की शुरुआत में ही धराशायी हो गया। तुर्की के बोगाजकुई स्थान से उत्खनन में प्राप्त (1907 ई.) एक अभिलेख मित्र, वरुण, इन्द्र और नासत्य (अश्विन देव) आदि वैदिक देवों का उल्लेख एक राजकीय सन्धि की साक्षी में मिला। यह अभिलेख 1400 ई. पूर्व के बताये गये। प्रो. शिवाजी सिंह ने याद दिलाया है कि "इन देवताओं के नाम बोगाजकुई अभिलेख में ठीक उसी क्रम में दिये गये हैं जिस क्रम में वे ऋग्वेद के प्रसिद्ध वागाम्भृणी सूक्त (10.125) में प्राप्त होते हैं।" (वही, पृ. 29) विंटरनिट्ज़ ने ऋग्वेद का रचनाकाल 2500 ई.पूर्व और जैकोबी ने 4500 वर्ष ई. पूर्व माना ही है।

मैक्समूलर का अनुमान निराधार था लेकिन ऋग्वेद के प्रति उनकी अनुभूति सही थी। मैक्समूलर ने 'माई आटोग्राफ़ी' (पृ. 193) में लिखा, "जहाँ तक वेदों के वास्तविक रचनाकाल का सम्बन्ध है, मैंने तत्परता से मान लिया था कि कालक्रम विचार से वह उतना प्राचीन नहीं है जितना कि पिरामिड, पर मान लीजिए कि वह होता, तो क्या हमारे अध्ययन के लिए उसका मूल्य इससे किसी प्रकार बढ़ जाता? यदि हम उसे 5000 ई.पू. स्थिर करें तो कोई इस काल का खंडन कर सकेगा, इसमें मुझे सन्देह है और यदि हम वेद से और पहले जायें, संस्कृत के तथा आर्य भाषा के आदिम रूप के निर्माण के लिए जो समय दरकार था, उसे नापने बैठें, तो मुझे सन्देह है कि इसके लिए 5000 वर्षों का समय भी पर्याप्त होगा। भाषा में अथाह गहराई है, एक स्तर के नीचे दूसरा स्तर मिलता चला जाता है इसके बहुत पहले कि हम जड़ों तक पहुँचें और उनके विस्तार के लिए, उनमें व्यक्त किये गये विचारों के विस्तार के लिए कितना समय, कितना प्रयत्न अनिवार्यतः आवश्यक रहा होगा।" आत्मकथा में अनुभूति है। इस अनुभूति में तमाम तर्क भी हैं। लेकिन ऋग्वेद की विषयवस्तु पर उनके मन में आदर है।

ऋग्वेद में सरस्वती प्रत्यक्ष है। यह भूगोल का भाग है और ज्ञात इतिहास है। यह आर्य अभिजनों की प्रिय नदी है। इसलिए ऋग्वेद में सरस्वती का अनेकशः उल्लेख है। विद्वान 10वें मण्डल को शेष ऋग्वेद के बाद की रचना बताते हैं। इसी मण्डल में चर्चित नदी सूक्त भी है। सरस्वती

का उल्लेख नदी सूक्त में भी है। ऋग्वेद में सरस्वती जल से भरीपूरी हैं। हड़प्पा सभ्यता के ह्रासकाल, 1700–1800 ईसा पूर्व में सरस्वती सूख गयीं थी। सरस्वती भौगोलिक साक्ष्य है। ऋग्वेद और यजुर्वेद में सरस्वती के जलहीन होने की कोई सूचना नहीं है। दोनों वेदों में सरस्वती हहराकर बहती हुई स्तुतियाँ पा रही हैं। ऋग्वेद की रचना सरस्वती के भरेपूरे बहने के समय की है। यह हड़प्पा सभ्यता के ह्रास के पहले की रचना है। पुरातात्विक उत्खनन से प्राप्त सामग्री का सदुपयोग ऋग्वेद को समझने के लिए सम्भव है। इसी तरह पुरातत्त्व के साक्ष्यों का विवेचन ऋग्वेद के काव्य साक्ष्य के आधार पर भी सम्भव हो सकता है। ऋग्वेद की प्राचीनता का सत्य इस विवेचन से भी सम्भव है।

ऋग्वेद अतिप्राचीन असाधारण काव्य रचना है। इसके भीतर ऋग्वेद से भी पूर्व के वैदिक समाज के विवरण हैं। ऋग्वेद की भाषा व्यवस्थित है। इस स्तर की भाषा के विकास के लिए हज़ार–दो हज़ार वर्ष का समय पर्याप्त नहीं है। प्राचीनकाल में सामाजिक विकास की गति धीमी थी। ब्राह्मण ग्रन्थ और उपनिषद् ऋग्वेद के बाद की रचनाएँ हैं। ऋग्वेद और ब्राह्मण ग्रन्थों के रचनाकाल में भी काफ़ी फ़ासला होना चाहिए। ब्राह्मणों के रचनाकाल तक वैदिक मन्त्रों की समझ जटिल हो गयी थी। ऐसे ही ऋग्वेद में उपलब्ध और संकलित मन्त्रों के पहले रचे गये मन्त्रों की अनुपलब्धता की बात भी है। प्रसिद्ध गायत्री मन्त्र ऋग्वेद (ऋ. 3.62.10) में संकलित है। ऐसी दार्शनिक स्तुति की रचना ऋग्वेद के बाक़ी मन्त्रों की तुलना में अतिप्राचीन भी हो सकती है। ऋग्वेद के रचनाकाल के बहुत पहले, हज़ारों बरस पहले भी एक विकासमान प्रबुद्ध दार्शनिक संस्कृति थी। ऋग्वेद के ऋषि कवि उसी दार्शनिक काव्यधारा के प्रतिनिधि हैं और ऋग्वेद उसी संस्कृति का अमर काव्य। अमेरिकी विद्वान ब्लूम फ़ील्ड ने हायकिन यूनिवर्सिटी के 18वें अधिवेशन में ठीक कहा कि "आर्य सभ्यता का वास्तविक प्रारम्भ वैदिक साहित्य से कई हज़ार वर्ष पूर्व होना चाहिए।" यही सही भी है।

ऋग्वेद के रचनाकाल की शोध पर ढेर सारा काम हुआ है। शंकर बालकृष्ण दीक्षित ने ज्योतिर्विज्ञान के माध्यम से शतपथ ब्राह्मण का रचनाकाल 3000 ई.पू. निश्चित किया है। उन्होंने शतपथ ब्राह्मण (2.2.2–3) के हवाले कृतिका नक्षत्र का उदय ठीक पूर्व दिशा में होने का काल 5000 वर्ष पूर्व बताया है। ऋग्वेद शतपथ ब्राह्मण से पुराना है।

ऋग्वेद की रचना 5000 ई.पूर्व कभी हुई होगी। लोकमान्य बालगंगाधर तिलक विशेष परिश्रमी मेधावी महामना थे। उन्होंने ऋग्वेद के मन्त्रों (10.86 व 1.161 आदि) के तर्क देकर कहा कि उस समय सूर्य के मृगशिरा नक्षत्र में उदय होने पर उत्तरायण और नववर्ष का शुभारम्भ होता था। ज्योतिषीय गणित में ऐसा काल 4580 ई. पूर्व था। तिलक के अनुसार ऋग्वेद की रचना में काफ़ी समय लगा होगा। वे इस समय को चार हिस्सों में बाँटते हैं। पहला ईसा से 6000 वर्ष यानी आज से लगभग 8 हज़ार वर्ष पूर्व देवतन्त्र आदि से सम्बन्धित सूक्त आये। दूसरा ईसा से 4000 वर्ष पूर्व अधिकांश मन्त्र आये। तीसरे काल ईसा से 2500 वर्ष पूर्व में तैत्तिरीय जैसी संहिताएँ आयीं। अन्तिम और चौथे काल ईसा से लगभग 1500 वर्ष पूर्व दर्शन और गुह्य सूत्र आये।

ऋग्वेद की अतिप्राचीनता प्रमाणित हो चुकी है लेकिन कुछ दुराग्रही विद्वान इसे ईसा से 1800 वर्ष से लेकर 2500 ई. पूर्व की ही रचना मानते हैं और मैक्समूलर का तर्क देते हैं। ऋग्वेद विश्व ज्ञान का प्राचीनतम ज्ञानकोष है। ऋग्वेद जैसा उन्मुक्त काव्य सर्जन सारी दुनिया में फिर नहीं आया। बाद के ज्ञानग्रन्थ/धर्मग्रन्थ रचयिता ऋग्वैदिक ऋषियों जैसा साहस नहीं अपना पाये। ऋग्वेद में भरीपूरी प्रकृति है। इसके अनन्त रहस्यों की खोज है। भौतिक सम्पत्ति के प्रति सहज स्वाभाविक मोह है। ऋग्वेद नीति ग्रन्थ नहीं है। यहाँ विज्ञान और दर्शन के काव्य हैं। ऋग्वेद किसी एक ज्ञानी द्वारा लिखा गया ग्रन्थ नहीं है। सवा चार सौ ज्ञात और अनेक अज्ञात ऋषियों द्वारा समय–समय पर गाये गये मन्त्रों का संकलन ही ऋग्वेद है। डॉ. राधावल्लभ त्रिपाठी ने (संस्कृत साहित्य का अभिनव इतिहास, पृ. 18) बताया है, "वेदों को सहस्रों वर्षों तक वाचिक परम्परा (कहना और सुनना) में ही संगृहीत और सुरक्षित किया जाता रहा। बाद में लिपि का आविष्कार हो जाने पर इन्हें लिपिबद्ध किया गया। दस हज़ार से भी अधिक मन्त्र कुछ हज़ार वर्षों तक केवल मौखिक रूप में स्मरण कर–कर के यथावत् सुरक्षित रखे गये। अन्य किसी देश के इतिहास में प्राचीन वाङ्मय को इतनी निष्ठा से सहस्रों वर्षों तक सुरक्षित रखने का उदाहरण नहीं मिलता। वेद को सहस्रों वर्षों तक गुरु–शिष्य–परम्परा में सुन–सुन कर व स्मरण रख कर सुरक्षित रखा गया, इसलिए इन्हें 'श्रुति' भी कहा जाता है। वाचिक परम्परा में मन्त्रों को यथावत् स्मरण और पीढ़ी–दर–पीढ़ी सुरक्षित रखने के लिए पाठ की विशिष्ट विधियाँ अपनायी गयीं।"

ऋग्वेद की शब्द देह पर भी थोड़ी विचार भिन्नता है। मैक्समूलर के अनुसार इसमें 10,622 ऋचाएँ (श्लोक) हैं। स्वामी दयानन्द ने 10,522 ऋचाएँ मानीं। प्रो. राधा कुमुद मुखर्जी ने 70 हज़ार पंक्तियाँ बतायीं। जो भी हो। ऋग्वेद में तत्कालीन समाज की व्याख्या है। वेद शब्द विद्–ज्ञाने धातु से 'धञ्' प्रत्यय द्वारा बना। इसकी व्युत्पत्ति "विदन्ति ये सवेदः" है अर्थात् जिससे सही बात जानी जाये उसे वेद कहते हैं। ऋग्वेद के अनुसार वेद तीन हैं। पुरुष सूक्त में विराट से ऋक्, साम और यजु की उत्पत्ति बताई गयी (ऋ. 10/90) इनमें ऋग्वेद सर्वाधिक प्राचीन है। यहाँ ढेर सारे देवताओं की स्तुतियाँ हैं। ढेर सारी मानवीय अभिलाषाएँ हैं। सारांशतः सत्य तत्त्व का दर्शन–दिग्दर्शन है। ऋग्वेद के एक ऋषि दीर्घतमस द्वारा गाया मन्त्र भारतीय दर्शन की एकात्म अनुभूति का प्रतिनिधि है, इन्द्र, वरुण, अग्नि, यम और मातरिश्वा अनेक देवता हैं। सत्य एक है ज्ञानीजन उसे अनेक नाम लेकर बताते हैं। (ऋ 1.164.46) ऋग्वेद की प्राचीनता भी एक सत्य है। विद्वान प्राचीनता को लेकर अनेक अनुमान लगाते हैं और अनेक तरह से इसकी व्याख्या भी करते हैं।

ऋग्वेद का अन्तरंग

ऋग्वेद का उदय आकस्मिक ऋषि प्रवचन नहीं है। प्राचीन इतिहास की किसी अज्ञात मुहूर्त में बोली–वाणी का जन्म हुआ। फिर सुव्यवस्थित भाषा का विकास हुआ। प्रकृति के प्रति स्वाभाविक उत्सुकता बढ़ी। प्रकृति को देखने के साथ बताने की प्रवृत्ति बढ़ी। फिर विश्लेषण–विवेचन करने के वैज्ञानिक दृष्टिकोण का विकास भी हुआ। तब जीवन प्रकृति के निकट था। ऋग्वेद का समाज सामाजिक जीवन के विकास के कई सोपान पार कर चुका था। इस समाज का जीवन घुमन्तू आदिम अवस्था में नहीं था। यह तमाम जनसमूहों में संगठित था। समाज सतत विकासशील था। कवियों ने प्रकृति के भीतर एक सुसंगत व्यवस्था देखी थी। ऋग्वेद में इस अनुभूति के गीत मन्त्र हैं। ऋग्वेद में तत्कालीन समाज की अर्थव्यवस्था और ज्ञान प्राप्ति की समस्याओं का भी विवेचन है। साधारण मनुष्य के राग द्वेष के भी चित्रण हैं। ऋग्वेद के मन्त्रों में पूर्ववर्ती समाज की स्मृतियों की झलक है। यह दुनिया की अनूठी ज्ञान सम्पदा है। इसमें शुभ और अशुभ साथ हैं। ऋग्वेद में अस्तित्व के गीत हैं और अस्तित्व शुभ और अशुभ में भेद नहीं करता। प्रकृति के सारे द्वन्द्व और द्वैत ऋग्वेद में स्पष्ट हैं।

ऋग्वेद प्राचीनतम है। प्राचीनतम को जानने की रुचि स्वाभाविक है। विश्व के सभी देशों में ऋग्वेद को समझने की रुचि बढ़ी है। भारत में वेदों के प्रति आस्था है। इस आस्था के अनेक कारण हैं। पहला कारण सर्वविदित है। ऋग्वेद भारतीय दर्शन, संस्कृति और सभ्यता का प्राचीनतम शब्द स्मारक है। तमाम श्रद्धालु वेदों को ईश्वर वाणी भी मानते हैं लेकिन श्रद्धालुओं का बड़ा वर्ग उन्हें अपने प्राचीन पूर्वजों का इतिहास, कथन, काव्य भी मानता है। ऋग्वेद हज़ारों वर्ष प्राचीन है। माना जाता है कि यह अपने में शुद्ध है। इसमें कोई क्षेपक या मिलावट नहीं है। श्रुति परम्परा में आचार्यों ने शिष्यों को लगातार सुनाया। याद भी कराया। उसे बचाये

रखने के तमाम प्रयत्न जारी रहे। तो भी बहुत कुछ लुप्त हो गया होगा।

प्रख्यात दर्शनशास्त्री डॉ. राधाकृष्णन् ने 'इंट्रोडक्शन टू दि प्रिंसिपल उपनिषद्स' में लिखा है, "ऋग्वेद के वृहद् कलेवर के बनने में खासा समय लगा होगा। हमें स्मरण रखना चाहिए कि जो कुछ आज बचा है वह लुप्त हो गये का शायद एक लघु भाग है।" उन्होंने मैक्समूलर के ग्रन्थ 'सिक्स सिस्टम ऑफ़ इंडियन फिलास्फ़ी' का उद्धरण भी दिया है, "वैदिक काल में विद्यमान धार्मिक और लौकिक काव्य का सौवाँ भाग भी आज हमें उपलब्ध है, यह हम दावे के साथ नहीं कह सकते।" मैक्समूलर की अटकल पर माथापच्ची बेकार हैं।

ऋग्वेद को लेकर तमाम जिज्ञासाएँ रहती हैं। सबसे बड़ी जिज्ञासा श्रद्धा को लेकर है। श्रद्धालु इसे ईश्वर की वाणी कहते हैं। वेदों को अपौरुषेय कहा जाता है। वेदों का विषय निरूपण आश्चर्यजनक है। यह असामान्य मेधा का परिणाम जान पड़ता है। सम्भवतः इसीलिए उन्हें अपौरुषेय कहा जाता है। ईश्वर की वाणी कहने का तात्पर्य भी इसी तरह का है। ब्रह्मवादी धारणा में यह संसार ब्रह्म है। इसकी सम्पूर्ण गतिविधि भी ब्रह्म है। अस्तित्व की सम्पूर्ण कार्यवाही यज्ञ है। इस यज्ञ में ब्रह्म द्वारा ही ब्रह्म को आहुति दी जाती है। ब्रह्म ही मन्त्र है। आहुति भी ब्रह्म है। शब्द ब्रह्म है। वाणी ब्रह्म है। इसलिए वेद ब्रह्मवाणी हैं। परम्परा में वेद अनादि कहे जाते हैं। माना जाता है कि ईश्वर या प्रकृति की तरह वेद भी सदा से हैं, नित्य हैं। वे सदा रहते हैं। आस्था के अनुसार काल की सत्ता भी उन्हें नष्ट नहीं कर सकती।

वेदों के प्रति भारत के लोकजीवन में ग़ज़ब की श्रद्धा है। वेद वचन वास्तविक प्रमाण कहे जाते हैं। वेदों के प्रति भारतीय जनमानस की श्रद्धा आश्चर्यजनक भी है। डॉ. भगवान सिंह ने (हड़प्पा सभ्यता और वैदिक साहित्य–आमुख) ठीक ही लिखा है, "वेद का नैतिक, बौद्धिक, सामाजिक, आर्थिक, सांस्कृतिक आदर्श परवर्ती कालों पर कुछ इस तरह छाया रहा कि वेद को न मानने का अर्थ ही था नास्तिक। वेद ही ब्रह्म और वेद ही अन्तिम प्रमाण। वह अकाट्य था। आख़िर वह उपलब्धि का कौन–सा शिखर बिन्दु था जिस पर इस दौर में भारतीय समाज या कम–से–कम इसका स्वामि–वर्ग पहुँचा था कि अपने पराभव के दिनों में भी वह इसी के सुखद स्वप्न देखता जीवित रहा और इसी को हासिल करने के मंसूबे पालता रहा।" ऋग्वेद स्वयं ही उपलब्धि का शिखर था।

ऋग्वेद के ऋषि हम भारतवासियों के पूर्वज हैं। वे कवि हैं। संस्कृत के विद्वान डॉ. राधावल्लभ त्रिपाठी ने 'संस्कृत साहित्य का अभिनव इतिहास' लिखा है। इस पुस्तक का एक अध्याय है–'वैदिक साहित्य'। इसी अध्याय में 'ऋग्वेद के कवियों का स्थान' उपशीर्षक (पृ. 24) से ऋषियों का निवास जाँचा गया है। उपशीर्षक में इन्हें 'कवि' कहा गया है। लिखते हैं, "ऋग्वेद के कवि सप्तसिन्धु प्रदेश में रहते थे। ऐसा उल्लेख मन्त्रों में मिलता है। सप्तसिन्धु वह प्रदेश है जिसमें सात नदियाँ बहती थीं। ये नदियाँ थीं– सिन्धु, विपाशा (व्यास), शुतुद्रि या शतुद्र (सतलज), वितस्ता (झेलम), असिक्नी (चिनाव), परूष्णी (रावी) और सरस्वती।"

ऋग्वेद के काव्य मन्त्र कहे जाते हैं। वाणी सरस होना कविता है। कविता का प्राणवान व प्रभावी होना मन्त्र है। सभी मन्त्र कविता हैं लेकिन सभी कविताएँ मन्त्र नहीं होतीं। सभी ऋषि कवि हैं लेकिन सभी कवि ऋषि नहीं होते। कवि का ऋषि होना एक चरम सम्भावना है। किसी भी मनुष्य का कवि होना भी एक सम्भावना है। कवित्व अनुभूति की समृद्धि है। ऋग्वेद में अग्नि को भी कवि बताया गया है। अग्नि ऋग्वैदिक कवियों के लाड़ले देवता हैं। ऋषि जिसे असीम श्रद्धा करते हैं, उसे कवि कहते हैं। ऋग्वेद में कवि की महत्ता है।

कुछेक विद्वान ऋग्वेद के मन्त्रों को चरवाहों का गीत बताते हैं। उनके अनुसार ऋग्वेद के कवि पूर्वज घुमन्तू थे। पशुपालक थे। पशुओं को हाँकते हुए यहाँ–वहाँ मनमाने स्थान पर रुकते थे। प्रकाण्ड विद्वान राहुल सांकृत्यायन ने 'ऋग्वैदिक आर्य' नामक पुस्तक में लिखा है, "मोहनजोदड़ो और हड़प्पा तथा ऐसे ही कितने नगरों के संहार के बाद सप्तसिन्धु की विजित भूमि को पशुपालक आर्यजनों ने आपस में बाँटकर गोचर भूमि में बदल दिया।" (पृ. 17) आर्यों ने कोई नगर नहीं नष्ट किये। कोई भूमि नहीं जीती। वे कृषि कार्य को महत्त्व देते थे। ऋग्वेद में कृषि की ज़ोरदार चर्चा है। उन्होंने तमाम उद्योग धन्धों का विकास किया था। खेती के काम आने वाले लोहे व लकड़ी के उपकरण स्वयं बनाते थे। इनसे भिन्न उद्योगों का विकास भी हो चुका है।

ऋग्वेद में व्यापक मानव समूह के लिए 'आर्य' शब्द आया है। तत्कालीन भारतीय अभिजन स्वयं को आर्य कहते हैं। आर्य नस्ल नहीं है। वे कोरे भाववादी नहीं हैं। वे अस्तित्व को स्वीकार करते हैं। अनेक देवों की उपासना करते हैं। एक सत्य के विश्वासी हैं। अन्य विश्वासों को भी

आदर देते हैं। आर्य लोकमंगल से प्रतिबद्ध जातीयता राष्ट्रीयता है। उनकी महत्वाकांक्षा है कि समूचा विश्व आर्य बने–कृष्वंतो विश्वम् आर्यम्। ऋग्वेद इन्हीं लोकमंगल अभिलाषी आर्यों की वाणी है। ऋग्वेद के पूर्वजों के लिए देव सर्वसुलभ हैं। आर्य इन देवों की स्तुतियाँ करते हैं। इन्द्र शक्तिशाली देवता है। उन्हें अनेक जन बुलाते हैं। (1.102.5)

इन्द्र अग्नि आदि देवता बुलाने पर आते थे कि नहीं आते थे। यह अलग बात है लेकिन ऋषि कहते हैं कि "हे जन, मनुष्यो आपको देखने, आपसे मित्रता करने व सोमरस पीने के लिए यह इन्द्र आ गया है।" (5.31.12) इन्द्र आये न आये, ऋग्वेद का कवि शक्तिशाली इन्द्र देव के सबके बीच आने का उदात्त आदर्श प्रकट करता है। मनुष्यों को देखने व उनकी मित्रता के आकर्षण में ही इन्द्र आते हैं। सोमरस तो शिष्टाचार है। कोई आता है तो मूल उद्देश्य के साथ चाय–पानी भी करता है।

ऋग्वेद में देवों मनुष्यों के बीच ऊँच–नीच वाला शिष्टाचार या प्रोटोकाल नहीं है। यहाँ देवों के साथ मित्रता का भाव है। इन्द्र मनुष्यों के साथ मित्रता के लिए आते हैं। वे धान याव (जौ) भी साथ–साथ खाते हैं। उन्हें दूध–दही से मिला हुआ सोमरस दिया जाता है। ऋग्वेद का ऋषि कहता है, "इन्द्र की मूँछें बड़ी हैं। सोम पीते समय थोड़ा दही मूँछों में फँस गया है।" इन्द्र शोभन है कि उनकी मित्रता न्यारी है।

ऋग्वेद के मन्त्र काव्य उत्कृष्ट श्रेणी के संवेदनशील कवियों की अभिव्यक्ति हैं। उनकी जिज्ञासा धरती से परमव्योम तक विस्तृत है। वे सृष्टि के सभी रहस्य जान लेना चाहते हैं। वे उपलब्ध ज्ञान से सन्तुष्ट नहीं हैं। लेकिन उपलब्ध ज्ञान के गीत गा रहे हैं। शेष ज्ञान के शोधार्थी भी हैं। उनका भावबोध गहरा है। उनका सौन्दर्यबोध विश्व साहित्य में भी अद्वितीय है। इन कवियों की रचनाएँ बौद्धिक प्रयास का परिणाम मात्र नहीं हैं। कविताएँ आकाश के परे देवगाँव में रहती हैं। वे जाग्रत चित्त में उतर जाती हैं। ये कवि उन्हें देखते हैं और दोहरा देते हैं। मन्त्र काव्य सुने जा सकते हैं। गाये जा सकते हैं लेकिन देखे नहीं जा सकते। ध्वनि सुनाई ही पड़ती है। देखी नहीं जा सकती लेकिन ऋग्वेद के कवि ऋषि मन्त्र द्रष्टा हैं। ऋषि का परिचय भी यही है–ऋषियों मन्त्र द्रष्टारः। जो मन्त्र देखे वही ऋषि। ये ऋषि अनूठे कवि हैं। ऋग्वेद इन्हीं कवियों ऋषियों का शब्द प्रसाद है।

21वीं सदी में ऋग्वेद की अन्तर्राष्ट्रीय प्रतिष्ठा बढ़ी है। मैक्समूलर विश्व प्रतिष्ठ जर्मन विद्वान ने लगभग 150 वर्ष पहले ही ऋग्वेद को सारी

दुनिया में चर्चा का विषय बना दिया था। पं. जवाहर लाल नेहरू भारतीय स्वतन्त्रता संग्राम के नेता थे। उन्होंने जेल में रहते हुए 'डिस्कवरी ऑफ़ इण्डिया' लिखी थी। इसका अधिकृत हिन्दी अनुवाद 'हिन्दुस्तान की कहानी' नाम से छपा है। हिन्दुस्तान की कहानी (पृ. 90) का उपशीर्षक है–वेद। लिखते हैं, ''बहुत से हिन्दू वेदों को श्रुति ग्रन्थ मानते हैं। यह मुझे ख़ास तौर पर एक दुर्भाग्य की बात मालूम पड़ती है क्योंकि इस तरह हम उनके सच्चे महत्त्व को खो बैठते हैं।'' नेहरू जी ने श्रुति का क्या अर्थ लिया? यह स्पष्ट नहीं है। श्रुति का अर्थ है–सुना हुआ। सुना गया। वेद श्रुति ही हैं। वेदों के रचनाकाल में लिपि का ठीक विकास नहीं हुआ था। इसलिए वेदों में सूक्त है। सूक्त का अर्थ 'सुन्दर कथन' होता है। वेद ऋषियों द्वारा कहे गये सुन्दर कथन हैं।

नेहरू जी ने आगे लिखा है, "वेदों का उद्देश्य उस समय की जानकारी को इकट्ठा करना था। उनमें बहुत चीज़ें मिली–जुली हुई हैं। स्तुतियाँ हैं। प्रार्थनाएँ हैं, यज्ञ की विधि है। जादू–टोना है और बड़ी ऊँची प्रकृति सम्बन्धी कविता है।" (वही, पृ. 90) जादू–टोने वाली बात सही नहीं है। नेहरू जी ने यह बात सम्भवतः विदेशी विद्वानों की पुस्तकों के आधार पर कही है। वेदों में तत्कालीन समाज, दर्शन और वैज्ञानिक दृष्टिकोण से समृद्ध काव्य प्रवाह है।

ऋग्वेद की प्राचीनता पर कोई सन्देह नहीं है। लेकिन नेहरू जी ने इसकी प्राचीनता पर 'शायद' लगाया है। उन्होंने लिखा है, "पहला वेद, ऋग्वेद शायद मनुष्य की पहली पुस्तक है। इसमें हमें इन्सानी दिमाग़ के सबसे पहले के उद्गार मिलते हैं। काव्य की छटा मिलती है और मिलती है प्रकृति की सुन्दरता और रहस्य पर आनन्द की भावना।'' (वही, पृ. 91) यहाँ 'शायद' के अलावा सारी बातें ठीक हैं। नेहरू जी ने एक और सही बात लिखी है, ''लेकिन ख़ुद ऋग्वेद के पीछे विचार और सभ्यता के कई युग रहे हैं।'' नेहरू जी के मन में हड़प्पा सभ्यता प्राचीन थी। सम्भवतः वे उसी सभ्यता की बात याद करा रहे हैं। लेकिन हड़प्पा की सभ्यता वैदिक सभ्यता का अंग और विस्तार है। यह बात सही है कि ऋग्वेद के पहले भी विचार और सभ्यता का दीर्घकाल था। ऋग्वेद का दर्शन, वैज्ञानिक दृष्टिकोण और सुन्दर काव्य प्राचीन परम्परा का ही विकास है।

ऋग्वेद के भीतर जिज्ञासा है। विचार प्रवाह व विचार विकास के अनेक चरण हैं। पं. नेहरू ने ऋग्वेद के नासदीय सूक्त का उद्धरण दिया है।

इस सूक्त में अनेक प्रश्न हैं, "तब न सत् था, न असत्। न अन्तरिक्ष था। न रात और न दिन"। तब क्या था? केवल वह एक था। वह वायुहीन वातावरण में भी साँस ले रहा था। सृष्टि का अध्यक्ष भी सारी बातें जानता है कि नहीं जानता? नेहरू जी को भी दर्शन के यह तत्त्व अच्छे लगते हैं। ऋग्वेद में अनेक दार्शनिक विचार हैं लेकिन जिज्ञासाएँ अन्तहीन हैं। ऋग्वेद का समाज जीवन प्रकृति की आत्मीयता में है और प्रकृति के निकट है।

ऋग्वेद अन्य आदरणीय ग्रन्थों की तरह एक सुनिश्चित विषय वाला ग्रन्थ नहीं है। यह पन्थिक आज्ञाओं का संकलन भी नहीं है। पूरे ऋग्वेद में कहीं भी आदेशात्मक मन्त्र नहीं हैं। इसमें सैकड़ों विषय हैं। अनेक ऋषि हैं। यहाँ संसार और सृष्टि के सम्बन्ध में अनेक प्रश्न हैं। ऐसे प्रश्न स्वयं ऋषि कवियों ने उठाये हैं। उन्होंने तमाम प्रश्नों के उत्तर भी दिये हैं लेकिन तमाम प्रश्न अनुत्तरित भी हैं। गीता में प्रश्न ही प्रश्न हैं। सभी प्रश्नों के उत्तर भी हैं। ऋग्वेद में सभी प्रश्नों के उत्तर नहीं हैं। इसका कारण है ऋग्वैदिक काल की ज्ञान यात्रा में सन्देह, तर्क और जिज्ञासा का वातावरण भी था। सन्देह या संशय ज्ञान के उपकरण हैं। ऋग्वेद में दर्शन और विज्ञान की भूमिका है। वैदिक पूर्वजों का ध्येय अपना मत थोपना नहीं था। यह स्तुतियों से भरापूरा है। प्रार्थनाएँ ही प्रार्थनाएँ हैं। इन प्रार्थनाओं के भीतर आनन्दवर्द्धन प्रकृति का जिज्ञासापूर्ण दर्शन है। अनेक सार्वभौम जिज्ञासाएँ भी हैं।

ऋग्वेद के ऋषियों की प्रश्नाकुल मनोभूमि में दर्शन की प्रेरणा है। इसमें सर्वाधिक स्तुतियाँ इन्द्र की हैं। इन्द्र वैदिक ऋषियों के प्रिय देवता हैं। ऋग्वेद में अग्नि, सूर्य, नदी, वायु, जल, सिन्धु आदि प्रत्यक्ष देवता भी हैं। वे प्रकृति की शक्तियाँ हैं। इनसे की गयी स्तुतियाँ प्रत्यक्ष देवों की हैं लेकिन इन्द्र प्रत्यक्ष नहीं है। ऋषि कहते हैं, "वे किससे प्रार्थना करते हैं? वे कहाँ हैं? इन्द्र के विषय में यह भी कहा जाता है कि वे नहीं हैं।" लगता है कि कुछ ऋषि इन्द्र को मानते थे, कुछ नहीं मानते थे। ऋग्वेद में विचार विविधता है। विचार अभिव्यक्ति का परम स्वातन्त्र्य है।

ऋग्वेद में अन्धविश्वासी कर्मकाण्ड नहीं है। यहाँ बोध और जागरण के गीत हैं। ऋषि कहते हैं, "जो जागे हुए हैं, ऋचा/मन्त्र उनकी कामना करते हैं। प्रकृति का संगीत उनके पास आता है। सामगान उन्हें प्यार करते हैं।" वे अपनी कविता ऋचा का निवास 'परम व्योम' बताते हैं। ऋचो

अक्षरे परमे व्योमन। वे परम व्योम की निवासिनी ऋचाओं को जाग्रत बोध से प्राप्त करते हैं। वे परिपूर्ण जाग्रत चित्त को परम व्योम में बैठी कविता की प्राप्ति का साधन बताते हैं, "यो जागार तं ऋचः कामयंते, यो जागार तं हि सामानि यन्ति–जो जागा हुआ है, ऋचाएँ/मन्त्र काव्य उसकी कामना करते हैं। सामगान उसके पास आते हैं।" यह जागरण निद्रा को त्याग कर सामान्य रूप में जाग जाना नहीं है। यह स्वबोध है। स्वयं को स्वयं द्वारा देखने वाला जागरण है। ऋषि जागने वाले का उदाहरण भी देते हैं, "अग्नि जागे हुए हैं। जाग्रत हैं। ऋचाएँ/मन्त्र उनकी कामना करते हैं। सामगान उनके पास आते हैं। सोम आनन्द उन्हें मिलता है।" अन्यत्र कहते हैं, "ऋचा मन्त्र परम व्योम में रहते हैं। वे जागे हुए लोगों के चित्त में प्रवेश करना चाहते हैं। जो यह सब बातें नहीं जानते उनका मन्त्र पाठ बेकार है–किं ऋचां करिष्यिति?" मन्त्र क्या कर लेगा?

प्रकृति के रूप यथार्थ हैं। कुछ लोगों को इन रूपों में कोई रस नहीं मिलता लेकिन ऋग्वेद के ऋषि इनमें सौन्दर्य देखते हैं। सौन्दर्य बोध से काव्यसृजन का उल्लास बढ़ता है। वे प्रकृति के रूपों में दिव्यता देखते हैं। प्रकृति के गोचर प्रपंचों में उन्हें बहुत कुछ दिव्य दिखाई पड़ता है। पृथ्वी प्रत्यक्ष देव है, आकाश उन्हें आकर्षित करता है। सो ऋग्वेद में पृथ्वी केवल देवता ही नहीं माता भी हैं और आकाश पिता है। यूनानी देवतन्त्र में भी जियस देव आकाश पिता के रूप में पृथ्वी माता से जुड़ा हुआ है। प्राचीन यूनानियों ने भी प्रकृति के तमाम तत्त्वों को देवता माना था। ऋग्वेद में अग्नि, सूर्य, वायु, जल, रात्रि और ऊषा आदि प्राकृतिक शक्तियाँ देवता हैं। इनके अलावा इन्द्र, वरुण, मित्र, रुद्र, अदिति, विष्णु और अश्विनी कुमार द्वय अनुभूतिपरक देवता हैं।

ऋग्वेद के रचनाकाल में पुस्तक तकनीकी नहीं थी। आधुनिक काल में पुस्तकें हैं। इंटरनेट सहित अन्य तमाम साधन भी हैं। ज्ञान संरक्षण आसान हो गया है। सम्भवतः इसलिए अब मनुष्य की स्मृति शक्ति घटी है। अब स्मृति के तमाम विकल्प हैं। वैदिक काल में स्मृति की शक्ति आश्चर्यजनक जान पड़ती है। ज्ञान–विज्ञान को स्मृति अंश बनाने की आचार्य परम्परा भी थी। वैदिक ज्ञान सम्पदा को सँजोये बचाये रखने की श्रम–साधना का सम्मान भी था। यह ज्ञान आनन्दवर्द्धन था। इसे बचाये रखने की आवश्यकता थी। सम्भवतः इसीलिए इसे दिव्य ज्ञान या ईश्वर वाणी कहा गया था। वैसे ऋग्वेद में ईश्वर की स्पष्ट धारणा नहीं है।

नीति नियम मानव समाज में होते हैं। मनुष्य और समाज के बीच आदर्श सम्बन्धों का विकास नीति और नैतिकता है। मनुष्य और सम्पूर्ण सृष्टि के मध्य आदर्श आचार संहिता का नाम धर्म है। लेकिन ऋग्वेद में अग्नि और आकाश के भी आत्मीय सम्बन्ध हैं। यह सम्बन्ध देव–देव के मध्य हैं। मनुष्य और अग्नि के मध्य भी आत्मीयता है। यह सम्बन्ध देव और मनुष्य के मध्य है। मनुष्य और पक्षियों के मध्य भी रागात्मक सम्बन्ध हैं। एक ऋषि बाज पक्षी से प्रार्थना करते हैं कि वह सामने बैठी चिड़िया को न मारे। समुद्र पृथ्वी पर चढ़ आता है। पृथ्वी डूब जाती है। ऋषि प्रार्थना करते हैं कि "हे माता पृथ्वी समुद्र तेरी क्षति न करे।" आनन्दपूर्ण जीवन सबकी मधु अभिलाषा है। प्रकृति के अन्तरंग नियमों का नाम ऋग्वेद में ऋत् है। जो ऋत् है, वही सत्य है। आनन्दपूर्ण जीवन का मूल आत्मीयता है। इस आत्मीयता की धुरी सत्य है। मित्र और वरुण से प्रार्थना है कि "आपके सत्यमार्ग से हम पार हों।" यहाँ ज़ोर सत्य मार्ग पर है मित्र वरुण को हटा दें तो सत्य मार्ग की बात ही शेष रहती है। सत्य सबको प्रिय है।

ऋत् और सत्य मार्ग सदा से हैं। प्रकृति सुसंगत है। यह ऋत् है। ऋग्वेद के देवता भी ऋत् सत्य के नियम नहीं तोड़ सकते। वे सर्वशक्ति सम्पन्न नहीं हैं। उनके शक्तिशाली होने का रहस्य देव शक्ति नहीं है। उनके शक्तिशाली होने का रहस्य ऋत् सत्य पालन है। जैसे आधुनिक राज व्यवस्था की सभी संस्थाएँ संविधान से शक्ति पाती हैं वैसे ही सभी देव ऋत् विधान के पालन से ही आदरणीय बने हैं। अग्नि देवता हैं, वे ऋत् आचरण में बँधे हुए हैं। नदियाँ भी ऋतावरी हैं। वरुण नियम मानते हैं, मनवाते भी हैं।

समाज वरिष्ठों के सम्मान से आनन्द रस पाते हैं। यूरोपीय सभ्यता में उपयोगितावाद है। ऐसे समाज में माता–पिता और अग्रज वरिष्ठ अनुपयोगी होते हैं। वे वृद्धावस्था में रोते हैं। लेकिन ऋग्वेद के समाज में माता–पिता देवों जैसे सम्माननीय हैं। माता–पिता अपनी सन्तति को पालते हैं। संस्कार देते हैं, शिक्षित भी बनाते हैं। प्रार्थना है कि हे देव! हमको वैसे ही ज्ञान दो जैसे हमें हमारे पिता ज्ञान देते हैं। यहाँ पिता बड़ा है, ज्ञानदाता भी है। पिता–माता के प्रति सम्मान भाव के कारण ही ऋग्वेद में विशाल पृथ्वी माता हैं और अनन्त आकाश पिता है। सामाजिक–पारिवारिक सम्बन्धों की आत्मीयता का प्राकृतिक दर्शन ऋग्वेद में है। माता–पिता अति महत्त्वपूर्ण हैं। वे न होते तो हम भी न होते। ऋग्वेद में पुत्र को पिता का यश बढ़ाने वाला कहा गया है। माता–पिता के साथ यहाँ ऋषियों, वरिष्ठों को भी

नमस्कार किया गया है। "इदं नमः ऋषिभ्यः, पूर्वेभ्यः पूर्वजेम्याः–ऋषियों को नमस्कार, वरिष्ठों को नमस्कार, पूर्वजों को नमस्कार।"

नमस्कार और प्रणाम आन्तरिक आदर की प्रकट अभिव्यक्ति हैं। इससे सामाजिक सामूहिक आत्मीयता बढ़ती है। नमस्कार प्रीतिपूर्ण भावना है। मुख से बोला गया विनम्र नमस्कार वातावरण में प्रीतिरस घोलता है। ऋग्वेद में 'नमस्कार' भी देवता है। ऋषियों ने नमस्कार को भी नमस्कार किया है। श्रद्धा भी नमस्कार की तरह आन्तरिक भावानुभूति है। ऋग्वेद में श्रद्धा भी एक देवता हैं। ऋषियों ने श्रद्धा को भी नमस्कार किया है–एक बार नहीं तीन बार। ऋग्वेद के ऐसे अंश बारम्बार अनुकरणीय हैं और समाज को संगीतपूर्ण बनाने वाले हैं। आधुनिक काल में ऋग्वेद की उपयोगिता है। पहले से भी बहुत ज़्यादा।

संसार भोगने और ज्ञान प्राप्त करने का उपकरण इन्द्रियाँ हैं। हम आँख से देखते हैं, संसार जानते हैं। आँख महत्त्वपूर्ण इन्द्रिय है। इसी तरह कान, नाक, स्पर्श और स्वाद की इन्द्रियाँ हैं। इन्द्रियाँ प्राकृतिक हैं। मृत व्यक्ति से प्रार्थना है कि उसकी आँखें–ज्योति सूर्य से मिलें। प्राण विश्वव्यापी वायु से मिले। तेरे शरीर के सभी तत्त्व अपने गुण धर्म के अनुसार प्राकृतिक तत्त्वों पृथ्वी, जल आदि में समाहित हों। मनुष्य पाँच महातत्त्वों से बना है। अब वह मृत्यु के कारण बिखर रहा है तो सभी तत्त्व अपने तत्त्वों में जा मिलें। ऋग्वेद के पूर्वजों को प्रकृति और उसके घटक कभी नहीं भूलते। प्रकृति हम सबको बहुत कुछ देती है। जीवन में उसी के घटक व अंश हैं। जब तक जियें, तब तक उनका पोषण करें। मृत्यु के बाद हमारे अंग अपने–अपने मूल तत्त्वों से मिलें। प्रकृति के साथ आत्मीय सम्बन्धों वाली स्तुतियों से ऋग्वेद के स्तोत्र भरेपूरे हैं।

प्रकृति में बहुत कुछ है। जल है, नदियाँ हैं। पशु–पक्षी हैं। कीट–पतिंग हैं। मेंढक हैं। ऋग्वेद में सबकी चर्चा है। ऋषि अपने मन्त्रों, सूक्तों में इन सबकी स्तुतियाँ करते हैं। आकाश है, बादल हैं। वे बादलों को देखते हैं, मन्त्र गाते हैं। वायु उन्हें सहलाती हुई बहती है। वे मधु आच्छादित वायु प्रवाह चाहते हैं। मधु उनका प्रिय आलम्बन है। वे धरती के प्रत्येक कण में मधु व्याप्ति की स्तुति करते हैं। वे गो दुग्ध में भी मधुरस के अभिलाषी हैं। वे समाज को मधुमय देखना–बनाना चाहते हैं। ऋग्वेद मधुअभिलाषी ऋषियों द्वारा गाया हुआ मधुमय ज्ञान है। आधुनिक जीवन के लिए उपयोगी है ऋग्वेद का मधुबोध।

आनन्दगोत्री वैदिक समाज

ऋग्वेद में प्राचीन इतिहास की समाज व्यवस्था का वर्णन है। यह समाज अपने सीमित साधनों में आनन्दित है। सुख स्वस्ति से भरापूरा है। आनन्द का क्षेत्र है। वैदिक काल के पूर्वज कर्म प्रधान जीवन को कर्तव्य मानते थे। वे समाज की इकाई हैं। समाज का अविभाज्य हिस्सा है। जाति वर्ण हैं नहीं। एक ही परिवार के लोग भिन्न–भिन्न काम करते हैं। हल जोतने वाला किसान भी काव्यसृजन करता है। ऊँच–नीच का भेदभाव नहीं है। यह मार्क्सवादियों की कल्पना वाला आदिम साम्यवादी समाज नहीं है। वैदिक समाज का आचारशास्त्र अनुशासित है। आचार–व्यवहार की यह व्यवस्था उन्हें किसी देवदूत से नहीं मिली। वैदिक पूर्वजों ने ही प्रकृति के प्रगाढ़ सम्बन्धों में अपने आचरण की व्यवस्था गढ़ी है। यह समाज तमाम देवों की उपासना करता है लेकिन इस समाज के देवता भी कर्म प्रधानता को महत्त्व देने वाले बताये गये हैं।

ऋग्वैदिक समाज की मूल संस्था परिवार है। परिवार में वरिष्ठ हैं– माता और पिता। दोनों आदरणीय हैं। इसी आदर की वास्तविक अभिव्यक्ति में आकाश पिता हैं, धरती माता हैं। वैदिक ऋषि आकाश और धरती की स्तुतियाँ करते थे और उन्हें माता–पिता कहते हैं। विवाह ही इस परिवार की केन्द्रीय धुरी है।

विवाह ऋग्वैदिक समाज के गठन की संस्था है। विवाह संस्था ऋग्वेद के पहले से है। कतिपय विद्वान ऋग्वैदिक समाज को स्वेच्छाचारी बताते हैं लेकिन वैदिक काल में अविवाहित पुरुष को यज्ञ का अधिकारी नहीं माना जाता था–अयज्ञो वा ह्येष यो अपत्नीकः। (तैत्तिरीय ब्राह्मण 2.2.2.6)। तैत्तिरीय (6.3.10.5) के अनुसार, मनुष्य तीन ऋण लेकर जन्म लेता है– देवऋण, ऋषिऋण और पितृऋण। पितृऋण उतारने के लिए विवाह और सन्तान आवश्यक हैं।

ऋग्वैदिक काल में सामाजिक विकास का व्यवस्थित चरण है। विवाह का संस्कार विकसित हो चुका है। ऋग्वेद (10.85) में विवाह का वर्णन है। यहाँ सूर्य पुत्री सूर्या के विवाह का चित्रण है। सूर्या काव्य कल्पना भी हो सकती है अथवा इतिहास की पात्र भी लेकिन विवाह की कल्पना तत्कालीन समाज से ही ली गयी सामग्री है। कहते हैं, "सूर्या के विवाह में ऋचाएँ (वैदिक काव्य–मन्त्र) सखियाँ और सेविकाएँ थीं। गाथाएँ उसके शोभायमान वस्त्र थे। स्तुतियाँ सूर्या के रथचक्र के डण्डे थे। मन उसक रथ था और आकाश इस रथ का चक्र था।" (वही, 6–10) सूर्य ने स्नेह–धन दिया। सूर्या और अश्विनी कुमारों के विवाह का अनुमोदन सभी देवों ने किया। (वही, 13.14) यहाँ विवाह के समय वरिष्ठों से परामर्श लेने की पूर्व स्थापित परम्परा है।

विवाह पूर्व कन्या पिता के घर अनुशासन में रहती है। आगे कहते हैं, "हे कन्ये हम आपको वरुण बन्धन से मुक्त करते है–प्र त्वा मुंचामि वरुणस्य पाशाद्येन।" (वही, 24) वरुण नियमों के राजा हैं। ऋत्–नियम के अनुसार अविवाहित पुत्री पितृगृह से युक्त रहती है। कहते हैं, "हे कन्या पितृकुल से आपको मुक्त करते हैं, पतिकुल से सम्बद्ध करते हैं।" विवाह बाद कन्या को नया परिवार मिल रहा है। इन्द्र से प्रार्थना है कि यह कन्या पुत्रवती हो, सौभाग्यवती हो। (वही, 25) विवाह का अवसर है, वर कन्या से कहता है, "हे वधू सौभाग्यवृद्धि के लिए मैं आपका हाथ ग्रहण करता हूँ–गृभ्णमिते सौभगत्वाय हस्तंमया।" (वही, 36) देवशक्तियाँ उसे आशीर्वाद देती हैं "दीर्घायुरस्या यः पतिर्जीवाति शरदः शतम्–इसके पति दीर्घायु हों, सौ शरद् (वर्ष) जियें।" (वही, 39) इस दम्पती को शत्रु या रोग पीड़ित न करें। (वही, 32)

विवाह सामाजिक अनुष्ठान है इसलिए "कन्या को सब देखें। आशीर्वाद दें।" (वही, 33) फिर मुक्त भाव आशीर्वाद देते हैं, "सम्राज्ञी श्वसुरे भव, सम्राज्ञी श्वश्रवाभव, ननान्दरि सम्राज्ञी भव, सम्राज्ञी अधि देवेषु–श्वसुर, सास, ननद और देवरों की सम्राज्ञी–शासनकर्त्ता बनो।" (वही, 46) वैदिक काल में सास–ससुर, ननद और देवर जैसे नेहपूर्ण रिश्तों का विकास हो चुका है। यहाँ नववधू भोग्या और सेविका नहीं सम्राज्ञी है। ऋग्वैदिक काल में स्त्रियों की स्थिति सम्माननीय है। देवों के साथ देवियाँ भी पूजनीय हैं। स्त्रियाँ यज्ञ में हिस्सा लेती थीं। वे पति के साथ यज्ञ कर्म में अभिन्न थीं। (8.31.5) ऋग्वेद के अनेक मन्त्रों की द्रष्टा स्त्रियाँ हैं। स्त्री–पुरुष मिलकर

समाज को गतिशील बनाते हैं। सन्तान देते हैं। पिता–पुत्र, बहू–सास आदि से बना परिवार आनन्द का भोक्ता है।

सन्तान में मनुष्य का अमरत्व है। मनुष्य स्वयं मर जाने के बाद भी अपनी सन्तानों में जीवित रहते हैं। ऋग्वेद (5.4.10) में अग्नि से प्रार्थना है, "हम आपके अमर तत्त्व में स्थित रहकर सन्तान पाये।" विवाह एक सामाजिक उत्तरदायित्व था। कुछ लोग ज़िम्मेदारी से बचने या अन्य कारणों से विवाह से कतराते हैं। ऋग्वेद के प्रथम मण्डल में ऋषि पत्नी लोपामुद्रा और अगस्त्य का दिलचस्प संवाद है। जान पड़ता है कि अगस्त्य सन्तानोत्पादन के अनिच्छुक हैं। लोपामुद्रा एक मन्त्र (1.179.2) में कहती हैं, "प्राचीनकाल के सत्य नियम–आबद्ध ऋषियों ने भी विवाह और सन्तानोत्पत्ति का कार्य किया था। वे आजीवन ब्रह्मचारी नहीं रहे।" कहती हैं, "हम दोनों अनेक वर्ष श्रमनिष्ठ 'शश्रमाणां' रहे हैं, बुढ़ापा शरीर क्षमता को जीर्ण करता है, समर्थ पुरुष पत्नियों के पास जायें।" (वही, 1) अगस्त्य कहते हैं, "हमारा परिश्रम–'श्रान्त' बेकार नहीं गया। देवता परिश्रमी को संरक्षण देते हैं, हम दोनों अब सन्तान उत्पन्न करें।" (वही, 3) ऋग्वेद में विवाह के कारण बने जोड़े को 'दम्पती' कहा गया है। दम्पती महत्त्वपूर्ण शब्द है। माँ जन्म देती है, पिता संरक्षक है। अग्नि से स्तुति है–स नः पितेव सूनवे–अग्नि पिता की ही तरह हमारा संरक्षण करें। (1.1.9) पिता विवाह का परिणाम है और माता भी। माता–पिता होने के लिए सन्तान ज़रूरी है। सन्तान के लिए विवाह और भी ज़रूरी है।

ऋग्वेद के समाज में आधुनिक काल की ही तरह ग्राम और नगर दोनों इकाइयाँ हैं। गाँव वैदिक भारत की भूसांस्कृतिक इकाई भी थे। गाँव जीवमान कविता जैसे हैं। इसी परम्परा में अपने आधुनिक गाँव भी विकसित हुए। गाँव भरेपूरे प्रेम सागर थे। प्रीति थी, प्यार थे। परस्पर विमर्श थे। रिश्ते–नातों के अटूट बन्धन थे। सामूहिक उत्सव भी थे। नदियाँ माताएँ थीं, नीम का पेड़ देवी था, बरगद का पेड़ देव था। पीपल का पेड़ देव था। मुखिया गाँव का मुख था। ऋग्वेद में इसे 'ग्रामणी' कहा गया है। ऋग्वेद में 'ग्रामणी' दक्षिणा दाता हैं। वे ''प्रथमो हूत एति अग्रएति'' सबसे पहले आमन्त्रित होते हैं और सबके आगे चलते हैं।'' (ऋ. 10.107.5) मनु भी गाँव निवासी थे। उनके पास हज़ारों गायें थीं। सम्भवतः वे अपने गाँव के प्रधान (ग्रामणी) थे। (ऋ. 10.62.11)।

वैदिक काल के गाँव प्रीतिपूर्ण आकर्षण थे। वे पशुओं तक को प्रिय

लगते हैं। गायों को गाँव बहुत प्रिय हैं। ऋषि, सविता (सूर्य) से तेज माँगता है और कहता है, ''आपका तेज वैसे ही हमारे पास आये जैसे गायें गाँवों को जाती हैं–गावः इम ग्रामम्'' (10.149.4)। बिन गायों वाले ग्राम सम्भवतः नहीं थे। गायें प्रतिष्ठा थीं। आदरणीय भी थीं। देवी–देवताओं की उपासनाएँ भी थीं। ऋग्वेद में एक वनदेवी हैं अरण्यानी। ग्रामीण चाहते हैं कि वे ग्रामवासिनी हो जायें, गाँव में चलकर रहें, ''हे अरण्यदेवी! आप निर्जन जंगल में रहती हैं, कथ ग्रामं न पृच्छसि–गाँव में चलकर क्यों नहीं रहतीं?'' (ऋ. 10.146.1)। आगे कहते हैं, ''अरण्य में गायें चरती हैं। बैल की तरह की आवाज़ें हैं, चींचीं की ध्वनियाँ हैं। इस वन से साँझ समय तमाम गाड़ियाँ घास लकड़ी आदि लेकर गाँव की ओर निकलती हैं। यह सम्पदा अरण्य देवी भेजती हैं।" ऋषि स्तुति करते हैं कि वे उनके गाँव चलें।'' (वही, 2–6)

ग्राम समृद्धि सबकी इच्छा है। ऋषि रुद्र शिव से भी ग्राम समृद्धि की प्रार्थना करते हैं, ''ग्राम में चार पैरों वाले जीव संवर्द्धन को प्राप्त हों, उपद्रव रहित हों।'' (ऋ. 1.114.1) वे यही अपेक्षा अन्य देवताओं से भी करते हैं, "हमारी प्रार्थना कामना (ग्राम समृद्धि) को मित्र वरुण, अदिति, समुद्र, पृथ्वी और दिव्य लोक भी पूरी करें।" (वही) यहाँ गाँव और भूमि के प्रति ग़ज़ब की सांस्कृतिक प्रीति है।

गाँव आनन्द का आश्रय थे। इनकी संरचना में प्रकृति की अनुकम्पा है। ऋषियों के लिए वे दिव्यता का प्रसाद है। ग्रामवासी स्वयं घर बनाते हैं। घर की छत पर, गाँव के पेड़ों पर पक्षी हैं। पक्षियों की ध्वनि गाँव वालों को प्रिय है (ऋ. 12.42.1) उनके गीत गायत्री जैसे मधुर हैं। (2.43.1) यहाँ गाँव के सांस्कृतिक वातावरण के रस शब्द हैं। लेकिन छोटे पक्षियों को बड़े पक्षियों से ख़तरा है। ऋषि कहते हैं, ''गरुण द्युलोक से मनुष्य के लिए दिव्य उपहार लाते हैं, वे ताक़तवर हैं लेकिन वे छोटे पक्षियों को न मारे।" (ऋ. 2.42.2 व 4.26.2)

गाँववासी भी ऋषि कवि है। वे ग्रामीणों की ही सामूहिक इच्छा को ही सूक्त काव्य बनाते हैं। नदियाँ मोहित करती हैं। वनस्पतियाँ औषधि देती हैं। धरती ऋतम्भरा है। ग्रामीण के हाथ हँसिया बाली के काम आते हैं। (ऋ. 8.78.10) हाथ भगवान हैं। देवता सिर्फ़ स्तुतियों से ही खुश नहीं होते, कठोर श्रम न करने पर देवता साथी नहीं बनते। (ऋ. 4.33.1) वैदिक देवता भी परिश्रमी हैं। (ऋ. 10.106.10) गाँव संस्कृति में कर्मवाद है। कर्म ज़रूरी है।

गाँव आनन्द मगन है। व्यापार, यातायात की सुगमता और सांस्कृतिक कारणों से ग्रामों का आकार बढ़ता है। तब बड़े आकार वाले गाँव 'पुर' कहे जाते थे। ग्राम का मुखिया ग्रामणी था। इस तरह 'पुर' का मुखिया 'पौर'। ऋग्वेद और परवर्ती साहित्य में पुर से बना 'पुरुष' शब्द बहुतायत में है। पुर ही आधुनिक काल में नगर है। हड़प्पा सभ्यता नगरीय सभ्यता थी और ऋग्वैदिक समाज का विकास थी। आधुनिक नगरीय सभ्यता पर ध्यान देने से यह बात स्पष्ट हो जाती है। नगरों, महानगरों के निवासी अन्न, सब्ज़ी और दूध आदि की अपनी आवश्यकताओं के लिए ग्रामों पर निर्भर हैं। इसी तरह ग्रामवासी औद्योगिक उत्पादों की ज़रूरत के लिए नगरों पर। ऋग्वैदिक समाज में ग्राम व नगर दोनों हैं। इस व्यवस्था को सांस्कृतिक व्यवस्था चलाती हैं।

ऋग्वैदिक काल का समाज स्वयं में सतर्क व संयमी है, "देवता हमारे भीतर रहते हैं। वे हमारे सभी भले बुरे कर्मों पर नज़र रखते हैं।" (ऋ. 2.27) आधुनिक विज्ञान देववाद नहीं मानेगा। देवता प्रकृति की शक्ति हैं। वैदिकज़न इन्हें देवता कहते थे। ये हमारे भीतर हैं। वैदिक समाज गलत कर्म से बचने की प्रार्थना करता है, "हे देवो हमारे हाथ से गलत काम कभी न हों।" (ऋ. 6.51) वैदिक समाज सत्यनिष्ठ है लेकिन पापी–दुष्कर्मी सत्य का मार्ग नहीं तय कर पाते (ऋ. 9.73) तो भी गल्तियाँ हो जाती हैं। ऋषि बताते हैं, "मनुष्य का अन्तःकरण पाप के लिए नहीं प्रेरित करता। पाप वासनाएँ कराती हैं। (ऋ. 7.86) भारत में ऋग्वेद के पहले भी एक संस्कृतिनिष्ठ समाज था। यह नैतिक आचरण से युक्त था।

समाज की सबसे छोटी इकाई परिवार है। वैवाहिक पारिवारिक सम्बन्धों का भौगोलिक क्षेत्र बड़ा है। दूर–दूर तक फैले ग्राम हैं और पुर–नगर हैं। इसलिए व्यापारिक सम्बन्ध भी बहुत बड़े क्षेत्र तक व्यापक हो रहे हैं। यहाँ गण समूह हैं, गणों से मिलकर बने जन और बड़े समूह हैं। लेकिन वर्ण व्यवस्था नहीं है। डॉ. सत्यकेतु ने 'प्राचीन भारतीय इतिहास का वैदिक युग' (पृ. 189) में लिखा है कि "ऋग्वेद के समय में भारतीय आर्य चार वर्णों में विभक्त नहीं हुए थे।" ऋग्वैदिक समाज में 'पाँच जन' सुस्पष्ट हैं। अदिति सम्पूर्णता की पर्यायवाची देवी/देवता हैं। उनकी स्तुति में कहते हैं, "विश्वे देवा अदितिः पंचजना अदिति।" (1.89.10) कई विद्वान वर्तमान सन्दर्भों में 'पाँच जन' का अर्थ ब्राह्मण, क्षत्रिय वैश्य, शूद्र और निषाद करते हैं। आचार्य श्रीराम शर्मा ने भी अपने अनुवाद में ब्राह्मण, क्षत्रिय, वैश्य, शूद्र

और निषाद पाँच जन बताये हैं (ऋग्वेद संहिता, भाग 1, मन्त्र 1.89.10) लेकिन यह अर्थ सही नहीं है। डॉ. सत्यकेतु ने लिखा है, "ये पंचजन अनु, द्रह्यु, यदु, तुर्वस और पुरू थे। इनके अतिरिक्त भरत, त्रित्सु, सृंजय आदि अनेक जनों का उल्लेख वेदों में आया है।" ठीक बात है। ऋग्वेद (1.108.8) में इन्द्र अग्नि से स्तुति है, "यदिन्द्राग्नि यदुषुतुर्वशेषु यद् द्रह्युण्वनुष, पुरुष स्थ–हे इन्द्र, अग्नि! यदि आप यदु, तुर्वस, द्रह्यु, अनु या पुरू में विराजमान हैं तो भी आयें और सोम पियें–सोमस्य पिवतं सुतस्य।" यही 5 मुख्यजन हैं। ब्राह्मण, क्षत्रिय आदि तब नहीं थे।

ऋग्वेद के पंच क्षितयः, पंच कृष्टयः भी पंच जनाः ही हैं। ये पाँच जन समूह सरस्वती के पास रहने वाले बड़े मानव–समूह हैं। ये खेती करते हैं। व्यापार भी कर रहे हैं। इन्द्र की शक्ति पंचसु जनेषु पंचजनों में फैली हुई है। (3.37.9) मानुष शब्द का व्यवहार भी मानव समुदाय के अर्थ में हुआ है।

ऋग्वेद के समाज में ऊँच–नीच के भेद नहीं हैं। डॉ. सत्यकेतु ने लिखा है, "आर्य जाति के प्रत्येक जन में सब व्यक्तियों की सामाजिक स्थिति समान थी। सबको एक ही 'विशः' (जनता) का अंग माना जाता था।" (प्राचीन भारतीय इतिहास का वैदिक युग, पृ. 190) "आर्य विशः के सब व्यक्तियों की सामाजिक स्थिति एक समान थी" (वही, पृ. 191) लेकिन विशः या विश के अर्थ को लेकर थोड़े–बहुत भ्रम भी हैं।

घर आश्रय है। सभी प्राणी घर अनुरागी होते हैं। घर का भावनात्मक अर्थ है–जहाँ बार–बार लौटते रहने का मन करे। ऋग्वेद के समाज के घर प्रीति और प्यार का केन्द्र है। एक सुन्दर मन्त्र (10.24.6) में कहते हैं, "मधुन्मे परायणं मधुत्पनरायनम्"–हमारा घर से बाहर जाना मधुर हो, घर लौटना भी मधुर हो। हे अश्विनी देवो हमें मधुमत बनाये–मधुमतस्कृतम्। वैदिक काल में गृहनिर्माण का विकास हो चुका था। घर पक्के या पत्थर के भी थे। लेकिन तमाम घर मिट्टी के हैं। वशिष्ठ की स्तुति है, "हे वरुण हम मिट्टी के घर में नहीं रहना चाहते, सुन्दर घर दीजिए–मृन्मयं गृहं राजन्नहं गमम्।" (7.89.1) वरुण राजा देवता हैं। स्वाभाविक ही उनका घर भी बड़ा होना चाहिए। वशिष्ठ के रचे मन्त्र (7.88.5) में वरुण का घर विशाल परिमाण वाला सहस्र द्वारों–सहस्रद्वार वाला है। कुछ लोगों ने वैदिक आर्यों को घुमन्तू और चरवाहा बताया है। ऐसा गलत है। ऐसा बताने वाले दुराग्रही हैं।

डॉ. भगवान सिंह ने वरुण के घर के साथ–साथ ऋग्वैदिक काल

और हड़प्पा सभ्यता के घरों की तुलना की है, "आवास के विषय में जिन अन्य आकांक्षाओं की अभिव्यक्ति हुई है, वह यह कि यह बड़ा हो, खुला, लम्बा–चौड़ा सा सप्रथ हो, अछिद्र हो, मज़बूत हो, आदि। राजाओं के निवास के सन्दर्भ में ध्रुव, उत्तम और सहस्र स्थूण या हज़ार खम्भों वाले तथा प्रशासन और न्याय के लिए प्रायः याद किये जाने वाले वरुण के विशालतम और सहस्रद्वार भवन का उल्लेख आता है जो हड़प्पा के आवासों से इतना साम्य रखता है कि इससे अधिक की आशा किसी कृति से, विशेषतः ऋग्वेद जैसी किसी कृति से, करना दुराग्रहपूर्ण होगा।" (हड़प्पा सभ्यता और वैदिक साहित्य, खण्ड 1, पृ. 240)

ऋग्वेद भौतिक आकांक्षा से भरापूरा है। पूर्वज इसी लोक को आनन्द क्षेत्र बनाने में संलग्न हैं। घर प्राथमिक भौतिक आकांक्षा है। घर ही विश्रम है। घर के बाहर श्रम ही श्रम है। घर सबको प्रिय है। घर में प्रवेश का द्वार होता था। अब भी होता है। वैदिक आर्य घर–द्वार देखने के रसिक हैं। प्रकृति का वर्णन करते हैं, तो वहाँ भी गृह या द्वार की कल्पना करते है। अग्नि भी अन्धकार के द्वार खोलते हैं। (3.5.1) द्वार केवल घरों में ही नहीं थे, गोशालाओं में भी द्वार होते थे। ऊषा देवी हैं। वे द्यु लोक के दोनों द्वार खोलती हैं। (1.48.15) वैदिक आर्यों के लिए गृह का महत्त्व बड़ा है।

आनन्द के दो आलम्बन सोम और मधु

आनन्द चिरन्तन प्यास है। मनुष्य आदिम काल से ही आनन्द अभीप्सु है। प्रकृति आनन्द रस का अजर अमर अक्षय कोष है। प्रकृति का आनन्द रस कोष सदा तरुण रहता है। काल उसे बूढ़ा नहीं करता। नियति उसे मृत्यु नहीं देती। वह अमृत है। पृथ्वी आनन्द रस से भरीपूरी है। वह आनन्द अतिरेक के कारण ही अपने जन्मकाल से नृत्यमगन है। वह अपनी धुरी पर नाच रही है। वह सूर्य की परिक्रमा में भी नृत्य मगन है। जल रस हैं। वे आनन्दवर्द्धन हैं। आकाश में मेघ हैं, धरती पर समुद्र है। वे भी आनन्दित हैं, आनन्ददाता और आनन्दवर्द्धन हैं। नदी रूप में उनका नाद आनन्दित करता है। अग्नि आनन्दित करते हैं। वे ऋग्वेद में देवता हैं, स्वयं कवि हैं। मनीषी हैं, ज्ञानदाता और आनन्ददाता भी हैं। वायु प्राण है। प्राण स्पन्दन आनन्द की अभिव्यक्ति है। वे सबको स्पर्श करते हैं, सब उन्हें स्पर्श करते हैं। वे भी ऋग्वेद में देव हैं। ऋग्वेद के अनुसार आकाश में काव्य मन्त्र रहते हैं। आकाश भी आनन्द से भरापूरा है।

ऋग्वेद का काव्य आनन्द का आख्यान है। यह सम्पूर्ण आनन्द सागर है लेकिन ऋग्वेद के ऋषियों ने सोम और मधु को आनन्द अभिव्यक्ति का विशेष आलम्बन बनाया है। ऋग्वेद के सोम एक प्रतिष्ठित देवता हैं और एक वनस्पति भी हैं लेकिन ऋग्वेद के सोम वनस्पतियों, औषधियों के राजा भी हैं। उन्होंने ही औषधियों, वनस्पतियों को जन्म दिया है। (1.91.22) सोम का आनन्दबोध आसान नहीं। ऋषि कहते हैं, "हे सोम हम आपको एकाग्र विवेचन बुद्धि–चिकितो मनीषा के द्वारा ही जान पाये हैं।" (1.91.1) सोम का ज्ञान सोम की ही कृपा है। कहते हैं, "हे सोम! आपके उद्भव से हम याजक ऋग्वेद, यजुष (यज्ञ सम्बन्धी) व साम मन्त्रों का गान करते हैं।" (9.50.1)

सोम की ही तरह ऋग्वेद में बारम्बार 'मधु' का उल्लेख है। पदार्थ की परिभाषा में मधु फूलों का रस है। एक विशेष कीट प्रजाति फूलों का रस संचित करती है। अनेक फूलों का संचित रस 'मधु' है। मधु संचय के कारण मधुसंग्रही कीट का नाम मधुमक्खी पड़ा। ऋषि अश्विनी देवों की स्तुति में कहते हैं, "जैसे मधुमक्खियाँ मधु की ओर आती हैं वैसे ही आप सोम पान के लिए आते हैं।" (10.40.6) ऋषि का ध्यान मधुमक्खियों के गुनगुनाने पर भी है। वे देवों से कहते हैं "मधुमक्खी तुम्हारे लिए मधुर स्वरों में गाती है।" (1.119.9) अश्विनी देवों की वाणी मधुर है। ऋषि उनके मुख को मधुप कहते हैं। उनसे प्रार्थना है, "मधुरस पीने वाले मधुमुख से मधु पियो।" ऋषि इसी मन्त्र में कहते हैं "मधु प्राप्ति के लिए घोड़े जोतो। आप मार्ग को पूरी तरह मधु से भर देते हैं।" (4.45.3) घोड़े जोतकर सामान्य मधु पदार्थ नहीं मिलता। घोड़े जोतना कठिन परिश्रम का प्रतीक है और परिश्रम का फल मीठा होता है। मार्ग को मधु से भरने का अर्थ भी शहद भरना नहीं है। मधु एक रस पदार्थ है लेकिन ऋग्वेद के ऋषियों ने मधु को आनन्द का पर्याय बनाया है। मधु यहाँ आनन्द की प्रियतम अनुभूति है।

सोम और मधु दोनों ही पदार्थ हैं। दोनों आनन्द अभिव्यक्ति के प्रतीक हैं। ऋषि सोम में भी मधु आनन्द पाते हैं। आनन्द ऋग्वेद के ऋषियों का मूल स्वभाव है। यह आनन्द सम्पूर्ण समाज में व्याप्त है। सही बात है। प्रकृति आनन्द क्षेत्र ही है। ऋग्वेद के समाज का लक्ष्य है आनन्द। आनन्द के लिए ही देवता है। सोम भी एक आनन्ददायी देव हैं। ऋषि आनन्द के लिए 'सु' का प्रयोग करते थे। देखने में आनन्द देने वाला रूप सुन्दर है। रुचिपूर्ण रूप व काव्य सुरुचि है। आनन्ददायी परामर्श सुमति है।

उत्तम बुद्धि सुमेधा है। ऐसे ही आनन्द का पर्याय है सोम। मधुरस, मधु प्रीति, मधुरीति वैदिक ऋषियों की शुभाकांक्षा है। कहते हैं, "वायु मधुर हो। नदियों के प्रवाह मधुर हों। औषधियों में मधुरस हों। दिव्य लोक मधुर हो। पृथ्वी की रज गण मधुर हो। रात्रि और दिवस मधुर हो, ऊषा मधुर हो। वनस्पतियाँ मधुर हों। सूर्य किरणें मधुर हों। दुग्ध मधुर हो।" (1.90.6–8) सोम मधु अभीप्सा वाले प्राचीन भारत के मधुरस, मधु छन्द, मधु मन्त्र, मधु ऋत्, मधु आचार, मधु प्रीति और मधुमत्त आनन्द ऋषि चित्त की दिव्य अनुभूति हैं। आनन्द के स्रोत इसी प्रकृति में यही हैं। इसी धरती पर इसी शरीर से सर्जक चित्त लेकर आनन्द पाया जा सकता है।

सोम आनन्ददाता हैं। ऋषि सोम की कृपा से विशेष आनन्दलोक में रहना चाहते हैं। सोम से स्तुति है, "हे सोम! जहाँ सूर्य के अखण्ड तेज का आनन्द मिलता है, उस दुखरहित विनाशरहित क्षेत्र में आप हमको रखें। जहाँ विवस्वान सूर्य का पुत्र राजा हैं, जहाँ सदानीरा नदियाँ हैं, हमें वहाँ रखें। जहाँ सूर्य का तेज प्रवाहमान है और प्रजा तेजस्वी है आप हमें वहाँ रखें। जहाँ सारी कामनाएँ पूरी होती हैं, जहाँ तृप्ति दायक प्रचुर अन्न है। आप हमें वहाँ रखें।" (9.113.7–10) इसके बाद का मन्त्र ध्यान देने योग्य है, "जहाँ मुद, मोद व प्रमोद की व्यापकता है जहाँ सारी कामनाओं की पूर्ति वाला ऐश्वर्य है, आप हमें वहाँ अमरत्व दें।" (वही, 11) यहाँ मुद मोद प्रमोद एक साथ माँगे गये हैं। सोम ऐसे ही आनन्ददाता हैं।

सोम और मधु अभिलाषा साथ साथ है। इन्द्र सोम प्रिय हैं। सोम का स्वाद मधुर है, "स्वाद रसः मधुपेयः।" (6.44.21) एक सुन्दर वृक्ष पर दो पक्षी हैं। वे 'मध्वदः' हैं, मधुप्रिय हैं। उस वृक्ष के फल स्वादः पिप्पलम्–स्वादिष्ट, मधुर हैं। (1.164.22) इन्द्र सोम प्रिय है, लेकिन मधुर सोम के। वे नदियों को भी मीठे पानी से भरते हैं। (1.162.6) ऋषि आकाशचारी मेघों के जल में 'मधु' देखते हैं। पर्जन्य वर्षा लाते हैं, वे 'मधुदोहम' हैं। ऋग्वेद में जल को माताएँ कहा गया है। वे जल देवी–माता हैं। वे 'मधुमद्भिः अणोमिः' है, मधुर जलों से भरीपूरी है। (4.3.12) द्यावा पृथ्वी से स्तुति है, "आप दोनो मधुश्च्युता हैं, मधुरस बहाती हैं। आप हमको मधुरस से मिलाओ।" (6.70.5)

ऋग्वेद के 9वें मण्डल के लगभग सभी सूक्तों के देवता सोम हैं। पहले मन्त्र में ही कहते हैं, "यह सोम स्वादिष्ट हैं, आनन्ददाता प्रवाह हैं–स्वादिष्ट या मदिष्ठय। पवस्व सोम धारया।" कहते हैं, "सोम की धाराएँ मधुरसा हैं।" (वही, 2.3) मैक्डनल सहित कुछ विद्वानों ने सोम को नशीला पदार्थ बताने

का प्रयास किया है। लेकिन सोम का दर्शन इस कल्पना के विपरीत है। एक मन्त्र में सोम देवों का भी आनन्द है। (9.50.4) स्पष्ट है कि देव भी सोमप्रिय हैं। देवगण अमृत्व के लिए सोम पीते हैं–"त्वंगदेवासो अमृताय कं वपु।" (9.106.8) एक अन्य मन्त्र में कहते हैं, "पवित्र यह सोमरस सूर्य की तरह सभी लोकों में प्रकाशित होता है।" (9.54.3) फिर यही सोम गौ, अश्व, अन्न आदि अपार वैभव के दाता हैं। (9.55.3 व 9.61.3) क्या सोम नशीला पेय हो सकता है? सोम से प्रार्थना है कि स्तोता को पाप कर्मों से बचाएँ–नृन्त्स्तो तृन्पा ह्यं हसः। (9.56.4) और व्रतशील बनकर जाग्रत रहें। (9.61.24)

व्रतशील ज्ञानवान बनाने वाला सोम नशीला पदार्थ नहीं हो सकता। इन्हीं सोम ने वैश्वानर अग्नि को विद्युत की तरह प्रकट किया। (9.61.16) सप्तसिन्धु सोम की आज्ञा से प्रवाहित हैं। (9.66.6) सोम वरिष्ठ हैं, वीर हैं, शत्रुओं पर विजेता भी हैं। (7.66.17) यह सोम आनन्दवर्द्धक है। (9.68.3) सबसे बड़ी बात यह है कि ये सोम मनीषी ज्ञानी और विश्व के सभी भुवनों के राजा भी हैं–मनीषी सोमो विश्वस्य भुवनस्य राजा। (9.97.56) लेकिन पृथ्वी के निवासी हैं। (9.101.11) और जल के पुत्र हैं। (9.102.1) सोम ऋग्वेद के ऋषियों की सृजनशक्ति है। ऋग्वेद के देव अमृतबन्धु हैं, मनुष्य मरणधर्मा है। जान पड़ता है कि मधुर सोमरस ऋषियों का प्रिय पेय रस था। वे इसीलिए अपने मन्त्रों के द्वारा देवों को सोम पीने का निमन्त्रण देते हैं। यह बात अलग है कि देवता सोमपान के लिए आते थे या नहीं आते थे लेकिन यह बात पक्की है कि सोम वैदिक समाज का प्रिय पेय था। यह रस अनेक मन्त्रों में मधुर है इसकी रसधार भी मधुर है। (वही 7.2)

ऋग्वैदिक समाज में सोम जैसा दूसरा महत्त्वपूर्ण पेय है गाय का दूध। यह पोषक है और मधुरस से युक्त भी है। दूध और सोम दोनों प्रिय हैं। ऋषि सोम को दूध के समान बताते हैं। (9.96.15) वे सोम को गोदूध में मिलाते हैं–संगोभिर्वासयामसि। (9.8.5 व 9.6.6) बताते हैं कि गोदूध मिले सोम में सभी रस आ जाते हैं। मानी बात है, गोदूध स्वयं ही सरस, स्वादिष्ट मधुरस है। सोम के साथ मिलाने से उसका स्वाद कई गुना बढ़ना स्वाभाविक है लेकिन ऋषि इतने पर ही सन्तुष्ट नहीं होते। कहते हैं, "इस सोम को पत्थर से कूटो, शोधित करो। मधुर सोमरस में मधुर गोदुग्ध मिलाओ–मधावा धावता मधु। फिर इसमें नमस्कारपूर्वक दही मिलाओ–मधावा धावता मधु।" (9.11.5 व 6) नमस्कार आदरसूचक गतिविधि है। सोम को स्वादिष्ट बनाने में नमस्कार की महत्ता ध्यान देने योग्य है। नमस्कार सभी

कृत्यों, कर्तव्यों के समय महत्त्वपूर्ण उपासना है। उपलब्धियों में विनय की महत्ता है। कहते हैं, "यह सोम विनयपूर्वक प्राप्त होता है।" (9.16.5)

मधु और माधुर्य ऋग्वैदिक समाज के वातायन का मुख्य हिस्सा हैं। मधुरता की यह प्रकृति वार्ता का भी अनुशासन हैं। तब वाणी भी स्वादपूर्ण है—उच्यते वचः स्वादो स्वादीयः। (1.114.6) डॉ. कपिल देव ने 'वैदिक दर्शन' (पृ. 168) में वैदिक समाज के माधुर्य को मानवता हितैषी बताया है, "मधुरता को सुखों का साधन और तेजस्विता आदि गुणों का आधार बताया गया है। जहाँ मधुरता है, वहाँ प्रेम, ममता, सहानुभूति आदि गुण होंगे, जनता में शान्ति और व्यवस्था होगी।" माधुर्य की अभियक्ति आनन्द की सनातन अभीप्सा है। ऋग्वैदिक 'सोम' भौतिकी में आनन्दवर्द्धक पेय है, काव्यसर्जन में वह रचनाशीलता का आनन्द है। दर्शन और प्रगाढ़ भाव में वह आनन्द दाता है, आनन्द का स्रोत है। यह सोम आनन्द को जन्म देने वाला है—सोमेन आनन्दं जनयन्। (9.113.6) सोम की स्तुति है, "हे सोम! आप वरुण को आनन्दित करते हैं इन्द्र को आनन्द देते है, मरुतों को, विष्णु को और सभी देवों को आनन्दित करते हैं।" (9.90.5)

ऋग्वैदिक समाज आनन्द से भरापूरा है। आनन्द स्वभाव है, आनन्द प्राप्य है, प्राप्त किये जाने योग्य है। मधु इसी आनन्द की अभिव्यक्ति का प्रतीक है। आनन्द का यही प्रवाह ऋग्वेद के बाद उपनिषदों में भी है। तैत्तिरीय उपनिषद् ऋग्वेद की आनन्द अभीप्सु मनीषा का विस्तार है। कहते हैं, "चेतन से आकाश पैदा हुआ, आकाश से वायु, वायु से अग्नि, अग्नि से जल, जल से पृथ्वी, पृथ्वी से औषधियाँ, औषधियों से अन्न और अन्न से पुरुष पैदा हुआ। यह पुरुष अन्नमय है।" (2.1) यहाँ सृष्टि का विकासवादी सिद्धान्त है। फिर कहते हैं, "अन्न से प्रजा उत्पन्न होती है। वह अन्न से जीवित रहती है, अन्न में लीन होती है। अन्न प्राणियों का ज्येष्ठ है—अन्नं हि भूतानां ज्येष्ठम्। अन्नमय शरीर के भीतर प्राणमय शरीर है।" (वही, 2.2) प्राण के बारे में कहते हैं, "प्राण ही आयु हैं—प्राणोहि भूतानां आयुः। इस प्राणमय शरीर के भीतर मन है।" (वही, 2.3)

शंकराचार्य के भाष्य में मनोमय का अर्थ है "मन इति संकल्पाद्यात्यकमन्तःकरणं—संकल्प आदि (विकल्प) से युक्त अन्तःकरण मन है। (वही, गीताप्रेस, पृ. 977) इसके भीतर विज्ञानमय कोष (शरीर) है। श्रद्धा इसका सिर है, ऋत् दक्षिण भाग और सत्य उत्तर भाग हैं, योग मध्य भाग और महत्त्व पृष्ठ भाग है।" (वही, 2.4) विज्ञान के गुण बताते हैं, "विज्ञान कर्मक्षेत्र का

विस्तारक हैं। सभी देवता विज्ञान को ज्येष्ठ ब्रह्म की तरह उपासते है। विज्ञान ब्रह्म है–विज्ञानं ब्रह्म चेद्वेद। अन्नमय कोष आदि सभी शरीर अपने पूर्ववर्ती शरीरों की आत्मा हैं। इसलिए विज्ञानमय अन्तःकरण मनोमय का अन्तःभाग है। इस विज्ञानमय कोष–शरीर के भीतर 'आननदमय' कोष है– एतसाद्विज्ञानमयादन्योऽन्तर आत्मान्दमयः। प्रिय उस आनन्द का सिर है, मोद दक्षिण भाग है। प्रमोद उत्तर भाग है, आनन्द आत्मा है। (वही, 2.5) असली बात है आनन्द।

सुख स्वस्ति और आनन्द ऋग्वेद में ध्येयभूत है। अस्तित्व की अनुकूलता से निर्मित मनोदशा मनुष्य के लिए सुख है। इसी तरह अस्तित्व की प्रतिकूलता से निर्मित मनोदशा दुख है। स्वयं और अस्तित्व के प्रति आस्तिक भाव स्वस्ति है। आनन्द इन सबमें ज्येष्ठ और वरिष्ठ है। यह दुख रहित मनोदशा नहीं है। यह अस्तित्व के साथ सम्पूर्ण प्रेम की अनुभूति है। तैत्तिरीय उपनिषद् की भृगुवल्ली (1 से 6 अनुवाक) में वरुण ने प्रिय पुत्र को आनन्द प्राप्ति का ज्ञान दिया। भृगु ने ज्ञान प्राप्ति के लिए कठोर तप किया। अन्न को ब्रह्म जाना फिर तप किया। प्राण को ब्रह्म जाना फिर तप किया। मन को ब्रह्म जाना, फिर विज्ञान को ब्रह्म जाना और अन्त में "आनन्दो ब्रह्मेति व्यजानत, आनन्दाद्धयेव–रवल्विमानि, भूतानि जायन्ते, आनन्देन जायन्ते, आनन्देन जातानि जीवन्ति–आनन्द को ब्रह्म जाना कि आनन्द से ही प्राणी उत्पन्न होते हैं, आनन्द के द्वारा ही जीवित रहते हैं और मृत्यु के समय आनन्द में ही समा जाते हैं।" (वही, भृगुवल्ली अनुवाक् 6) आनन्द सृष्टि का मूल उत्स है, वही सृष्टि विकास का नियन्ता है, वही जीवन है, वही मृत्यु है। जीवन और मृत्यु आनन्द के ही क्षेत्र हैं।

ऋग्वेद के सोम और मधु बारम्बार आनन्द की तरंगें पैदा करते हैं। ऋग्वैदिक पूर्वजों की अनुभूति में सोम समूचे अस्तित्व तक व्याप्त बताये गये हैं। आनन्द देना सोम की प्रकृति है। ऋग्वेद के एक सूक्त (9.18) के प्रत्येक मन्त्र के अन्त में "मदेषु सर्वथा असि" वाक्य अंश आये हैं अर्थात् आनन्द देने वाले सभी पदार्थों में सोम ही श्रेष्ठ हैं। इस सूक्त (मन्त्र 1) में कहते हैं, "आप पर्वत पर उत्पन्न होते हैं। आप सभी आनन्ददायी पदार्थों में श्रेष्ठ हैं।" आगे का मन्त्र ध्यान देने योग्य है, "आप ज्ञानी (विप्र) हैं, कवि हैं। आनन्दरस दाताओं में आप श्रेष्ठ हैं।" (वही, 2) यहाँ सोम ज्ञानी कवि ही नहीं 'कविमधु' भी है। ऋग्वेद के ऋषि कविर्मधु हैं। वे जिससे श्रद्धा करते हैं, उसे कवि कहते हैं। सोम भी कवि हैं।

आनन्दी प्रकृति के कारण ऋग्वैदिक समाज उत्सवधर्मा है। वह कर्तव्यपालन में आनन्दित है। ऋषि सम्पूर्ण विश्व को आनन्द से भरने में तत्पर हैं। वे धरती से आकाश तक आनन्द रस मधुरस भरने को तत्पर हैं। कहते हैं, "मधु वाता ऋतायते मधु क्षरन्ति सिन्धवः। माध्वीर्नः सन्त्वोषधीः।। मधु नक्तमुतोष सो मधुमत्पार्थिवं रजः। मधु घौरस्तु नः पिता।। मधुमान्नो वस्पतिर्म धुमां अस्तु सूर्यः। माध्यवीर्गावो भवन्तु नः।। (ऋग्वेद 1.90/6, 7, 8) –वायु और नदियाँ मधुर प्रवाह में हों। औषधियाँ मधुररस युक्त हों। दिव्यलोक पिता की तरह हमारे मधुर पोषक हों। पृथ्वी की रज मधुर हो। रात्रि और ऊषा भी माधुर्य युक्त हों। वनस्पतियाँ मधुर सुखदायक हों। सूर्य देवता हमें माधुर्य से परिपुष्ट करें। गौएँ मधुरस–दुग्ध दें।" ऋग्वेद मधु आनन्द का रस–सागर है।

उद्योग, श्रमिक सम्मान और मुख्य भोजन

सुख स्वस्ति, आनन्द सबकी इच्छा है। जीवन कर्म प्रधान है। तुलसीदास ने यही गाया है–कर्मप्रधान विश्व रचि राखा/जो ज़स कीन्ह सो तस फल चाखा। एक दूसरा विचार भी है। इस विचार के अनुसार ईश्वर भगवान या अन्य देवशक्तियाँ अपने भक्त को तमाम सुख, धन व समृद्धि दे सकती हैं। मानते हैं कि कर्म का परिणाम ईश्वर कृपा से ही सम्भव है। एक विचार नियतिवाद का भी है। इस विचार के अनुसार लाभ–हानि, सुख–दुख, धन–समृद्धि पहले से तय है। जो होना है, वह पूर्व निर्धारित है। इसे भाग्यवाद भी कह सकते हैं। ऋग्वेद के रचनाकाल में नियतिवाद या ईश्वरवाद की प्रमुखता नहीं थी। तब कर्म श्रम की ही महत्ता थी। प्रकृति की शक्तियों के प्रभाव के अध्ययन में रुचि थी। ऐसे तमाम रहस्यपूर्ण अज्ञात क्षेत्र जिज्ञासा के विषय थे। प्रकृति की शक्तियों का प्रत्यक्ष स्वीकार था। इनके प्रभाव की स्वीकृति भी थी लेकिन कर्म श्रम की ही महत्ता थी। मनुष्य के कर्म श्रम का मुख्य उपकरण हाथ हैं। ऋग्वेद के ऋषि ने हाथ को ही भगवान व सौभाग्य बताया है–अयं मे हस्तो भगवान। कहा है कि यह हाथ भगवान है और यही सौभाग्यदाता भी है। ऋग्वेद में अनेक देवों के उल्लेख हैं। देवता प्रकृति की शक्तियाँ हैं। कुछ देवता भावना का मूर्तन भी हैं।

ऋग्वेद में देव स्तुतियाँ हैं। देवताओं से धन सम्पदा माँगने वाली प्रार्थनाएँ हैं लेकिन श्रम की महत्ता है। एक मन्त्र प्रसिद्ध है कि "श्रम न करने वाले से देवता प्रसन्न नहीं होते।" वैदिक समाज कृषि करता है। अन्य उद्योग भी करता है। खेती या कारीगरी हेय कर्म नहीं है। अश्विनी देव भी हल चलाते हैं। (ऋ. 8.22.6) इन्द्र बड़े देवता हैं। उनसे प्रार्थना है कि हल जोतें। (4.57.7) आर्य मिट्टी के घर बनाते थे और पत्थर के भी। एक मन्त्र में स्तुति है कि "हमारा घर पत्थर जैसा मज़बूत हो।" लोहे का ज्ञान स्वाभाविक ही बाद में हुआ होगा। अयस् शब्द का प्रयोग धातुओं के

लिए हुआ है। इन्द्र के शरीर का वर्णन करते हुए कहते हैं कि इन्द्र की देह लोहे की है। (10.96.8) सिर की रक्षा के लिए आधुनिक काल में हेलमेट का प्रयोग होता है। ऋग्वेद के रचनाकाल में धातु या लोहे का शिरस्त्राण बनता था। कहते हैं कि "ऋभुदेव धातु का शिरस्त्राण धारण करते हैं।" (4.37.4) शिर की रक्षा का कवच ही शिरस्त्राण कहा गया है। ऋग्वेद के अनुसार वैदिक काल में सोने का उपयोग उद्योग के लिए भी था।

सृष्टि सृजन के पूर्व केवल 'वह एक' था। ऋग्वेद में उस प्रथम को 'हिरण्यगर्भ' कहा गया है। इसी गर्भ के भीतर सृष्टि का सारा भूत और ऊर्जा चैतन्य समाहित था। ऋग्वेद (10.12.16) में कहते हैं कि सबसे पहले हिरण्यगर्भ था, "हिरण्यगर्भ समवतताग्रे।" वही सभी भूतों का स्वामी था। हिरण्यगर्भ के नाम में 'हिरण्य' विशेषण है। हिरण्य सोना जैसी अति चमकदार वस्तु या सोने का ही पर्याय जान पड़ता है। स्वर्ण का आकर्षण सम्पूर्ण समाज में है। सिन्धु वैदिक पूर्वजों की प्रिय नदी है। उसे 'हिरण्यमयी' बताया गया है। नदी भी सोने से भरी है। सूर्य सविता देव है। उनकी किरणें स्वर्णिम हैं। सविता के हाथ 'हिरण्यपाणि' हैं। (1.22.5) सूर्योदय स्वर्ण प्रकाश जैसा है। सूर्य सोने के हाथ उठाकर उदय होते हैं। (6.71.1)

ऋग्वेद में सोने का बार–बार उल्लेख है। स्पष्ट है कि वैदिक पूर्वज भूगर्भ में छुपे सोने से परिचित थे। अश्विनी देवों के प्रकट होने का उदाहरण सोने की तुलना से किया गया है, "जैसे भूमि से खोदकर सोना निकाला जाता है, वैसे ही अश्विनी देव प्रकट होते हैं।" (1.117.5) मैक्डनल और कीथ ने ठीक ही लक्ष्य किया है कि आर्य नदियों के किनारे की भूमि से सोना निकालते थे। हेलमेट या शिरस्त्राण लोहे या लोहे जैसी धातुओं से बनते थे लेकिन देवताओं को सोने के शिरस्त्राण से सज्जित बताया गया है। मरुद्गण हिरण्य का शिरस्त्राण धारण करते हैं। (2.34.3) देवताओं को स्वर्ण सज्जित बताने के चलन का अर्थ सुस्पष्ट है। साधन सम्पन्न लोग प्रत्येक समाज में ऐसा करते ही हैं। यहाँ देवता सम्पन्नता के प्रतीक हैं।

कुछेक विद्वानों द्वारा आर्यों को घुमन्तू, चरवाहा या कृषि कर्म से ही जुड़ा हुआ बताया गया है। यह गलत है। चरवाहा या घुमन्तू होना कृषि विकास से पूर्व के सामाजिक विकास का चरण होता है। कृषि करने वाले लोग घुमन्तू नहीं हो सकते। कृषि कार्य के लिए स्थान विशेष पर रहना आवश्यक होता है। भूक्षेत्र विशेष में खेती होती है। उसी कृषि क्षेत्र के पास निवास भी ज़रूरी होता है। ऋग्वेद में कृषि के साथ–साथ तमाम अन्य

उद्योगों का भी उल्लेख है। किसान भले ही हल स्वयं बना लें लेकिन सूई, तलवार या शिरस्त्राण का निर्माण ज़रूरी तकनीकी के अभाव में सम्भव नहीं हो सकता। कृषि अपने आप बड़ा उद्योग है। कृषि कार्य में तमाम उपकरण ज़रूरी होते हैं। अच्छे उपकरणों के अभाव में कृषि कार्य सम्भव नहीं हो सकता। वैदिक काल में कृषि कर्म उन्नतिशील था। इसलिए कृषि कार्य से जुड़े उपकरणों का निर्माण भी आवश्यक था। सम्भव है कि कुछ किसान कृषि कार्य से जुड़े उपकरण स्वयं बनाते रहे होंगे लेकिन कृषि उपकरणों की ज़रूरत को पूरा करने के लिए कुशल कारीगरों का स्वतन्त्र वर्ग भी था। लकड़ी के काम करने वाले कारीगर अलग थे और लोहे का फाल, हँसिया आदि बनाने वाले कुशल श्रमिक भी अलग थे। आर्यों को धनुषवाण, कटार और भाला जैसे हथियारों की जानकारी थी। धातु के कृत्रिम पैर भी लगाये जा़ते थे। ऋग्वेद के एक सूक्त के अनुसार विपशला नाम की महिला ने युद्ध में हिस्सा लिया था। तब महिलाएँ भी युद्ध में जाती थीं। युद्ध में विपश्शला का पैर टूट गया था। अश्विनी देवों ने उसके टूटे पैर की जगह धातु का अंग लगाया था–आयसी जंघा प्रत्याषत्तम। (1.116.15) अश्विनी देवों को सुयोग्य वैद्य भी बताया गया है।

तमाम लोग इस कथा को काल्पनिक कह सकते हैं। वे विपश्शला को काल्पनिक नाम बता सकते हैं और अश्विनी तो देव हैं ही। पूरी कथा को काल्पनिक भी मान लें तो भी दुनिया के इतिहास में कृत्रिम पैर लगाने की कल्पना भी पहली बार ऋग्वेद में ही मिलती है। कल्पना शून्य से नहीं उगती। सारी कल्पनाओं का स्रोत तत्कालीन समाज ही होता है। ऋग्वेद में धातु उद्योग का उल्लेख है और धातु कल्पना नहीं है। ऋग्वेद में रथों का उल्लेख है, रथों को खींचने वाले घोड़ों के उल्लेख हैं। रथ निर्माण का काम अच्छी तकनीकी के अभाव में नहीं हो सकता। वैदिक पूर्वज दाढ़ी कटवाते थे। अग्नि की स्तुति में कहा गया है कि अग्नि दाढ़ी बनाने वाले व्यक्ति की तरह भूमि के बड़े भाग को अन्न रहित कर देते हैं। (10.14.24) दाढ़ी बनाने वाला धातु के उपकरण से चेहरे को बाल रहित करता है। अग्नि भूमि को अन्न रहित करते हैं। क्या यह भी कल्पना है?

अग्नि प्रिय देवता हैं। ऋषि उनकी व्यापक शक्ति बताते हैं और अग्नि जलाये रखने के लिए लोहार वाली धौंकनी का उदाहरण देते हैं, "अग्नि वैसे ही प्रकट व विस्तृत हैं जैसे लोहार धौंकनी द्वारा अग्नि प्रज्वलित करते हैं।" (5.9.5) ऋग्वेद के रचनाकाल में धातु उद्योग का पर्याप्त विकास

हो चुका है। इस उद्योग से जुड़े श्रमिक व कारीगर समाज में सम्मानित भी हैं। तमाम मन्त्रों में उनकी स्तुतिपरक प्रशंसा है। इन कारीगरों द्वारा किये गये कई काम वैदिक ऋषियों को आश्चर्यजनक लगते हैं। कारीगर के लिए प्रायः 'ऋभु' शब्द का प्रयोग हुआ है। एक मन्त्र में ऋभुओं द्वारा अश्विनी कुमारों के लिए बनाये गये विचित्र रथ का उल्लेख है, "ऋभुओं ने अश्विनी कुमारों के लिए बिना घोड़े वाला तीन पहिए का रथ बनाया" (4.36.1) बिना घोड़े वाला रथ कवि ऋषि की कल्पना भी हो सकता है और यन्त्र चालित ऊर्जा का उपकरण भी लेकिन यह बात पक्की है कि तब रथ निर्माण की कला का ख़ूबसूरत विकास हो रहा था।

कारीगरों व कुशल श्रमिकों के सामजिक सम्मान व यश प्रतिष्ठा के मन्त्र सूक्त बड़े प्यारे हैं। आधुनिक काल में सामाजिक न्याय की चर्चा होती है। सम्प्रति शिक्षित विद्वानों का आदर प्रथम है लेकिन वैदिक समाज के कारीगर ऋषियों से भी ज़्यादा सम्मानित हैं। वे अपनी कर्मकुशलता के दम पर देवता बन गये थे। ऋषि वामदेव ने उनकी स्तुति (4.35.8) में कहा है कि आप कर्म कुशलता से देवता बने हैं—देवासों अभवता सुकृत्या। आश्चर्यजनक बात है मनुष्य से देवता हो जाना। आचार्य श्रीराम शर्मा ने ऋग्वेद के अनुवाद (मण्डल 4, पृ. 55) में लिखा है, "पौराणिक सन्दर्भ में वे (ऋभु) मनुष्य थे, जो श्रेष्ठ कर्मों के आधार पर देव बने।" बिल्कुल सही लिखा है, देवत्व मनुष्यत्व के विकास का ही महत्त्वपूर्ण चरण है। ऋग्वेद के रचनाकाल में 'सुकृत्य' द्वारा देवत्व की उपलब्धि को भी सम्भव बताया गया है। ऋषि विश्वामित्र के मन्त्र में भी यही बात कही गयी है कि "कारीगरों ने कर्म कुशलता के आधार पर देवत्व अमृत्व पाया।" (3.60.1 व 3) मज़ेदार बात है कि देवों ने कारीगर से देवता बने इन नये देवों से ईर्ष्या नहीं की। देवों ने उनके कर्मकौशल की प्रशंसा की। (4.33.9) बताते हैं कि अग्नि ने भी उनकी प्रशंसा शुभाशंसा की कि आप अमर पथ पर गमन करें। (4.35.3) कर्मकुशलता और सतत कर्म जीवन का सौन्दर्य हैं। इसका प्रतिफल प्रत्येक कालखण्ड में सौभाग्यशाली है। वैदिक काल में यह देवत्व देता है, आधुनिक काल में भी यशदायी है।

मनुष्य या कारीगर ऋभु ही कर्म कुशलता के कारण देवता नहीं बने। जान पड़ता है कि ऋग्वेद के सुप्रतिष्ठित सभी देवता कर्मकुशलता के कारण ही उच्च पदस्थ बने हैं। ऋषि कवि के अनुसार, "इन्द्र भी श्रेष्ठ कर्म के कारण यशस्वी बने हैं।" (3.36.1) हम सब अपना ज़्यादातर काम दाहिने हाथ से करते हैं। इन्द्र के दाहिने हाथ में कर्म कुशलता है।

(1.100.9) इन्द्र ने अपने देवत्व के बल पर शत्रु नहीं जीते। पुरुषार्थी कर्मठ इन्द्र शत्रुओं पर विजय पाते हैं। (10.29.8) ऋषि बताते हैं कि "इन्द्र ने अपने कर्म पुरुषार्थ के बल पर शत्रुओं को दूर भगाया है।" (वही, 10) इन्द्र कर्म करते हैं। कर्मकुशल हैं। स्वाभाविक ही वे अकर्मण्य और आलसी लोगों को पसन्द नहीं कर सकते। ऋषि बताते हैं, "इन्द्र ने अकर्मण्य और आलसी प्रजाजनों को निन्दनीय बनाया।" (4.28.4) इन्द्र आदि देव सम्भवतः पहले साधारण थे। वे अपनी कर्मकुशलता के कारण देवता बने। यहाँ सभी सन्दर्भों से इन्द्र का नाम हटा दें तो सभी मनुष्य पुरुषार्थ और कर्मकुशलता के कारण दिव्य देवत्व प्राप्त करने के अधिकारी हैं। ऋग्वेद के ऋषि विश्व मानवता को यही सन्देश देना चाहते थे। श्रमिकों को देवत्व मिलने का निष्कर्ष सुन्दर है। यहाँ श्रमिक भी देवत्व के अधिकारी हैं।

श्रमिकों के शोषण पर तमाम बातें होती हैं। कार्ल मार्क्स ने इसी आधार पर नया अर्थचिन्तन प्रस्तुत किया था। वामपन्थी स्वयं को श्रमिकों का हितैषी मानते हैं। ऐसा दावा करना किसी भी पक्ष का अधिकार है। उन्होंने इतिहास की नयी व्याख्या की लेकिन श्रमिक सम्मान का कोई ऐतिहासिक उदाहरण वे नहीं दे सके। वे सामाजिक विकास के प्रथम चरण को आदिम साम्यवाद कहते हैं। ऋग्वेद का समाज उनके आदिम साम्यवादी प्रथम चरण से काफ़ी विकास कर चुका था। ऋग्वेद में श्रम विभाजन की स्थिति सुस्पष्ट है। प्रकृति की शक्तियों और उनके प्रभाव का अध्ययन विकासशील स्थिति में है। वैज्ञानिक दृष्टिकोण विकसित हो चुका है। वे ऋग्वेद में श्रम, श्रमिक व कारीगरी की महत्ता नहीं देखते। इन्द्र ऋग्वेद के सर्वोपरि देवता हैं। कारीगर श्रम कुशलता के कारण ही इन्द्र आदि देवों के भाई बने थे (4.33.2) दुनिया के इतिहास में श्रमिक वर्ग के सम्मान का प्रथम उल्लेख ऋग्वेद में ही मिलता है। व्यापारी का उल्लेख भी सर्वप्रथम ऋग्वेद में ही है।

भारत के सुदूर अतीत समाज में श्रमिक का आदर काव्य अभिलेखीय साक्ष्य है। इसी से प्रेरित होकर श्रमिक सम्मान का औचित्य आधुनिक काल में भी सम्भव क्यों नहीं हो सकता?

वैदिक पूर्वजों का भोजन

भोजन शरीर का निर्माता है। भारत में आहार शुद्धि को विशेष महत्त्व दिया जाता रहा है। वैदिक पूर्वजों का भोजन इतिहास लेखन में विवाद का विषय रहा है। डॉ. सत्यकेतु ने 'प्राचीन भारतीय इतिहास का वैदिक युग'

(पृ. 211–12) में 'भोजन' और 'मांसभक्षण का प्रश्न' शीर्षक से वैदिक समाज के खानपान पर अच्छा प्रकाश डाला है। लिखते हैं, "वैदिक युग में आर्यों के मुख्य भोज्य पदार्थ अन्न, कन्द, मूल, फल, दूध और घृत थे। वैदिक साहित्य में प्रधानतया ब्रीहि, यव, तिल, माश–उड़द, श्यामाक (साँवक–साँवा), सरसों और गन्ने का उल्लेख मिलता है जिन्हें कृषि द्वारा उत्पन्न किया जाता है। ब्रीहि (धान) अनेक प्रकार के होते थे। तन्दुल का उल्लेख भी वैदिक साहित्य में है जो चावल का बोध कराता है। भोजन के लिए उबाले गये तन्दुलों को 'ओदन' कहते थे।" उन्होंने ऋग्वेद (8.77.10) के हवाले 'क्षीरपाकमोदनम्'–दूध में पकाये चावल का भी उल्लेख किया है।

डॉ. सत्यकेतु ने बताया है कि ऋग्वेद में यव (जौ) का उल्लेख ठीक से है लेकिन गेहूँ का वर्णन नहीं है। उन्होंने आखिर में लिखा, "वैदिक युग के आर्यों के भोजन में दूध, दही और घृत का बहुत अधिक स्थान था। दूध से न केवल क्षीरोदन बनाया जाता था अपितु सोमरस में मिलाकर भी उसका पान किया जाता था। दही को मथकर 'मन्थ' (मट्ठा) भी बनाया जाता था। मन्थ न केवल मट्ठे को कहते थे, अपितु एक ऐसे पेय की संज्ञा भी थी जिसे सत्तू और दूध को मिलाकर तैयार किया जाता था।" (वही, पृ. 212) दही को सोमरस में भी मिलाने के उल्लेख हैं।

वैदिक पूर्वजों के मांसाहार पर भी तमाम विवाद रहे हैं। मैकडनल और कीथ ने वैदिक जनों को मांसाहारी बताया है। उन्होंने इसके पक्ष में ऋग्वेद के मन्त्र 8.43.11 का हवाला दिया है, "उक्षान्नाय वशान्नाय, सोमपृष्ठाय वेधसे। स्तोमैर्विधेमाग्न्ये।" ऋग्वेद का यह पूरा सूक्त (8.43) अग्नि की स्तुति है। 33 सूक्तों में गठित इस सूक्त में 'अग्नि' को विश्व का स्रष्टा कहा गया है। (मन्त्र–1) विवादित मन्त्र 11वें मन्त्र के पहले 10वें मन्त्र में "अग्नि घृत की आहुति ग्रहण करते हैं और सुशोभित होते हैं।" सातवलेकर ने विवादित 11वें मन्त्र के अनुवाद में कहा है, "अन्न को रस से सिंचित करने वाले तथा अन्न को रमणीय बनाने वाले, सोमपीठ वाले, जगत विधाता, अग्नि की स्तोत्रों से उपासना करते हैं।"

मैकडनल और कीथ के अनुसार "अग्नि गाय और बैल खाते हैं।" उन्होंने कहा है कि मनुष्य जो खाता है वही देवों को अर्पित करता है। यानी उस समय गाय, बैल खाये जाते थे। उनका यह मत स्वीकार्य नहीं है। डॉ. रामविलास शर्मा ने प्रतिवाद किया है, "कवि अग्नि की वन्दना करता है, उक्षान्नाय, वशान्नाय, सोमपृष्ठ हैं। सोम का रस लेकर वह देवों

के पास जाते हैं, इसलिए सोमपृष्ठ हैं। उक्षान्नाय का अर्थ है भीगा हुआ। अग्नि रस–सिंचित अन्न लेकर देवों के पास जाते हैं। इसलिए भी उन्हें उक्षान्नाय कहा जा सकता है। उक्षा का अर्थ बैल भी है और वशा का अर्थ गाय है।" इतना लिखकर वे तर्क देते हैं, "लेकिन उक्षा और वशा दोनो के आगे अन्न शब्द जुड़ा हुआ है। आम तौर से जहाँ अन्न शब्द का व्यवहार होता है वहाँ आशय निरामिष भोजन से ही होता है।" (मालवीय संस्कृति और हिन्दी प्रदेश, पृ. 21) अन्न शब्द का अर्थ मास नहीं हो सकता।

अन्न सर्वमान्य भोजन है। उपनिषदों में अन्न प्राण है। यह बात मनुष्यों के जीवन में स्वतः अनुभूत भी है। ऋग्वेद में अन्न शब्द का प्रयोग बहुतायत से हुआ है। यहाँ इसका तात्पर्य खाद्य है। जैसे अग्नि का अन्न घी है। (ऋ. 10.69.2) इन्द्र का अन्न सास है। (वही, 6.41.3) वैदिक ऋषि जौ की खेती करते हैं। ऋग्वेद में जौ बहुप्रचलित खाद्यान्न है। जौ भूख से तृप्ति देता है। (ऋ. 10.42.10) ऋषि इसे स्वयं खाते हैं। देवताओं को भी खिलाते हैं। इन्द्र को सोम के साथ भुना हुआ धाना भेंट किया जाता था (ऋ. 4.24.7) ऋषि इन्द्र से कहते हैं, "रोजाना घर आओ और धाना खाओ।" (ऋ. 3.35.3) अग्नि को भी धाना प्रिय है। (ऋ. 6.13.4) डॉ. शर्मा लिखते हैं, "धान्य शब्द धाना से ही बना है।" जो स्वयं को प्रिय होगा, वही देवताओं का भोग होगा। घी मिश्रित चपाती स्वादिष्ट होती है। यह इन्द्र और अन्य देवताओं को खिलाई जाती है। ऋग्वेद में इसे अपूप (पुआ) कहा गया। ऋषि इन्द्र को न्योता देते हैं, "मरुतों के साथ आओ, अपूप खाओ।" (ऋ. 3.52.7) कृषि समृद्धि थी। ऋषि चेतना थी। मन में सन्तुष्टि थी। मौज–मस्ती थी। आर्यजन एक विशेष खाद्य बनाते थे 'पुरोडाश'। वे अग्नि को बुलाते हैं, "प्रातः यज्ञ में आओ, पुरोडाश खाओ। मध्याह्न यज्ञ में आओ, पुरोडाश खाओ। सूर्यास्त के यज्ञ में आओ, पुरोडाश खाओ। (ऋ. 3.28.1, 4, 6) वे इन्द्र से भी पुरोडाश खाने का अनुरोध करते हैं।

अन्न, धाना या पुरोडाश मांस नहीं है। ऋग्वेद में अन्न प्रचलित खाद्य है। देवों के भोजन में बार–बार घी, दूध, यव और इनसे बनी चीज़ों का उल्लेख है। खेती से जौ की उपज होती थी। इसे दूध मिलाकर वे देवों को भेंट करते थे। स्वयं भी खाते थे। गायें पालते थे। गोपालक थे। दूध उनके घर में था। इसीलिए बार–बार देवों को अनाज, घी–दूध की चीज़ें भेंट की गयी हैं। ऋग्वैदिक समाज को मांसभक्षी कहना गलत है। यह कुछ विद्वानों का बुद्धि विलास है।

ऋग्वेद में धाना और धान्य शब्दों का प्रयोग हुआ है। मैकडनल और कीथ ने लिखा है कि "धाना नियमित रूप से सोम के साथ मिश्रित किये जाते थे और कभी–कभी आर्यजन इन्हें भूनकर भी खाते थे।" मनुष्य अपनी रुचि वाले पदार्थ खाता है और मित्रों को भी खिलाता है लेकिन सर्वोत्तम रुचि वाले पदार्थ देवताओं को अर्पित करता है। ऋषि इन्द्र को प्रतिदिन घर आने और धाना खाने का न्योता देते हैं। अग्नि धाना के प्रेमी हैं। अग्नि के लिए धाना का विशेष महत्त्व है, "जो अग्नि को धाना देकर प्रसन्न करेगा, वह धान्य की बहुत बड़ी सम्पदा अर्जित करेगा।" (ऋ. 6.13.4) धान्य शब्द धाना से ही बना है। (वही) पूषन् ऋग्वैदिक समाज के सम्मानित देवता हैं, वे पोषण देते हैं, बुद्धि तेज करते हैं। ऋषि उन्हें 'करम्भाद्' कहकर स्तुति करते हैं। (ऋ. 6.56.1) पूषन को करम्भ प्रिय है। इन्द्र भी 'करम्भ' प्रेमी है। उन्हें धाना, करम्भ, अपूप (पुआ, पूड़ी), सोम भी दिये जाते हैं। ऋषि 'अपूप' (पूड़ी, पुआ) खिलाने के लिए इन्द्र के साथ मरुद्गणों को भी न्यौता देते हैं। (3.52.7) अग्नि, इन्द्र और वरुण यह खाद्य सामग्री खाते थे या नहीं खाते थे लेकिन ऋग्वेद में यही खाद्य सामग्री है। ऋग्वैदिक आर्यजनों का मुख्य भोजन धाना, भुना अनाज, करम्भ, पुआ, पूड़ी, सत्तू, लप्सी, रोटी, उड़द–दाल ही है।

जौ हवन सामग्री में आज भी प्रयुक्त होता है। वैदिक पूर्वज जौ की खेती करते थे। स्वयं जौ खाते थे। देवों को भी जौ अर्पित करते थे। मुख्य खाद्य जौ है–"यवेन विश्वांक्षुधं तरेन" –(ऋ. 10.42.10) ऋषि अपने लिए कहता है, "अहम् यवाद्ः, –मैं जौ खाने वाला हूँ।" (10.27.9) वायु की उपासना में जौ पकाये जाते हैं। (1.137.8) लेकिन वैदिक इंडेक्स (खण्ड–2, पृ. 10) के लेखकों ने ऋग्वेद (10.85.13) के हवाले विवाह के समय गायें मारे जाने का उल्लेख किया है–पूरा मन्त्र इस प्रकार है–"सूर्याया वहतुः प्रागात्सविता यमवासृजत्। अघासु हन्यते गावोऽर्जुन्यो : पर्युह्यते–सूर्य पुत्री सूर्या की विवाह विदाई में सूर्य ने धन पति गृह भेज दिया था। मघा नक्षत्र में दी गयी विदाई के समय दी गयी गौओं को हाँका गया और अर्जुनी अर्थात् पूर्वा फाल्गुनी नक्षत्र और उत्तरा फाल्गुनी नक्षत्र में कन्या को पतिगृह भेजा गया।" (आचार्य श्रीराम शर्मा का अनुवाद–ऋग्वेद संहिता, भाग–4, पृ. 146) डॉ. रामविलास शर्मा लिखते (भारतीय संस्कृति और हिन्दी प्रदेश, खण्ड–1, पृ. 21) हैं, "यहाँ 'गावो' का अर्थ बैल भी हो सकता है। ग्रिफ्थ ने अपने अनुवाद में बैल अर्थ किया है कि बैल मारे जाते हैं। हन्यते के

दो अर्थ होते हैं—जान से मारना और पीटना। ग्रिफ्थ ने (स्वयं) हन्यते का अर्थ 'जान से मारना' किया है किन्तु उन्होंने विल्सन का अर्थ भी दिया है जिसके अनुसार गायों या बैलों को खेदा जाता था। चाबुक या डंडे से आगे बढ़ने के लिए प्रेरित किया जाता था।"

रामविलास जी ने मैकडनल, कीथ का दृष्टिकोण दिया है, फिर ग्रिफ्थ का अनुवाद दिया है फिर विल्सन का अर्थ लेकर "गायों और बैलों को खेदा जाता था" वाक्य प्रयोग किया है। किसान ज्योतिष नहीं जानते लेकिन किसान मघा और मृगशिरा दो नक्षत्रों की चर्चा बहुत करते हैं। मघा में वर्षा बहुतायत से होती है। इसके पहले मृगशिरा तपता है। किसान जानते/मानते हैं कि मृगशिरा तपेगा तो मघा बरसेगा। मघा खेती किसानी का प्रिय नक्षत्र काल है। वर्षा के समय गाय, बैल आसानी से बाहर नहीं निकलते। उ.प्र. में गायों, बैलों को हाँकने, आगे बढ़ाने के लिए 'खेदने' का शब्द प्रयोग होता है। डॉ. शर्मा ने भी वही शब्द प्रयोग किया है। डंडे से हाँकना, खेदना शब्द का अर्थ ही ठीक है जान से मारने का अर्थ किसी भी सूरत में उचित नहीं प्रतीत होता। वैदिक समाज में 'सोमपान' का विशेष आकर्षण है। लेकिन यह सुरा (शराब) नहीं है। यहाँ सोमपान की प्रशंसा है लेकिन सुरापान को पापकर्मों का एक प्रमुख कारण बताया गया है। वशिष्ठ के रचे एक सूक्त (7.86) में पाप कर्मों के फल से मुक्ति की स्तुति है। यहाँ "पाप का कारण अज्ञान, सुरापान और जुआ है।" (7.86.6) सभी समाजों में होते हैं। कुछ समाज सुरापान की मुख्यधारा वाले होते हैं और कुछ समाजों में अपवाद स्वरूप ऐसे व्यसन होते हैं। ऋग्वेद में सुरापान की निन्दा है और जुए की भी। सुरापान और जुआ जैसे व्यसन बेशक थे लेकिन निन्दनीय थे। ऋग्वेद (10.34.13) में जुआ छोड़कर कृषि कर्म के निर्देश हैं।

ऋग्वैदिक काल का समाज कर्म विश्वासी है। देवोपासना में भी आनन्द लेता है। देवों को भी कर्मशील देखता है। इस समाज में कृषि और पशुपालन के साथ उद्योग और कारीगरी भी है। अन्न और दूध व दूध से बने पदार्थ इस समाज में मुख्य भोजन हैं। इस समाज में किसी भी तरह का अन्धविश्वास नहीं है।

दर्शन, वैज्ञानिक दृष्टिकोण की प्रश्न परम्परा और यथार्थवाद

ज्ञान–विज्ञान मनुष्य की श्रेष्ठतम उपलब्धि है। ज्ञान का जन्म जिज्ञासा से हुआ और जिज्ञासा की अभिव्यक्ति प्रश्नों में हुई। जिज्ञासा ज्ञान की माता है, प्रश्न ज्ञान के पिता हैं। प्रश्न और जिज्ञासा का परिणाम ज्ञान–विज्ञान है। भारत में प्रश्नों की सुदीर्घ परम्परा है। आधुनिक भारत की विधायिका में प्रश्नकाल की विशेष महत्ता है। संसद व विधानमण्डलों में प्रश्न प्रहर हैं। भारत का मन प्रश्नों से भरापूरा है। प्रकृति के रूप रंग आकर्षित करते हैं। मन में तमाम प्रश्न उगते हैं–रूपों को जन्म देने वाला कौन है? वह कहाँ रहता है? फूलों तितलियों में रंग भरने वाले का परिचय क्या है? जिज्ञासु लोग तमाम प्रश्न अपने बारे में भी करते हैं–हमारे प्राण का आधार क्या है? क्रोध का उद्गम क्या है? प्यार का केन्द्र क्या है? हम बाक़ी मनुष्यों से लम्बे या छोटे क्यों हैं? प्रकृति के सम्बन्ध में भी अनेक प्रश्न हैं–क्या संसार को किसी अज्ञात अदृश्य शक्ति ने बनाया है? क्या संसार बनाने वाला अब इसकी चिन्ता नहीं करता? क्या संसार अपने आप प्रकट हुआ है? सूर्य अरबों वर्ष से तप रहे हैं, इनका ईंधन कब तक चलेगा?

ऋग्वेद विश्वदर्शन का प्रथम उद्भव है। ऋग्वेद के कवि ऋषि सोचने की दार्शनिक दृष्टि के प्रथम अग्रज हैं। उनकी कविता के जन्म का स्रोत प्रकृति है। वे प्रकृति के गोचर प्रपंचों को ध्यान से देखते हैं। इन प्रपंचों की गति व विधि के प्रति जिज्ञासु होते हैं। वे प्रत्यक्ष को स्वीकार करते हैं लेकिन प्रत्यक्ष देखने से प्राप्त जानकारी पर सन्तुष्ट नहीं होते। ज्ञान के अनन्त आयाम हैं। पन्थिक, मजहबी या रिलीजियस समाज देवदूतों वाले ज्ञान को अन्तिम मानते हैं। पन्थ विश्वासी के लिए पन्थ से प्राप्त ज्ञान पूर्ण होता है। दार्शनिक या वैज्ञानिक दृष्टिकोण में ज्ञान निरन्तर विकासशील गतिविधि है। ज्ञान कभी पूर्ण नहीं होता। ऋग्वेद में अनेक विचार हैं।

संसार के सम्बन्ध में अनेक वक्तव्य हैं लेकिन किसी भी ऋषि ने ज्ञान पूर्णता का दावा नहीं किया। ऋग्वेद की केन्द्रीय विचारधारा का मूलतत्त्व जिज्ञासा है। ज्ञान को सम्पूर्ण रूप में जानने की प्यास है। उपलब्ध ज्ञान को अपर्याप्त समझना ऋग्वेद के ऋषियों की विशेषता है। यह विशेषता ऋग्वेद के पूर्व काल से ही रही है। यहाँ प्रश्न और जिज्ञासा की प्रकृति प्रवृत्ति प्राचीन काल से ही है। अन्धविश्वास की कोई गुंज़ाइश नहीं है।

ईश्वर को दाता–विधाता, सबका स्वामी कहा जाता है। भारत के लोकजीवन में ईश्वर पर भी प्रश्न उठते हैं। पाकिस्तान सहित कई देशों में ईश्वर पर सवाल करना अपराध है। यह ईशनिन्दा क़ानून के अधीन दण्डनीय अपराध है। ईसा के 400 साल पहले यूनान में भी देवों पर प्रश्न उठाने के आरोप में सुकरात को प्राण दण्ड दिया गया था। सुकरात पर मुख्य आरोप था कि वे यूनानी देवताओं को नहीं मानते। वे ज्ञान क्षमता व तर्क कुशलता के आधार पर अपनी बात सिद्ध करते हैं। नौजवानों को भ्रष्ट करते हैं। उनके विरुद्ध कहा जाता था कि वे धरती के नीचे और ऊपर स्वर्ग आदि के रहस्य जानने का प्रयास करते हैं। कुल मिलाकर सुकरात अद्‌भुत प्रश्नकर्ता थे। एथेन्स नगर की न्यायपीठ के 501 सदस्यों के सामने सुकरात ने स्पष्टीकरण दिये। 220 ने उन्हें निर्दोष माना। 281 ने दोषी बताया। बहुमत से उन्हें प्राण दण्ड दिया गया। विचार और प्रश्न के लिए मृत्यु दण्ड देने की यह घटना दर्शन की मूल भूमि यूनान की है। लेकिन भारत में देवताओं सहित ईश्वर पर भी प्रश्न उठाने की आस्तिक परम्परा ऋग्वैदिक काल से ही है।

दर्शन और विज्ञान परस्पर एक हैं। दर्शन में उपलब्ध जानकारी व अनुभव के आधार पर प्रकृति के अज्ञात रहस्यों को जानने का प्रयास होता है। इस यात्रा में तर्क, प्रतितर्क और संशय उपकरण बनते हैं। ऐसे उपकरणों और अनुभवों से भी प्राप्त ज्ञान को अन्तिम निष्कर्ष नहीं कहा जाता। प्रकृति के तमाम प्रपंचों को प्रत्यक्ष भौतिक गतिविधियों से जाँचने की मनोभूमि वैज्ञानिक दृष्टिकोण है। आधुनिक काल तक अनेक वैज्ञानिक शोध हुए हैं। विज्ञान काफ़ी समृद्ध हुआ है। प्रयोगशालाओं में तमाम यन्त्र हैं लेकिन उपलब्ध वैज्ञानिक निष्कर्ष कभी अन्तिम नहीं होते। वैज्ञानिक प्रयोगों से प्राप्त निष्कर्ष या प्रयोगों की तकनीकी व वैज्ञानिक दृष्टिकोण में काफ़ी अन्तर है। वैज्ञानिक दृष्टिकोण एक जीवनशैली का भाग है। ऋग्वेद में वैज्ञानिक दृष्टिकोण वाली जीवनशैली का प्रत्यक्ष दर्शन है। यूरोप में ऐसी

जीवनशैली 17वीं–18वीं सदी तक भी नहीं थी। वे पन्थिक प्रभावों के कारण सृष्टि के प्रपंचों को प्रायः स्थिर मानते थे। प्रकृति की परिवर्तनशीलता का सहज स्वीकार उनकी जीवनशैली में कम था।

प्रकृति प्रत्यक्ष है। इसमें प्रतिपल परिवर्तन होते हैं। यहाँ परिवर्तन की घटनाएँ हैं। सारी घटनाएँ 'कार्य' हैं। प्रत्येक कार्य का कारण होता है। पन्थिक धार्मिक आस्था में कार्य का कारण ईश्वर या ईश्वर जैसी शक्तियाँ होती हैं। ऐसा मानना श्रद्धा में उचित कहा जा सकता है लेकिन सोचने, विचारने की ऐसी जीवनदृष्टि वैज्ञानिक दृष्टिकोण नहीं है। अस्तित्व एक है। इसी के भीतर तमाम प्रपंच हैं। यहाँ प्रतिपल 'कार्य' है। कार्य के कारण भी इन प्रपंचों में उपस्थित हैं। कार्य को परिणाम भी कह सकते हैं। परिणाम भी कार्य–कारण की श्रृंखला से आते हैं। इस श्रृंखला के आधार पर प्रकृति को समझने या प्रकृति का ज्ञान प्राप्त करने की निश्चयात्मक दृष्टि को वैज्ञानिक दृष्टिकोण कहते हैं। केवल उपकरणों के प्रयोग को ही वैज्ञानिक दृष्टिकोण नहीं सकते। आइंस्टीन प्रख्यात वैज्ञानिक थे। उन्होंने स्पष्ट किया है, "जिसने उपकरणों और उनके प्रयोग की तकनीकी का प्रयोग करना जान लिया है, जो प्रत्यक्ष या परोक्ष रूप में वैज्ञानिक जान पड़ते हैं, मैं उसे वैज्ञानिक दृष्टि नहीं मानूँगा। मैं केवल उन व्यक्तियों की बात कर रहा हूँ जिनमें वैज्ञानिक मानसिकता है।"

आइंस्टीन ने 'साइंटिफिक मेंटलिटी' शब्द प्रयोग किया है। वैज्ञानिक मानसिकता या वैज्ञानिक दृष्टिकोण का बीज जिज्ञासा है। प्रकृति की गतिविधि के प्रत्येक अंश का प्राकृतिक कारण जानने की अभिलाषा है। ऋग्वेद में इस अभिलाषा का वैज्ञानिक प्रवाह है। सबसे बड़ी जिज्ञासा सृष्टि पर है और सृष्टि निर्माण की जिज्ञासा वैज्ञानिक चित्त में ही सम्भव है। पन्थिक धार्मिक विश्वासों में सृष्टि का निर्माता, स्रष्टा ईश्वर है। इसलिए विश्वासी के चित्त में ऐसी जिज्ञासा नहीं पैदा होती। ऋग्वेद के ऋषि जिज्ञासु हैं। ऋषि दार्शनिक की तरह सोचते हैं, वैज्ञानिक चित्त से प्रश्न करते हैं।

ऋग्वेद का एक सूक्त (10.129) गुनगुनाने योग्य है। कहते हैं कि "तब न पृथ्वी थी। न आकाश था–नो व्योमा परे तत्। न दिवस और न रात्रि। तब न मृत्यु थी, न अमृत्व था। देवता भी नहीं थे तब।" यहाँ तक दार्शनिक अनुभूति है। आगे वैज्ञानिक दृष्टिकोण है, "कौन जानता है कि यह सृष्टि कहाँ और किस कारण उत्पन्न हुई?" वे सृष्टि के अध्यक्ष की कल्पना करते हैं लेकिन वैज्ञानिक दृष्टिकोण और विनम्र दार्शनिक तर्क के

साथ कहते हैं कि कौन जानता है यह सब? सृष्टि का अध्यक्ष भी अपना आदि अन्त जानता है कि नहीं जानता? यहाँ सारे प्रश्न महत्त्वपूर्ण हैं। सृष्टि के पूर्वकाल की ऐसी सुन्दर कल्पना और जिज्ञासा अन्यत्र नहीं मिलती। बेशक पन्थिक विश्वासों में सृष्टि सृजन की भी सूचनाएँ मिलती हैं। लेकिन वे मान्यता होती हैं। सूचना, मान्यता और जिज्ञासा में आधारभूत अन्तर है।

ऋग्वेद का प्रश्न संसार अनूठा है। इसे प्रश्न सागर कहना अनुचित न होगा। प्रश्न करना ऋग्वेद के ऋषियों की प्रकृति है। वे प्रकृति को ध्यान से देखते हैं। स्वाभाविक ही उनके मन में प्रश्न उठते हैं। वे तमाम देवों की स्तुति करते हैं। उनके सम्बन्ध में भी प्रश्न उठाते हैं। सूर्य प्रत्यक्ष देव हैं। वे प्रकाशदाता हैं। ऋग्वेद में प्रश्न है कि अन्धकार या रात्रि के समय कहाँ रहते हैं? (1.35.7) दिन और रात्रि का विज्ञान सम्भवतः तब स्पष्ट नहीं था। इसलिए यह प्रश्न महत्त्वपूर्ण है। सूर्य इन ऋषियों की जिज्ञासा है। सूर्य शक्ति का स्रोत हैं। प्रश्न है कि वह अपनी किस शक्ति से गतिशील है? वह नीचे देखता है, ऊपर देखता है, वह किसी से बँधा नहीं है, वह क्यों नहीं गिरता? उसे तत्त्वतः किसने देखा है? "को ददर्श।" (4.13.5) ऐसे प्रश्न महत्त्वपूर्ण हैं। इसलिए और भी कि सूर्य देवता हैं और ऐसे प्रश्न देवता के बारे में किये गये हैं। सूर्योदय के पहले का समय ऊषा है। ऋषियों के भाव बोध में ऊषा देवी हैं। ऊषा का दर्शन उन्हें प्रिय है। ऋषि का प्रश्न है कि ऊषा कितने समय तक रहती है? वे आगे भी आयेंगी लेकिन आगे वाली ऊषाएँ कितने समय तक रहेंगी? (1.115.10)

ऋग्वेद में सृष्टि सृजन की सूचना नहीं है। यहाँ जिज्ञासा है और यह जिज्ञासा ऋग्वैदिक समाज के वैज्ञानिक दृष्टिकोण की जीवन्त साक्ष्य है। इस सूक्त की सबसे मज़ेदार बात है—सृष्टि सृजन के पूर्व देवों का भी न होना। यह तथ्य वैज्ञानिक है। जब सृष्टि ही नहीं थी तो स्वाभाविक ही प्रकृति की शक्तियाँ या देवता भी नहीं थे। ऋग्वेद में अग्नि, वायु, जल, सूर्य आदि प्रत्यक्ष देव हैं। सृष्टि के पूर्व वे भी नहीं थे। अपने देवों का अस्तित्व सृष्टि के पूर्व न मानना बड़ी बात है। इस बड़ी बात का आधार ऋग्वैदिक पूर्वजों की वैज्ञानिक मानसिकता है। वैज्ञानिक मानसिकता से ही अन्धविश्वास का अन्धकार छँटता है। वैज्ञानिक दृष्टिकोण के अभाव वाले समाज अन्धविश्वासों को लेकर हिंसा करते हैं। भारत में वैज्ञानिक मानसिकता की परम्परा है। भारतीय संविधान (अनुच्छेद 51–ए (एच)) में "वैज्ञानिक दृष्टिकोण का विकास" भारत के प्रत्येक नागरिक का मूल

कर्तव्य है। ऋग्वेद के ऋषियों का वैज्ञानिक दृष्टिकोण आधुनिक विश्व के लिए बहुत उपयोगी है।

सूर्य प्रत्यक्ष हैं। प्रकृति की महाशक्ति है। प्रकाश ऊर्जा का स्रोत है। वे ऋग्वेद में देवता भी हैं। ऋग्वेद (4.13.5) में प्रश्न है "वे किस आधार पर लटके हैं? वह कैसे गतिशील है? किसने यह तत्त्व देखा है–को ददर्श?" जिज्ञासा की इस दृष्टि का स्रोत वैज्ञानिक मानसिकता है। यहाँ ऋषि तमाम बातें जानता है। वह सूर्य को ऋतयुक्त–स मृतः कहता है। ऋत् प्रकृति के नियम हैं। सूर्य इन नियमों से बँधे हुए हैं। प्रकृति के ऋत् नियम तत्समय विज्ञान के नियम हैं। ऋषि यह सब जानते हैं लेकिन वह सम्पूर्ण तत्त्व जानने के लिए इच्छुक हैं। इसलिए "को ददर्श"–किसने देखा है–की जिज्ञासा है।

मान्यता रही होगी कि कोई परमशक्ति है और वह बिना शरीर की है। ऋषि का प्रश्न है, "अस्थिहीन होकर भी अस्थिवंतों का पोषण करने वाले को जन्म लेते किसने देखा है?" (1.164.4) प्रश्न यह भी है कि इस सम्पूर्ण ब्रह्माण्ड का केन्द्र कहाँ हैं? पृच्छामि त्वां भुवनस्य नाभिः। पृथ्वी के बारे में सुन्दर प्रश्न है कि भूमि के रक्त प्राण और आत्मा कहाँ है? (वही सूक्त) ऐसे प्रश्न पन्थिक आस्था वाले समाज में नहीं उठते। पन्थिक आस्था में ऐसी सारी जिज्ञासाओं का समाधान ईश्वर है लेकिन ऋग्वेद में सभी तरह की दृश्य और अदृश्य शक्तियों व देवों पर प्रश्न हैं। ऋग्वेद में इन्द्र की सर्वाधिक स्तुतियाँ हैं। इन्द्र प्रत्यक्ष हैं नहीं। लेकिन बड़े वैदिक देवता हैं। इन्द्र के सम्बन्ध में रोचक प्रश्न है, "इन्द्र देवता हैं लेकिन मैंने नहीं देखा। कुछ लोग कहते हैं कि इन्द्र नहीं हैं। क्या किसी ने इन्द्र को देखा है?" प्रश्न यह भी है कि "सोमरस प्रेमी इन्द्र की स्तुति बहुत लोग करते हैं लेकिन वह कहाँ है?" (5.30.1) प्रश्न यह भी है कि "इन्द्र का मन सर्वत्र जाता है लेकिन वह कहाँ रहते हैं?" (8.1.7) ऋषि जिज्ञासा के दायरे में इन्द्र भी हैं।

कुछ देव प्रत्यक्ष हैं और कुछ अप्रत्यक्ष। प्रत्यक्ष के सम्बन्ध में शक्ति आदि के प्रश्न हैं और अप्रत्यक्ष के सम्बन्ध में अस्तित्व सम्बन्धी प्रश्न भी हैं। वायु भी देवता हैं। वे आँख से नहीं दिखाई पड़ते लेकिन ध्वनि और स्पर्श से जाने जाते हैं। ऋषि स्वयं कहते हैं कि वायु घोष सुनाई पड़ता है। लेकिन रूप नहीं दिखाई पड़ता। ऋग्वेद में जल और वायु दोनों ही बहुवचन हैं। वायु मरुद्गण है। ऋषि के भावबोध में वे दूर–दूर तक घूमते हैं, परस्पर वार्तालाप भी करते हैं। ऋषि का प्रश्न है कि क्या उनका वार्तालाप किसी

ने सुना है? (1.37.13) जान पड़ता है कि ऋषि ने स्वयं तेज़ बहती वायु की ध्वनि ध्यान से सुनी है। वह उसे वार्तालाप कहता है। उसने यह वार्तालाप सुना। शेष ने नहीं सुना। प्रश्न दिलचस्प है। मरुद्गण के सदस्य समान हैं। इसलिए प्रश्न है कि आप में सबसे वरिष्ठ कौन है? (1.37.6) मरुद्गणों की उम्र एक समान है। ऋषि यह बात जानते हैं। ऋषि जानते हैं कि वायु ही वर्षा लाती है। लेकिन प्रश्न दूसरे भी हैं "वे किस शक्ति से जल वर्षा करते हैं? वे किस देश से किस बुद्धि से आते हैं।" (1.165.1)

प्रकृति की शक्तियों की अनुकूलता और उनका ज्ञान उपयोगी है। अग्नि प्रकृति की विराट शक्ति है। यह बात ऋग्वेद के ऋषि की जानकारी में है। वे अग्नि को अपने अनुकूल करना चाहते हैं। ऋषि की जिज्ञासा अग्नि को अनुकूल करने वाली तन्त्र व्यवस्था या मन्त्र शक्ति जानने की है। यहाँ सीधे अग्नि से ही प्रश्न किया गया है "आपको किस मन से प्रसन्न करें–केन मनसा?" (1.76.1) ऋषि का अपना मन है। ऋषि सम्भवतः अपनी मनन शक्ति को पर्याप्त नहीं मानते। अग्नि ओज है, बल है, ऊर्जा है। ऋग्वेद में वे कवि ज्ञानी भी हैं। ऋषि अग्नि विज्ञान के खोजी जान पड़ते हैं। इसलिए उन्हें अनुकूल और कृपालु बनाने के लिए नया मन खोज रहे हैं। अश्विनी युगुल देव हैं, वैद्य भी हैं। वे आरोग्यदाता हैं। ऋषि उनके सामने स्वयं को गैर–जानकार बताते हैं, पूछते हैं कि "अज्ञानी लोग आपकी स्तुति कैसे करें?" (1.20.1) मरुद्गण प्रतिष्ठित देव हैं। वे गण–समूह में हैं। ऋषि के अनुसार वे एक समान हैं। सबकी उम्र एक है। वे वायु प्रवाह के पर्याय हैं। वे जल बरसाते हैं। ऋषि जल वर्षा के इस प्रपंच को जानना चाहते हैं। ऋषि प्रश्न है कि "एक समान उम्र वाले मरुद्गण किस शक्ति से जल वर्षा करते हैं? किस तरह की बुद्धि से किस देश में आते हैं?" (1.165.1)

ऋषि की इस जिज्ञासा में वर्षा का कार्यकारण जानने की इच्छा है। एक साथ तीन प्रश्न हैं। पहला वर्षा करने की शक्ति क्या है? दूसरा विभिन्न क्षेत्रों में जल वर्षा करने की बुद्धि क्या है? तीसरा प्रश्न देश चयन की बुद्धि से जुड़ा हुआ है? यहाँ ऋषि पूरे वर्षा विज्ञान के प्रति जिज्ञासु हैं? आधुनिक विज्ञान वर्षा विज्ञान पर काफ़ी आगे बढ़ गया है। ऋग्वेद के ऋषि हज़ारों वर्ष पहले ही इस विज्ञान के प्रति जिज्ञासु थे। वे अपनी जानकारी की सीमा सार्वजनिक रूप से स्वीकार भी करते थे। देवता दिव्यता हैं। प्रकृति की शक्ति हैं। अग्नि, वायु, जल, सूर्य आदि प्रकृति की बड़ी शक्तियाँ हैं। ईश्वर या देवों के अस्तित्व पर आधुनिक काल में भी तमाम तर्क होते हैं।

ज़्यादातर लोग प्रकृति संचालन का श्रेय किसी अज्ञात शक्ति को देते हैं। ऋग्वेद में यह विचार भी है। प्रश्न है कि "स्वयं अस्थिरहित होकर भी अस्थि धारकों का पोषण करने वाले को जन्म लेते किसने देखा है?" (1.164.4) यहाँ विश्वपोषक शक्ति को अस्थिविहीन कहा गया है। शक्ति अस्थिविहीन होती भी है। पोषक शक्ति अज्ञात है। ऋषि उसका जन्म व उद्भव जानना चाहते हैं। जल प्रत्यक्ष है। जल से ऋग्वेद के ऋषियों की गहन प्रीति है। इस सम्बन्ध में सुन्दर प्रश्न है "निरन्तर प्रवाहित जलों का आदि प्रवाह कब प्रारम्भ हुआ?" यह प्रश्न शुद्ध रूप में विज्ञान का है। ऋग्वेद से लेकर अब तक इसका सन्तोषजनक उत्तर प्रतीक्षित है।

मन हमारा संचालक व प्रेरक है। अति सूक्ष्म है। ऋग्वेद में मन जिज्ञासा से जुड़े अनेक मन्त्र हैं। एक प्रश्न मन के जन्म पर भी है। पूछते हैं, "ऐसा मन का जानकार कौन ज्ञाता है जो बताये कि यह मन कहाँ से पैदा हुआ?" (1.164.18) शक्ति द्रव्य आदि के उद्भव की जिज्ञासाएँ ऋग्वेद के अनेक मन्त्रों में हैं। मन के जन्म की जिज्ञासा सुन्दर है। इसी सूक्त में पृथ्वी सम्बन्धी जिज्ञासा भी है। ऋषि पृथ्वी को मनुष्य जैसा प्राणी जानते मानते हैं। वे जानना चाहते हैं कि "पृथ्वी के प्राण, रक्त और आत्मा कहाँ हैं।" इसी तरह इन्द्र बड़े देवता हैं। शक्तिशाली भी हैं। इन्द्र की शक्ति सम्पन्नता स्वाभाविक ही ऋषि जिज्ञासा है। आधुनिक काल में भी शक्तिशाली महानुभावों की शक्ति का कारण जानने की जिज्ञासा रहती है। शक्तिशाली इन्द्र के सम्बन्ध में जिज्ञासा है कि "इन्द्र किस शक्ति के कारण प्रसिद्ध हैं?" (4.20.9) इन्द्र शक्तिशाली हैं, देवता भी हैं। क्या वे हमको भी शक्तिशाली बना सकते हैं? ऋग्वेद में प्रश्न भी है कि इन्द्र हमको किस शक्ति से शक्तिशाली बनायेगा? ऋग्वेद ऐसे तमाम प्रश्नों से भरापूरा है।

ऋग्वेद में दर्शन के बीज हैं। वे पौध बनने को आकुल–व्याकुल हैं। अदिति और पुरुष जैसे प्रतीकों में वेदान्त दर्शन का जन्म दिखाई पड़ता है। मन सम्बन्धी प्रश्नों में परवर्ती योग दर्शन के सूत्र हैं। सांख्य वैशेषिक दर्शन व मीमांसा के भी सूत्र ऋग्वेद में हैं। भारत के निरीश्वरवादी दर्शनों में भी वेदों के प्रति ममत्व है। ऋग्वेद के दार्शनिक सूक्तों में जिज्ञासा के गीत हैं और वैज्ञानिक दृष्टिकोण का संगीत। ब्राह्मण ग्रन्थों, उपनिषदों में इसी गीत संगीत का विस्तार व विकास है। ऋग्वेद के ऋषि अपने सूक्तों में वैज्ञानिक मानसिकता की ही राह चलते हैं। वे ऐसा सप्रयास ही नहीं करते। तर्क, जिज्ञासा, प्रश्न और प्रतिप्रश्न भारत की प्रकृति है।

ऋग्वेद में यही मूल प्रकृति अपने सघन रूप में प्रकट हुई है। दर्शन और वैज्ञानिक दृष्टिकोण वाली मानसिकता ऋग्वेद का मूल प्रवाह है।

ऋग्वेद में प्रश्नों की परिधि में सम्पूर्ण ब्रह्माण्ड है, देवता भी इसी अस्तित्व का हिस्सा हैं। अग्नि भी देवता है। उनसे प्रश्न है कि आपको कैसे प्रसन्न करें? किस मन से स्वाहा करें। (1.76.1) अश्विनी देवों से भी ऐसा ही प्रश्न है। वैदिक प्रश्न परम्परा का दर्शन यजुर्वेद में गहराया है। यहाँ प्रश्न को देवता कहा गया हैं। अथर्ववेद में शरीर रचना सम्बन्धी तमाम प्रश्न हैं। उपनिषदों के प्रश्न संसार में समूचा अस्तित्व है। कठोपनिषद् में नचिकेता का प्रश्न है कि मृत्यु के बाद क्या होता है? धर्म और अधर्म से पृथक् तत्त्व क्या है? केनोपनिषद् में मन आदि विषयों पर तमाम प्रश्न हैं। ज्ञान की पहली सीढ़ी है जिज्ञासा। केनोपनिषद् के प्रश्न जीवन जगत् से जुड़े वास्तविक प्रश्न हैं। ऋषि अपना अज्ञान स्वीकार करते हैं। कहते हैं–"यदि तू मानता है कि ब्रह्म के स्वरूप को तू जानता है, तो उसके स्वरूप को बहुत थोड़ा ही जानता है। उस ब्रह्म के स्वरूप को जो तू जानता है, या देवताओं अर्थात् विद्वानों में जो उसका स्वरूप प्रकट है, वह मीमांस्य है, स्पष्ट नहीं है, अनिर्णीत है।" (2.1)

ऋग्वेद में सृष्टि को लेकर अनेक प्रश्न किये गये हैं। ऋषि यह भी कहते हैं कि मैं इसका उत्तर नहीं जानता। ऋग्वेद में ऐसा ही एक प्रश्न है–"जिसने छहों लोक थाम रखे हैं, उस अजन्मा प्रजापति के रूप में वह एक तत्त्व किस प्रकार का है, मैं यह बात नहीं जानता हूँ। ज्ञानियों से जानने के लिए पूछना चाहता हूँ। मैं यह विद्या नहीं जानता।" (1.164.6) एक पूरी उपनिषद् प्रश्नों की ही है। इसका नाम 'प्रश्नोपनिषद्' है। छान्दोग्य उपनिषद् में नारद जैसे अनेक पात्रों ने तमाम प्रश्न उठाये हैं। वृहदारण्यक में याज्ञवल्क्य से जनक, शाकल्य, मैत्रेयी व गार्गी आदि के महत्त्वपूर्ण प्रश्न हैं। तैत्तिरीय उपनिषद् में ब्रह्म व आनन्द सम्बन्धी प्रश्न हैं उपनिषद् आचार्य व शिष्य के प्रश्नोत्तरों का ही प्रसाद है। प्रश्नों की इस शानदार परम्परा का मूल स्रोत ऋग्वेद है।

महाभारत में ऋग्वेद की परम्परा है। यहाँ तमाम प्रश्नोत्तर हैं। भीष्म पर्व के गीता वाले अंश में सभी विषयों पर अर्जुन के प्रश्न हैं। श्रीकृष्ण के उत्तर हैं। वन पर्व में यक्ष द्वारा युधिष्ठिर से पूछे गये प्रश्नों का संसार दर्शनीय और पठनीय है। यक्ष पूछता है, "सूर्य को कौन ऊपर उठाता है? उसके चारों ओर कौन चलते हैं? उसे कौन अस्त करता है? वह किसमें प्रतिष्ठित है?"

युधिष्ठिर का उत्तर है–"ब्रह्म सूर्य को ऊपर उठाता है। देवता उसके चारों ओर चलते हैं। धर्म उसे अस्त करता है। वह सत्य में प्रतिष्ठित है।" यक्ष पूछता है–"मनुष्य श्रोत्रिय किससे होता है? महत्पद को कैसे प्राप्त करता है? वह किसके द्वारा द्वितीयवान् होता है? और किससे बुद्धिमान होता है?" युधिष्ठिर का उत्तर है–"वेदाध्ययन के द्वारा मनुष्य श्रोत्रिय होता है, तप से महत्पद प्राप्त करता है। धैर्य से द्वितीयवान् होता है और वृद्ध पुरुषों की सेवा से बुद्धिमान होता है।" यहाँ वेद अध्ययन की ज़रूरत पर बल दिया गया है। वृद्धों की सेवा को श्रेष्ठ बताया गया है। अगला प्रश्न है, "कौन एक वस्तु यज्ञिय साम है? कौन एक यज्ञिय यजु है? कौन एक वस्तु यज्ञ का वरण करती है? और किस एक का यज्ञ अतिक्रमण नहीं करता?" उत्तर है–"प्राण ही यज्ञिय साम है, मन ही यज्ञ सम्बन्धी यजु है। एकमात्र ऋचा ही यज्ञ का वरण करती है।" यहाँ ऋग्वेद की ऋचा का महत्त्व स्पष्ट है।

यक्ष प्रश्नों का मूलाधार सदाचार है। सामाजिक आवश्यकताएँ भी हैं। खेती और घर गृहस्थी के बारे में प्रश्न है, "खेती करने वालों के लिए कौन–सी वस्तु श्रेष्ठ है? बिखेरने वालों के लिए क्या श्रेष्ठ है? प्रतिष्ठा–प्राप्त धनियों के लिए क्या श्रेष्ठ है? उत्तर है, "बिखेरने वालों के लिए बीज श्रेष्ठ है। प्रतिष्ठित धनियों के लिए गौ श्रेष्ठ है। माता–पिता की प्रतिष्ठा से जुड़ा एक प्रश्न है–"पृथ्वी से भारी क्या है? आकाश से ऊँचा क्या है? वायु से भी तेज चलने वाला क्या है? और तिनकों से भी अधिक क्या है।" उत्तर है–"माता पृथ्वी से भारी है। पिता आकाश से ऊँचा है। मन वायु से भी तेज चलने वाला है और चिन्ता तिनकों से भी ज़्यादा असंख्य एवं अनन्त है।"

एक प्रश्न धर्म व संसार विषयक है–"समस्त प्राणियों का अतिथि कौन है? सनातन धर्म क्या है? अमृत क्या है? यह जगत् क्या है?" उत्तर है–"अग्नि समस्त प्राणियों का अतिथि है। गो का दूध अमृत है। अविनाशी नित्य धर्म ही सनातन धर्म है। वायु यह सारा जगत् है।" इस उत्तर में अग्नि ऋग्वेद के देवता हैं। अविनाशी धर्म वैदिक धारणा है।

जीवन एक यात्रा है। लेकिन इस यात्रा का सुनिश्चित मार्ग नहीं है। जीवन मार्ग को लेकर एक महत्त्वपूर्ण प्रश्न है–"कः पन्थाः?" मनुष्य किस रास्ते पर चले? महाभारतकार जानता है। वेद में अनेक विचारधाराएँ हैं। युधिष्ठिर का उत्तर है, "तर्कोऽप्रतिष्ठा श्रुतयो विभिन्ना नैको ऋषिर्यस्य मतं प्रमाणम्। धर्मस्य तत्त्वं निहितं गुहायां महाजनो येन गतः स पन्थाः–तर्क की कहीं स्थिति नहीं है। श्रुतियाँ या वेद कथन भी भिन्न हैं। ऋषि अनेक हैं।

अनेक मत प्रमाण हैं। धर्म का तत्त्व गुहा में है। गूढ़ है। महापुरुषों का मार्ग ही मार्ग है।" (वन पर्व, 314.117)

रामायण में भी प्रश्न परम्परा का प्रवाह है। तुलसी की रामचरित मानस में पार्वती और शिव का प्रश्नोत्तर है। कागभुशुंडि और गरुण के प्रश्नोत्तर दिलचस्प हैं। ऋग्वेद की प्रश्न परम्परा के प्रवाह में भारत का लोकजीवन भी प्रश्नाकुलता से भरता रहा। आधुनिक भारत के साधारण नागरिक निजी बातचीत में भी ईश्वर या देवताओं के होने या न होने पर प्रश्न करते हैं। यहाँ आस्था भी प्रश्नों की परिधि में रहती है। भारत को प्रश्नाकुल बनाने में ऋग्वेद के ऋषियों की महत्त्वपूर्ण भूमिका है।

प्रश्नाकुल समाज अपने भीतर ज्ञान–विज्ञान सम्बन्धी तमाम जिज्ञासाओं को जन्म देते हैं। ऐसे प्रश्नों का उत्तर खोजते हैं। बेशक वे संशयवादी होते हैं लेकिन ज्ञान यात्रा में संशय, प्रश्न और जिज्ञासा की गहरी भूमिका है। ऋग्वेद के ऋषियों ने हज़ारों वर्ष पहले ही इस भूमिका को जन्म दिया था। इस भूमिका का निर्वहन भी किया था। वैदिक ऋषियों द्वारा निभाई गयी इसी भूमिका से भारत का मन सहज और स्वाभाविक रूप में लोकतन्त्री है। ऋषियों की यह भूमिका प्रगतिशील है। इसलिए स्तुत्य और अनुकरणीय भी है।

सांसारिक यथार्थवाद

संसार महत्त्वपूर्ण है। यह असार नहीं है, यह शाश्वत और परिवर्तनशील का योग है। यहाँ शाश्वत का बोध प्राप्त करने के अवसर हैं और परिवर्तनशीलता के प्रवाह का अंग होने के भी। कुछेक के लिए यह मोक्ष या मुक्ति की भूमि भी हो सकता है लेकिन सामान्य रूप में यह कर्म और आनन्द का क्षेत्र है। कर्म और आनन्द का सम्बन्ध 'मन' से है। मन संकल्प का केन्द्र है और सुख स्वस्ति का भी। ऋग्वेद में मन चंचलता के बहाने संसार की महत्ता बताते हैं, "मन बहुत दूर आकाश, अन्तरिक्ष, वन, पर्वत की ओर चला गया है, उसे हम वापस बुलाते हैं।" ऋषि अनेक क्षेत्रों का उल्लेख करते हैं और बार–बार कहते हैं, "हे मन यहीं आओ, इसी संसार में आपका जीवन है।" योग, ध्यान, उपासना, ईश्वर प्राप्ति या मुक्ति का क्षेत्र संसार है। ऋग्वेद की इसी परम्परा में यजुर्वेद (34.1–6) के 6 मन्त्र हैं।

संसार आनन्द क्षेत्र है। इसे और गहन आनन्द से परिपूर्ण करना हम सबका कर्तव्य है। आनन्द से परिपूर्ण संसार हम सबको और भी ज़्यादा

आनन्दित करता है। आनन्द सृजन के लिए शिव संकल्प चाहिए। वैदिक ऋषि अपने चित्त को शिवत्व से आपूरित करने की स्तुति करते हैं। शिवसंकल्प स्तोत्र के नाम से प्रतिष्ठित यजुर्वेद के इन मन्त्रों में 'मन' को लोक कल्याण आपूरित करने की प्रार्थना है, "जाग्रत दशा में मन दूर–दूर भागता है, तो सुप्तावस्था में भी उसी तरह दूर–दूर भ्रमण करता है। वह इन्द्रियों का ज्योतिरूप है। जीवन का यही एक दिव्य माध्यम है–ज्योतिर् एकं। स्तुति है कि ऐसा हमारा मन शुभ संकल्पों वाला बने–तन्मे मनः शिवसंकल्पमस्तु। यजुर्वेद का यह सूक्त बड़ा प्यारा है। यहाँ मन की महिमा है, सूक्ष्म विवेचन है। यहाँ आधुनिक मनोविज्ञान जैसे गहन विश्लेषण हैं। कहते हैं, "श्रेष्ठकर्म करने वाले विद्वान मनीषी इसी मन से सत्कर्म करते हैं। यह सम्पूर्ण प्राणियों में विद्यमान है। ऐसा हमारा मन शुभ संकल्पों वाला हो–तन्मे मनः शिसंकल्पमस्तु।"

मन अच्छा हो तो जीवन में सौन्दर्य खिलता है, मन बुरा हो तो पतन और अधोगमन। कहते हैं, "ज्ञान सम्पन्न चेतनशील मन सभी प्राणियों के भीतर 'अमर ज्योति' है। इसके अभाव में कोई भी कार्य सम्भव नहीं होते। ऐसा हमारा मन शुभ संकल्पों वाला हो।" आगे कहते हैं, "इसी मन की क्षमता से हम प्राचीन व भूतकाल का ज्ञान पाते हैं, वर्तमान को जानते हैं और भविष्यकाल को भी प्रत्यक्ष जान लेते हैं। ऐसा हमारा मन शुभ संकल्पों वाला हो।" (वही, 4) यहाँ मन भूत, भविष्य और वर्तमान के ज्ञान का बल है। यहाँ मन की क्षमता भविष्य को भी प्रत्यक्ष देखने की है। आगे कहते हैं, "इसी मन में ऋचाएँ स्थित हैं, इसी में साम और यजुष् के मन्त्र हैं। रथ के पहिए के आरों की तरह इसी मन में लोकमंगल का ज्ञान प्रतिष्ठित है। ऐसा हमारा मन शिव संकल्पों वाला हो।" मन को लगातार प्रशिक्षित करने, मन की क्षमता दोहराने और लोककल्याण की ओर प्रेरित करने की प्रार्थना है। अन्तिम मन्त्र में कहते हैं, "कुशल सारथी गतिशील अश्वों को इच्छित लक्ष्य की ओर अपने नियन्त्रण से ले जाते हैं। इसी प्रकार जो मन हम सबको आदर्श लक्ष्य तक ले जाता है, जो मन कभी बूढ़ा नहीं होता, अन्तर्तम में स्थित है, ऐसा हमारा मन शुभ संकल्पों वाला बने।" शिवत्व से संकल्पबद्ध मन कर्म क्षेत्र में ठीक से सक्रिय होता है।

ऋग्वेद के समाज की अभिलाषाएँ संसारी हैं। बेशक अधिकांश मन्त्र देवों को प्रसन्न करने वाली स्तुतियाँ हैं लेकिन देवों की प्रसन्नता पाने का लक्ष्य सांसारिक सुख प्राप्ति से जुड़ा हुआ है। वैदिक पूर्वजों के लिए यह

संसार भरापूरा यथार्थ है। वे परलोक को लेकर परेशान नहीं हैं। उनके लिए यह संसार मिथ्या नहीं है। डॉ. राधाकृष्णन् ने 'भारतीय दर्शन' (खण्ड–2, पृ. 83) में ठीक लिखा है, "ऋग्वेद के सूक्तों में जगत् के मिथ्या होने के विचार का कोई आधार नहीं है। संसार प्रयोजन शून्य मृग मरीचिका नहीं है।" बेशक बाद के भक्त कवियों ने संसार को माया कहा है। ऋग्वेद में भी 'माया' शब्द आया है। डॉ. राधाकृष्णन् ने स्पष्ट किया है कि "जहाँ कहीं माया शब्द आया है वह केवल उसके सामर्थ्य और शक्ति का द्योतक है।" (वही)

ऋग्वेद में माया का अर्थ कौशल है। इन्द्र के लिए कहते हैं कि वह अपनी माया से शीघ्र–शीघ्र तमाम रूप धारण करता है। (6.47.18) यहाँ माया आभास या झूठ नहीं है। झूठ का अस्तित्त्व नहीं होता। माया विशेष प्रकार का कर्म कौशल है। सापेक्ष रूप में उसे अनित्य कह सकते हैं, निरपेक्ष रूप में नित्य केवल अस्तित्व है। मनुष्य भी नित्य नहीं है। लेकिन मनुष्य भी कम–से–कम एक पूरे जीवन भर नित्य है। जीवन एक यथार्थ है। संसार यथार्थ है। प्रत्यक्ष है। परिवर्तनशीलता के कारण उसे अनित्य कहते हैं। ऋग्वेद में नित्य अनित्य की बहस नहीं है। डॉ. राधाकृष्णन् ने ठीक कहा है कि ऋग्वेद की मुख्य प्रवृत्ति एक सीधा–सादा सरल यथार्थवाद है। (वही)

ऋग्वेद में मनुष्य की सहज अभिलाषाओं का वर्णन है। हम सब धन समृद्धि चाहते हैं, ऋग्वेद के ऋषि भी धन समृद्धि चाहते थे। सुन्दर घर सबकी इच्छा है, ऋग्वेद में सुन्दर घर की प्रार्थना वाले मन्त्र हैं। अन्न ज़रूरी है। ऋषि प्रचुर अन्न प्राप्ति की स्तुतियाँ करते हैं। वे कृषि करते हैं, कृषि कर्म अन्न देता है। समृद्धि बढ़ती है। गायें दूध देती हैं, बछड़े कृषि कर्म में उपयोगी हैं। गाय वैदिक पूर्वजों के बीच आदरणीय है। गाय अबध्य है। ऋषि की इच्छा है कि गोहन्ता को दण्ड मिलना चाहिए। पशुओं के चारे और पीने के पानी की सामान्य चिन्ता भी ऋग्वेद में है। कहते हैं, "हे मित्रो! गायों व पशुओं के पानी पीने के लिए सुन्दर स्थान बनाओ।" (10.101) खेती किसानी और पशुपालन जैसे सांसारिक कर्म मुक्ति या मोक्ष के कर्मकाण्ड नहीं हैं।

देवता और प्रकृति के उपकरण आनन्ददाता हैं लेकिन सोम का आनन्द अन्य देवानन्दों से बड़ा है। ईरानी जेन्द अवेस्ता में ऐसा ही देवता हाओमा या होम है। सोम की तुलना यूनानी देव डायोनिसस से होती है लेकिन सोम की व्याप्ति हाओम या डायोनिसस से बड़ी है। सोम वनस्पति रूप

प्रत्यक्ष हैं, वनस्पतियों के राजा भी हैं। सोमपान से आनन्द मिलता है। सोम आनन्द का आलम्बन भी है। यह वैदिक आर्यों की सृजनशीलता का प्रेरक हैं। आर्य सुख और आनन्द के केन्द्र खोजते थे। ऐसे केन्द्र प्रकृति में हैं और इसी संसार में हैं। संसार विमुख संन्यास ऋग्वेद में नहीं है। गीता में श्रीकृष्ण ने भी कर्म त्याग को संन्यास नहीं कहा है।

ऋग्वेद में सुव्यवस्थित नीतिशास्त्र है। यह नीतिशास्त्र कहीं भी आदेशात्मक नहीं है। इसे उपदेशात्मक भी नहीं कह सकते। समूचे ऋग्वेद में सु–ऊक्त या सुन्दर कथन है। ये सूक्त हैं। सूक्तों में प्रसंगवश व्यक्ति और ब्रह्माण्ड, व्यक्ति और संसार, व्यक्ति और समाज तथा व्यक्ति और सभी प्राणियों के सम्बन्धों का वर्णन है। व्यक्ति और देवताओं के बीच सीधे सम्बन्ध हैं। ऋग्वेद में इन सम्बन्धों का कोई मध्यस्थ नहीं है। देवता आर्यों के आत्मीय हैं। आकाश देव पिता हैं, पृथ्वी माता है, अग्नि भ्राता हैं। ऐसे रिश्तों में मध्यस्थ की जगह नहीं है।

सामाजिक यथार्थ में सभी कर्म मनुष्य के लिए है। देवता भी मनुष्य के लिए है। ऋग्वेद के जनगण देवों के लिए नहीं है। देवता ही जनगण के लिए हैं। अग्नि विश्व व्याप्त शक्ति हैं। वे देवता हैं। इसी विश्व्यापी देव शक्ति अग्नि ने सूर्य को आकाश में मनुष्यों को प्रकाश देने के लिए स्थापित किया है। सूर्य भी देवता हैं। सूर्य सभी जनों के लिए प्रकाश धारण करता है–जनेभ्यः ज्योतिः दधातु। (10.156.4) अग्नि देवता होकर भी मनुष्यों के लिए है। वे प्रत्येक में व्याप्त है, प्रत्येक के हितैषी भी हैं। (10.91.2) अग्नि से प्रत्येक जीव के सम्बन्ध वैज्ञानिक हैं। अग्नि तत्त्व सभी प्राणियों में है ही। लेकिन अग्नि देव और मनुष्य के भावपरक सम्बन्ध ऋग्वेद में हैं। अग्नि माता की तरह सबका पोषण करते हैं। (5.15.4) अग्नि की खोज मनुष्य ने की। देवों ने नहीं। ऋग्वेद (1.36.19) के अनुसार मनु ने मनुष्यों के हित में अग्नि की स्थापना की। ये मनु सभी के पूर्वज हैं और मनुष्य हैं।

ऋग्वेद में मनुष्य और देवों की प्रीति अनूठी है। वैदिक अभिजन सभी अवसरों पर देवों का स्मरण करते हैं। वे दुखी होते हैं तो देवों की स्तुतियाँ करते हैं और जब सुखी होते हैं तब भी लेकिन आनन्द और उत्सव के समय वे देवों को ज़्यादा याद करते हैं। बहुत समय बाद सामाजिक विकास के किसी चरण में सुख और आनन्द के अवसर पर देवों का स्मरण सम्भवतः बन्द हो गया। एक कवि ने लिखा, "दुख में सुमिरन सब करे, सुख में करे न कोय।" ऋग्वेद में इसका उल्टा है। ऋग्वेद के ऋषि आनन्दित चित्तदशा

में देवों का स्मरण अवश्य करते थे। वे यज्ञ में देव आवाहन करते थे। विवाह जैसे मंगल कार्यों में देव आवाहन अनिवार्य था। एक सुन्दर मन्त्र में अग्नि से स्तुति है कि "उसके द्वारा आयोजित यज्ञ में 33 देवता आयें और पत्नियों को भी साथ लायें।" (3.6.9) जान पड़ता है कि वैदिक समाज के लोग उत्सवों में पत्नियों के साथ जाते थे। ऋषि कवि इसी सामाजिक परम्परा में देवों को भी पत्नियों सहित आमन्त्रित करते हैं। यहाँ सामाजिक यथार्थवाद ही सुस्पष्ट है।

आधुनिक समाज में सब लोग पूजा आदि कर्मकाण्ड नहीं करते। कुछ लोग पूजा–उपासना के समय मन्त्र स्तुति आदि गाते हैं, ज़्यादातर लोग ऐसा नहीं करते। वैदिक समाज में यज्ञ होते थे। यज्ञ के अवसर पर गोष्ठियाँ होती थीं। लेकिन सब लोग यज्ञ नहीं करते थे। सभी देवोपासना भी नहीं करते थे। एक कवि ऋषि यज्ञ न करने वालों की शिकायत सीधे अग्नि देवता से करते हैं, "आपको अपना स्वामी न मानने वाले और देवों को न मानने वाले लोगों पर आप कृपा न करें।" (1.50.2) ऐसी बातें आधुनिक काल में भी होती हैं—बेईमान मज़े में हैं। ईमानदार भूखे व ग़रीब हैं। क्या ईश्वर के यहाँ न्याय नहीं है? ऋग्वेद में ऐसी ही तमाम बातें हैं लेकिन सामान्य विचार में अच्छे कार्य पुण्यदाता उत्तम फलदाता ही है। कहते हैं कि देवों के विरोधी अपनी धनसम्पदा का स्वयं नाश करते हैं। (8.97.3) यहाँ देवता उपासना न करने वाले की सम्पत्ति नष्ट नहीं करते। ऐसा व्यक्ति स्वयं ही अपनी सम्पदा का नाश करता है।

सदाचरण ज़रूरी हैं। सदाचरण से हीन कदाचरण में संलग्न लोग दुखी रहते हैं। यह एक सामान्य मान्यता है। कुछ ऋषि कदाचरण वालों की निन्दा करते हैं। कुछ उन्हें दण्डित कराने के लिए देव स्तुतियाँ भी करते हैं। इन्द्र से कहते हैं, "मानवता से शून्य, यज्ञ आदि श्रेष्ठ कर्म न करने वाले को आपका मित्र पर्वत नीचे ढकेलता है।" (8.70.11) इस कथन में भी सज़ा देने का काम इन्द्र नहीं इन्द्र के मित्र पर्वत करते हैं। ऋग्वेद के ऋषि संसार के राग–द्वेष को अपने काव्यसृजन का आधार बनाते हैं। ऋग्वेद के कथन धर्मशास्त्रों से भिन्न प्रकृति के हैं। यहाँ शुभ और अशुभ साथ–साथ हैं। यहाँ शुभ और अशुभ सत्य और शिव सुन्दरतम रूप में प्रकट होता है। संसार यथार्थ है। मनुष्य अपने कर्मफल का उत्तरदायी है। भाग्य या अदृश्य भगवान को ही श्रेय देने जैसे विश्वास नहीं हैं।

भारतीय संस्कृति का मूल स्रोत

प्रकृति परिवर्तनशील है लेकिन इसका प्राण शाश्वत् है। प्रकृति में शाश्वत् व परिवर्तन एक साथ रहते हैं। शाश्वत के कारण प्रकृति सदा से है। परिवर्तन की धारा के सतत प्रवाह का कारण भी प्रकृति का शाश्वत गुण है। हम मनुष्य प्रकृति का भाग हैं। मनुष्य के भीतर भी दोनों हैं। यहाँ भी शाश्वत व परिवर्तन की एक समान धारा है। शाश्वत के कारण मनुष्य आनन्द अभीप्सु हैं। सभी प्राणी आनन्द के प्यासे हैं। प्रकृति के रूप मनुष्य चित्त में संवेदन जगाते हैं। शाश्वत गुण के कारण संवेदन आनन्द देते हैं लेकिन परिवर्तन गुण के कारण रूप आते हैं, रूप जाते हैं। प्रकृति की गतिशीलता जिज्ञासा व प्रश्न भी पैदा करती है। ऐसा स्वाभाविक भी है। मनुष्य चिन्तनशील प्राणी है। मनुष्य और प्रकृति के मध्य रागात्मक सम्बन्ध हैं लेकिन अन्तर्विरोध भी हैं। वे मनुष्य और प्रकृति के बीच हैं। प्राकृतिक आपदा या ऋतु परिवर्तन मनुष्य को दुखी करते हैं। मनुष्य और अन्य प्राणियों के मध्य भी अन्तर्विरोध हैं। मनुष्य और मनुष्य के बीच अन्तर्विरोध हैं ही। सुखी जीवन के लिए सम्पूर्ण अस्तित्व की अनुकूलता ज़रूरी है।

अन्तर्विरोध दुख देते हैं लेकिन मनुष्य आनन्द अभीप्सु है। सो भारत के चिन्तनशील पूर्वजों ने प्रकृति से मित्रता की। ऋग्वेद के ऋषियों ने सम्पूर्ण अस्तित्व को एक जीवमान इकाई बताया। सभी रूपों के भीतर एक शाश्वत् सत्य की घोषणा की—एकं सद् विप्रा बहुधा वदन्ति। इस सार्वभौम अनुभूति के प्रभाव प्रवाह में विश्व को परिवार जानने का भाव विकसित हुआ। ऋग्वेद के ऋषियों ने पृथ्वी को माता कहा, आकाश को पिता कहा। जल को बहुवचन में 'आपः मातरम्' कहा। सूर्य, अग्नि, नदी, वायु और वनस्पतियों सहित प्रकृति के सभी अंगों को प्रणाम करने का भाव जगाया। ऋषि सत्य खोजी थे, शुभकामी थे और आनन्द के प्यासे थे। उन्होंने रूप, रस, गन्ध और स्पर्श को अर्थ दिये, अर्थ से भरेपूरे शब्द

भी दिये। प्रकृति के प्रपंचों से उनका राग गहराता रहा। राग बदलकर प्रेम बना और प्रेम पककर बना श्रद्धा। उन्होंने मनुष्य की जीवन दृष्टि को 'मंगलभवन अमंगलहारी' बनाया। मनुष्य के ऐसे शुभ कर्म और ऐसी जीवनदृष्टि संस्कृति कहलायी।

प्रकृति से अन्तर्विरोध का परिणाम विषाद है। प्रकृति और उसके सम्पूर्ण घटकों से प्रेम छन्द छिड़ जाना प्रसाद है। मनुष्य का अपना सोचा, समझा सत्यानुभूत गढ़ा शिव और सुन्दर ही संस्कृति है। संस्कृति संस्कृत की बहन जान पड़ती है। संस्कृत का अर्थ है परिष्कृत। परिष्कार की कार्रवाई संस्कार है। बेशक परिष्कार या शुद्धि कर्तव्य निजी है लेकिन यह निजी से ज़्यादा सार्वजनिक है। दुनिया के तमाम देशों में मनुष्य को सामाजिक इकाई बनाने के प्रयास हुए। 'मनुष्य को सामाजिक प्राणी' भी कहा गया लेकिन यूरोप की जीवन दृष्टि आधुनिक काल में भी वैयक्तिक–इंडीविजुअल ही है। ऋग्वेद के ऋषियों ने परिवार, गण और जन जैसी समूहगत संस्थाओं को भी एक ही अस्तित्व का अंश बताया। ऋग्वेद के अदिति देव ऐसे ही हैं। कहते हैं, "अदिति पृथ्वी हैं, अदिति अन्तरिक्ष हैं। अदिति माता हैं, पिता हैं। पुत्र और पुत्री भी हैं और अदिति पाँच जन–पंच जनाः भी हैं।" इस कथन में पहले धरती और आकाश फिर पूरा परिवार है, फिर वैदिक समाज के पाँच बड़े जनसमूह हैं। इसके बाद अखण्ड काल है–जो अब तक हो चुका है और जो आगे होगा, वह सब अदिति ही है। ऋग्वैदिक दर्शन की ऐसी ही धारणाओं से भारतीय संस्कृति का विकास हुआ।

संस्कृति समाज जीवन का प्राण होती है। गीत संगीत काव्य सहित साहित्य की सभी अभिव्यक्तियाँ सांस्कृतिक अभिव्यक्ति ही हैं। नृत्य, स्थापत्य और जीवन का शील आचार भी संस्कृति के घटक हैं। भारत में संस्कृति के कारण ही पण्डित या ज्ञानी की परिभाषा में कहा गया है, "आत्मवत् सर्वभूतेष यः पश्यति स पण्डितः।" सभी तत्त्वों को अपने आत्म में देखने वाला ज्ञानी है। पं. जवाहर लाल नेहरू ने डॉ. रामधारी सिंह दिनकर की किताब 'संस्कृति के चार अध्याय' की भूमिका लिखी है। उन्होंने भूमिका में लिखा है, "संस्कृति क्या है? शब्दकोश उलटने पर अनेक परिभाषाएँ मिलती हैं। एक बड़े लेखक का कहना है कि संसार में जो सर्वोत्तम बातें जानी गयी हैं उनसे अपने आपको परिचित कराना संस्कृति है।" लेकिन पण्डित जी की बात अधूरी है। परिचय ही काफ़ी नहीं है। वस्तुतः सर्वोत्तम को धारण करना ही संस्कृति है। वे आगे लिखते हैं, "एक दूसरी परिभाषा के

अनुसार संस्कृति शारीरिक या मानसिक शक्तियों का प्रशिक्षण, दृढ़ीकरण या विकास अथवा उससे उत्पन्न अवस्था है। यह मन–आचार अथवा रुचियों की परिष्कृतियाँ शुद्धि है।" यहाँ सारी बातें सही हैं लेकिन उद्देश्य रहित हैं और वैयक्तिक हैं। संस्कृति वस्तुतः लोकमंगल के उद्देश्य से निर्मित सामूहिक उपलब्धि व सामूहिक उदात्त जीवन पद्धति है।

सामूहिक जीवन ऋग्वेद की विशेषता है। ऋग्वैदिक समाज में सामूहिक विचार–विमर्श होते हैं। सामूहिक विमर्श की दो प्रमुख संस्थाएँ सभा और समिति हैं। सभा और समिति का विकास उच्च सांस्कृतिक मूल्यों के अभाव में सम्भव नहीं था। वैदिक सभाओं के सभी सदस्य के परस्पर मित्रभाव में हैं लेकिन सुन्दर वक्ता यशस्वी होता है। उसकी प्रशंसा होती है–सर्वे नन्दन्ति यशसागातेन सभा साहेन सख्या सखायाः। (10.71.10) सम्भवतः मान्यता थी कि सोम देव की कृपा से सभा में सुन्दर बोलने वाला पुत्र मिलता है। सोम से स्तुति है, "पुत्र सभा के योग्य हो, 'सभेय' हो, पिता का यश बढ़ाने वाला हो।" (1.91.20) सभा के प्रतिष्ठित वक्ता से पिता का यश बढ़ना स्वाभाविक है। एक मन्त्र के अनुसार इन्द्र की प्रार्थना से भी सभासद की प्रतिष्ठा बढ़ती है। (8.4.9) अग्नि से भी सभावान होने की स्तुतियाँ हैं। सभा में व्यक्त वाणी का नाम ऋग्वेद में सभावती है।" यहाँ इन्द्र, अग्नि, सोम आदि की स्तुतियों के परिणाम विचारणीय नहीं हैं। तथ्य यही है कि वैदिक समाज में सभा थी, सभा में भिन्न विचार व्यक्त करने की स्वतन्त्रता थी। सामूहिक विचार–विमर्श थे। लोकतन्त्री संस्कृति के अभाव में प्राचीन काल में सभा का विकास और संचालन सम्भव नहीं था।

सभा के अतिरिक्त एक संस्था समिति है। समिति में भाग लेने वाले सदस्यों पर ऋषि की दृष्टि बड़ी सुन्दर है। कहते हैं, "औषधियाँ वैद्य के पास वैसे ही जाती हैं जैसे राजा समिति में जाते हैं।" (10.97.6) सोम कूटा–पीसा जाता है फिर उसमें दूध–दही मिलाकर एक बर्तन से दूसरे में डालते है। यह रसधारा ऋषियों को प्रिय है। इसका उदाहरण भी ऋषि को प्रिय है। कहते हैं, "सोम कलश में वैसे ही जाता है जैसे राजा समिति में जाता है।" (9.92.6) समिति विचार–विमर्श का स्थल है। विमर्श वैदिक संस्कृति है। सो समिति का कार्य संचालन दिव्य है। समिति देवी है। (10.11.8) विमर्श और राजा यूरोपीय देशों में भी थे और ऋग्वेद में भी है। दोनों में भारी अन्तर है। वैदिक राजा समिति में जाते हैं। समिति के सदस्यों से उनका विमर्श होता है। सम्भवतः उनसे प्रश्न भी पूछे जाते हों।

ऋग्वेद में भरीपूरी प्रश्न संस्कृति है। एक मन्त्र में स्तुति है, "हे देवो! हमें ऐसे लोगों से दूर रखो, जो प्रश्नों से आनन्दित नहीं होते।"

ऋग्वेद का सूक्त (10.191) समिति को राष्ट्र जीवन का मूलाधार बताता है। कहते हैं, "मन्त्रणा समान हो, समिति समान हो, सबके मन्त्र उद्देश्य और सबके मन समान हों। सब मिलकर उपासना करें। वैसे ही मिलकर सोचो, समझो और करो जैसे पूर्वज करते रहे हैं।" यहाँ सामूहिक विचार विमर्श की परम्परा ऋग्वेद से भी प्राचीन है—यथापूर्वे संजानानं उपासते। ऋग्वेद की यही परम्परा अथर्ववेद में है। अथर्ववेद में भी सभा समिति हैं। दोनों को ब्रह्म की पुत्रियाँ भी कहा गया है। दोनों को अनिष्ट दूर करने वाला भी कहा गया है। उत्तर वैदिक काल के तमाम साहित्य में सभा गोष्ठी, शास्त्रार्थ आदि के विवरण हैं। महाभारत 18 खण्डों में व्यवस्थित विभाजित है। प्रत्येक खण्ड का नाम पर्व है। 18 पर्वों में से एक का नाम सभापर्व भी है। आयुर्वेद के प्रतिष्ठित ग्रन्थ चरक संहिता का निर्माण विचार—विमर्श पूर्ण गोष्ठियों से ही हुआ था।

भारतीय दर्शन में 6 दर्शन महत्त्वपूर्ण हैं। वे हैं—गौतम ऋषि का न्याय, कणाद का वैशेषिक, कपिल का सांख्य, पतंजलि का योग। जैमिनि का पूर्व मीमांसा और वादरायण का वेदान्त। डॉ. राधाकृष्णन् ने 'भारतीय दर्शन' (खण्ड—2, पृ. 11) में बताया है कि "ये सब वैदिक दर्शन के नाम से जाने जाते हैं। जो दर्शन वेदों की प्रामाणिकता स्वीकार करते हैं वे आस्तिक कहलाते हैं और जो उसे स्वीकार नहीं करते उन्हें नास्तिक की संज्ञा दी गयी है। किसी भी दर्शन का आस्तिक या नास्तिक होना परमात्मा के अस्तित्व को स्वीकार या स्वीकार करने पर निर्भर न होकर वेदों की प्रामाणिकता को स्वीकार अथवा अस्वीकार करने पर निर्भर है।" वेद मूल है। वेद का स्वीकार आस्तिकता है और वेद से इनकार नास्तिकता है।

भारतीय संस्कृति का उद्भव और विकास वैदिक पूर्वजों के शोध, बोध, अध्ययन व श्रम, तप का परिणाम है। यह संस्कृति ऋग्वेद के रचनाकाल से पूर्व विकासमान थी। इसमें वैदिक काल के पहले के भी तत्त्व हैं लेकिन आर्यों को बाहर से आया मानने वाले विद्वान वैदिक संस्कृति के पूर्व की संस्कृति को अवैदिक कहते हैं। पं. नेहरू भी आर्यों को विदेशी मानते थे। उन्होंने 'संस्कृति के चार अध्याय' की प्रस्तावना में लिखा है, "एक ओर तो इस संस्कृति का मूल आर्यों से पूर्व मोहनजोदड़ो आदि की सभ्यता तथा द्रविड़ों की महान सभ्यता तक पहुँचता है और

दूसरी ओर इस संस्कृति पर आर्यों की बहुत गहरी छाप है जो भारत में मध्य एशिया से आये थे। पीछे चलकर यह संस्कृति उत्तर पश्चिम से आने वाले तथा फिर समुद्र की राह से पश्चिम से आने वाले लोगों से बार–बार प्रभावित हुई।" (वही)

भारतीय संस्कृति मूलतः वैदिक संस्कृति है। पं. नेहरू इस संस्कृति पर "आर्यों की गहरी छाप" स्वीकार करते हैं लेकिन वे यह बात नहीं बताते कि मध्य एशिया से भारत आये आर्यों ने इस देश की मूल संस्कृति को कैसे प्रभावित किया? वह भी आंशिक रूप में नहीं बहुत गहरी छाप डालते हुए प्रभावित किया। वे बाहर से आये तमाम अन्य तत्त्वों का भी प्रभाव स्वीकार करते हैं। पण्डित नेहरू की मानें तो बाहर से आने वाले समूहों ने ही भारतीय संस्कृति के विकास में गहरी भूमिका निभाई है लेकिन यह तर्क सत्य के परे है।

भारतीय संस्कृति का जन्म जिज्ञासा आधारित दर्शन से हुआ। इस दर्शन के बीज ऋग्वेद में हैं। ऋग्वेद का दर्शन आकस्मिक नहीं है। इसका सतत विकास हुआ है। कोई विदेशी जनसमूह भारत जैसे विशाल भूसांस्कृतिक इकाई के बृहत्तर मानव समाज पर अपनी संस्कृति या सभ्यता नहीं थोप सकता था। यहाँ दर्शन आधारित वैदिक संस्कृति ही थी। जो इसके पहले थी, वही ऋग्वेद के सूक्तों मन्त्रों में काव्य रूप में प्रकट हुई। वही भारत के 6 दर्शनों का आधार थी। वही उपनिषदों का दर्शन बनी। वही विकसित होकर विश्ववरणीय बनी।

पं. नेहरू का मन सम्भवतः विदेशी पुस्तकों से बना था। बेशक वे ऋग्वेद से परिचित थे लेकिन वे उसे विदेशी आर्यों का ग्रन्थ मानते थे। आश्चर्य है कि वे संस्कृत को भी मध्य एशिया में जन्मी भाषा मानते थे। उन्होंने लिखा है, "सम्भावना यह है कि भारत में संस्कृति के सबसे प्रबल उपकरण आर्यों और आर्यों से पहले के भारतवासियों, ख़ासकर, द्रविड़ों के मिलन से उत्पन्न हुए। इस मिलन, मिश्रण या समन्वय से एक बहुत बड़ी संस्कृति उत्पन्न हुई, जिसका प्रतिनिधित्व हमारी प्राचीन भाषा संस्कृत करती है। संस्कृत और प्राचीन पहलवी, ये दोनों भाषाएँ एक ही माँ से मध्य एशिया में जन्मी थीं, किन्तु भारत में आकर संस्कृत ही यहाँ की राष्ट्रभाषा हो गयी।" (वही) उनकी मूल स्थापना ग़लत है। संस्कृत भारत में ही जन्मी। उसका सतत विकास भी यहीं हुआ। संस्कृत राष्ट्रभाषा थी, वैदिक काल में लोकभाषा भी थी। यह बातें सही हैं।

पण्डित जी की स्थापना है कि पहले यहाँ विदेशी आर्य आये और इसी क्रम के आख़िर में समुद्र पार से आये पश्चिम के लोग। पं. नेहरू पश्चिम के लोगों के आगमन पर अभिभूत हैं। वे इसी भूमिका में लिखते हैं, "जब पश्चिम के लोग समुद्र के पार से यहाँ आये, तब भारत के दरवाज़े एक ख़ास दिशा की ओर खुल गये। आधुनिक औद्योगिक सभ्यता बिना किसी शोर–गुल के, धीरे–धीरे, इस देश में प्रविष्ट हो गयी। नये भावों और नये विचारों ने हम पर हमला किया और हमारे बुद्धिजीवी अंग्रेज़–बुद्धिजीवियों की तरह सोचने का अभ्यास करने लगे। यह मानसिक आन्दोलन, बाहर की ओर वातायन खोलने का यह भाव, अपने ढंग पर अच्छा रहा, क्योंकि इससे हम आधुनिक जगत को थोड़ा बहुत समझने लगे।" (वही) नेहरू जी का यह अंश बहुत महत्त्वपूर्ण है। लिखते हैं कि पश्चिम के लोगों के आगमन पर भारत के दरवाज़े एक ख़ास दिशा की ओर खुल गये। यह अंग्रेज़ थे, देश में व्यापारी बनकर आये थे। उन्होंने भारत को अपने ढंग से लूटा। जहाँ तक दर्शन और विचार का सम्बन्ध है, भारत के दरवाज़े कभी बन्द नहीं रहे। आर्यों ने ऋग्वेद में पहले ही घोषणा की थी–"दुनिया की सभी दिशाओं से सद्‌विचार हमारे यहाँ आयें।"

ऋग्वेद के रचनाकाल में यहाँ उद्योग तन्त्र का विकास हो रहा था। उस समय रथ निर्माण का उद्योग था। युद्ध के लिए हथियार थे। कृषि उपकरण थे। हैलमेट था, तब उसका नाम शिरस्त्राण था। पण्डित जी के अनुसार पश्चिम के लोगों के साथ आधुनिक औद्योगिक सभ्यता बिना किसी शोर के देश में आ गयी। मूलभूत प्रश्न है कि क्या वास्तव में अंग्रेज़ों के साथ आयी औद्योगिकी की कोई सभ्यता भी थी। अंग्रेज़ यहाँ का कच्चा माल कपास इंग्लैण्ड ले गये। वहाँ उन्होंने कपड़े बनाये। मैनचेस्टर समृद्ध हो गया। भारत के कारीगर कंगाल हो गये लेकिन पण्डित जी की दृष्टि में यह "आधुनिक औद्योगिक सभ्यता" थी।

क्या पश्चिम के लोगों के पास भारत के लिए कोई सद्‌विचार भी थे? पण्डित जी के अनुसार नये भाव नये विचार आये। यहाँ के बुद्धिजीवी यूरोप के बुद्धिजीवी अंग्रेज़ बुद्धिजीवियों की तरह सोचने लगे कि बाहर की तरफ़ वातायन खोलना अपने ढंग पर अच्छा रहा। पण्डित जी का निष्कर्ष है कि "इससे हम आधुनिक जगत् को समझने लगे।" पण्डित जी अंग्रेज़ों और उनके विचारों को 'आधुनिक जगत' बताते हैं। आधुनिक का अर्थ समकालीन या वर्तमान होता है। भारत का आधुनिक, अंग्रेज़ों के आधुनिक

से भिन्न था और है। नेहरू जी की यह प्रस्तावना 30 सितम्बर 1955 की है। तब भारत के आधुनिक काल में वे प्रधानमन्त्री थे और देश के प्रतिनिधि थे। उन्होंने 'डिस्कवरी ऑफ़ इण्डिया' 1942–1945 के बीच लिखी थी। नेहरू जी ने इसकी प्रस्तावना पर 29 दिसम्बर 1945 के दिन हस्ताक्षर किये थे। इस किताब के लेखन के समय वे जेल में थे। उस समय के 'भारतीय आधुनिक काल' को कथित आधुनिक विचारों वाले अंग्रेज़ों ने ही कूट–कूट कर जेल में डाल रखा था।

पं. नेहरू पर अंग्रेज़ी विद्वानों का प्रभाव साफ़ है। ऋग्वेद सहित सम्पूर्ण प्राचीन वांङ्मय पर तमाम यूरोपीय विद्वानों की दृष्टि पक्षपातपूर्ण है। इसी विचार से प्रभावित तमाम भारतीय विद्वानों की दृष्टि भी आत्म विरोधी है। उन्होंने भारतीय संस्कृति और उसके मूल स्रोत ऋग्वेद की स्थापनाओं की उपेक्षा की है। ऐसे विद्वानों के अनुसार "जो बाहर का है, पश्चिम का है, वह आधुनिक है और जो विचार भारतीय मूल का है वह पिछड़ा है।" डॉ. रामधारी सिंह दिनकर ने भी 'संस्कृति के चार अध्याय' के प्रथम संस्करण की भूमिका में स्वीकार किया है, "इस पुस्तक की अधिकांश सामग्री अंग्रेज़ी की पुस्तकों से ली गयी है किन्तु दुर्भाग्यवश अंग्रेज़ी में भी कोई पुस्तक ऐसी नहीं है जिसमें भारतीय संस्कृति की सम्पूर्ण इतिहास की झाँकी एक ही जिल्द में उतार दी गयी है।" सम्पूर्ण सांस्कृतिक इतिहास पर अंग्रेज़ी की पुस्तक न होने से भी बड़ा दुर्भाग्य दूसरा भी है। दिनकर जैसे श्रेष्ठ कवि ने आर्यों के भारतीय ही होने के सत्य का अनुसन्धान नहीं किया। उन्होंने आर्यों के महान ग्रन्थ ऋग्वेद की मूल रचना भूमि सप्तसिन्धु पर भी विचार नहीं किया।

'संस्कृति के चार अध्याय' ही क्यों हैं? दिनकर जी ने लिखा है, "भारतीय संस्कृति में चार बड़ी क्रान्तियाँ हुई हैं और हमारी संस्कृति का इतिहास उन्हीं चार क्रान्तियों का इतिहास है। पहली क्रान्ति तब हुई, जब आर्य भारतवर्ष में आये अथवा जब भारतवर्ष में उनका आर्येतर जातियों से सम्पर्क हुआ। आर्यों ने आर्येतर जातियों से मिलकर जिस समाज की रचना की, वही आर्यों अथवा हिन्दुओं का बुनियादी समाज हुआ और आर्य तथा आर्येतर संस्कृतियों के मिलन से जो संस्कृति उत्पन्न हुई, वही भारत की बुनियादी संस्कृति बनी। इस बुनियादी भारतीय संस्कृति के लगभग आधे उपकरण आर्यों के दिये हुए हैं और उसका दूसरा आधा आर्येतर जातियों का अंशदान है।"

दूसरी क्रान्ति बताते हैं, "दूसरी क्रान्ति तब हुई, जब महावीर और गौतम बुद्ध ने इस स्थापित धर्म या संस्कृति के विरुद्ध विद्रोह किया तथा उपनिषदों की चिन्ताधारा को खींचकर वे अपनी मनोवांछित दिशा की ओर ले गये। इस क्रान्ति ने भारतीय संस्कृति की अपूर्व सेवा की, किन्तु अन्त में, इसी क्रान्ति के सरोवर में शैवाल भी उत्पन्न हुए और भारतीय धर्म तथा संस्कृति में जो गन्दलापन आया, वह, काफ़ी दूर तक, इन्हीं शैवालों का परिणाम था। तीसरी क्रान्ति उस समय हुई, जब इस्लाम, विजेताओं के धर्म के रूप में, भारत पहुँचा और इस देश में हिन्दुत्व के साथ उसका सम्पर्क हुआ और चौथी क्रान्ति हमारे अपने समय में हुई, जब भारत में यूरोप का आगमन हुआ तथा उसके सम्पर्क में आकर हिन्दुत्व एवं इस्लाम, दोनों ने नव–जीवन का अनुभव किया। इस पुस्तक में इन्हीं चार क्रान्तियों का संक्षिप्त इतिहास है। पुस्तक का उचित नाम कदाचित् 'भारतीय संस्कृति के चार सोपान' होना चाहिए था, किन्तु, वह नाम मन में आकर फिर लौट गया और मुझे यही अच्छा लगा कि इस पुस्तक को मैं 'संस्कृति के चार अध्याय' कहूँ।"

दिनकर की चारों क्रान्तियों पर ग़ौर करें। आर्यों का भारत आगमन और आर्येतर जातियों से मिलन पहली क्रान्ति है। बुनियादी भारतीय संस्कृति के आधे उपकरण आर्यों के और आधे आर्योत्तर जातियों के हैं। यह क्रान्ति दिलचस्प है। आर्यों के समूह बहुत दूर से आते हैं, यहाँ की आर्येतर जातियों से मिलते हैं। संस्कृति के निर्माण में आधा–आधा साझा करते हैं और फटाफट नयी संस्कृति बना लेते हैं। क्या वास्तव में ऐसा सम्भव है? दूसरी क्रान्ति में महावीर बुद्ध के सकारात्मक दर्शन को स्थापित धर्म संस्कृति के विद्रोह की संज्ञा दी गयी है। बताते हैं कि इस क्रान्ति ने भारतीय संस्कृति की अपूर्व सेवा की। यहाँ इस्लाम के विजेताओं के रूप में आगमन को तीसरी क्रान्ति की संज्ञा दी गयी है। वस्तुतः यह कोई सांस्कृतिक क्रान्ति नहीं अपितु बर्बर आक्रमण था। यूरोपीय लोगों का भारत आगमन चौथी क्रान्ति है। दिनकर जी के अनुसार यूरोप के सम्पर्क से हिन्दुत्व और इस्लाम दोनों ने नवजीवन का अनुभव किया। नेहरू और दिनकर दोनों के मन में अंग्रेज़ों का उल्लास है और मूल भारतीय वैदिक संस्कृति के प्रति हीनभाव है।

डॉ. रामविलास शर्मा प्रतिबद्ध मार्क्सवादी विचारक थे। वे ऐसी क्रान्तियों की चर्चा नहीं करते। ये क्रान्तियाँ हैं भी नहीं। ऋग्वेद भारत का, सारी

दुनिया का प्राचीनतम संस्कृति दर्शन है। डॉ. शर्मा ने 'भारतीय नवजागरण और यूरोप' (पृ. 115) में "ऋग्वैदिक काल को प्रथम नवजागरण बताया है। उन्होंने उपनिषद् काल को दूसरा नवजागरण कहा है।" उन्होंने लिखा है कि "उपनिषद् काल को विश्व दर्शन के इतिहास में क्रान्तिकारी युग मानना चाहिए।" (वही) ऋग्वेद दर्शन, उदात्तभाव, संवेदनशील संस्कृति व सभ्यता का प्रथम ज्ञानोदय है। भारत का धर्म ऋग्वेद में वर्णित प्राकृतिक संविधान 'ऋत्' का विकास है। यह धर्म अन्धविश्वास नहीं अनुभूत प्राकृतिक सत्य है। कार्ल मार्क्स ने इसीलिए 1853 में भारत के बारे में कहा था कि वह हमारी भाषाओं का स्रोत है।" भारत में भाषा और धर्म का स्रोत ऋग्वेद है। इसलिए ऋग्वेद ही भारतीय संस्कृति का स्रोत भी है।

भारतीय संस्कृति का जन्म, मूल दर्शन और उद्‌गम ऋग्वेद का समाज है। ऋग्वेद की ही दार्शनिक परम्परा उपनिषदों में प्रकट हुई है। उपनिषद् में तत्त्व दर्शन है। उपनिषदों का तत्त्व दर्शन महाभारत के गीता वाले अंश में सार रूप में है। यही दर्शन ब्रह्म सूत्र में है। इसी दर्शन का परिणाम संस्कृति है। बुद्ध और जैन प्राचीन भारतीय दर्शन का ही विस्तार हैं। उन्हें प्राचीनता के विरुद्ध विद्रोह कहना अनुचित है। वैदिक संस्कृति के सम्पूर्ण प्रवाह की समझदारी आवश्यक है। आधुनिक विश्व की परिस्थितियों में भारतीय संस्कृति का अध्ययन और भी ज़रूरी है। भारतीय संस्कृति के सम्बन्ध में यूरोपीय विचार के कारण अनेक भ्रम हैं। इस भ्रम का प्रभाव राष्ट्रजीवन पर पड़ता है। राष्ट्रजीवन के अतिसक्रिय क्षेत्र राजनीति पर कुछ ज़्यादा ही पड़ता है। भारतीय संस्कृति में उदात्त जीवन मूल्य हैं। इस संस्कृति में समाज जीवन की तमाम मान्यताएँ भी हैं। इसी संस्कृति में राजनीति के आदर्श भी हैं और इन सबका मूल स्रोत ऋग्वेद है।

ऋग्वेद को हटाकर भारतीय संस्कृति का विवेचन सम्भव नहीं है। आर्यों को विदेशी मानकर भी संस्कृति का विवेचन नहीं हो सकता। ऋग्वेद को अलग रखकर हम राष्ट्रजीवन की आर्थिक कार्रवाई नहीं समझ सकते। कौटिल्य ने अर्थशास्त्र की शुरुआत में ही वेद को याद किया है। आयुर्विज्ञान का मूल भी ऋग्वेद में है और विस्तार अथर्ववेद में है। योग, वेदान्त भी ऋग्वेद का विकास है। गीत, संगीत, नृत्य अभिनय की चर्चा भी ऋग्वेद में है। समाज जीवन के सभी मौलिक तत्त्व ऋग्वेद में हैं। ऋग्वेद भारतीय संस्कृति का आदि स्रोत है।

उत्तर–दक्षिण और आर्य द्रविड़

भारतीय संस्कृति का आदि स्रोत वैदिक दर्शन है। इसी दर्शन से संस्कृति का विकास हुआ। वैदिक दर्शन और संस्कृति के विकास के पूर्व भी यहाँ दर्शन व संस्कृति की धारा थी। ऋग्वेद में दर्शन, संस्कृति व सभ्यता के महत्त्वपूर्ण सूत्र हैं। इनका उद्‌भव शून्य से नहीं हो सकता। ऋग्वेद के रचनाकाल के पहले भी एक संस्कृति थी, सभ्यता थी और दर्शन भी था। ऋग्वेद में उपलब्ध संस्कृति व सभ्यता के तत्त्व पूर्व वैदिक काल का विस्तार हैं। कुछ विद्वान आर्यों को बाहर से भारत आने वाला मानते हैं। उनके अनुसार आर्यों के भारत आने के पहले भी यहाँ आर्यों से भिन्न आर्येतर संस्कृतियाँ थीं। वे कहते हैं कि भारतीय संस्कृति का विकास आर्य व आर्यों से भिन्न संस्कृति के मिलन से हुआ। डॉ. रामधारी सिंह दिनकर ने 'संस्कृति के चार अध्याय' (पृ. 58) में ऐसा ही लिखा है, "हिन्दू संस्कृति का आविर्भाव आर्य व आर्येतर संस्कृतियों के मिश्रण से हुआ।"

संस्कृतियों के मिश्रण की बात ध्यान देने योग्य है। प्रश्न है कि ऐसा मिश्रण करने वाले जन कौन थे? आगे दिनकर जी के विवेचन में आर्येतर संस्कृति धारकों के उल्लेख हैं। इस उल्लेख के लिए उन्होंने पुराणों को आधार बनाया है। पुराणों का आधार अनुचित नहीं है। लेकिन उन्होंने पौराणिक परम्परा को वेदों के समय तक पीछे ले जाने का प्रयास किया है। उन्होंने लिखा है, "पुराणों का उल्लेख धर्म सूत्रों में भी है। मनुस्मृति, विष्णु स्मृति, याज्ञवल्क्य स्मृति में भी। रामायण और महाभारत तो पुराणों के नाम कई बार लेते हैं। इन सारे प्रमाणों से यह अनुमान अत्याधिक सुदृढ़ हो जाता है कि पुराणों की परम्परा वैदिक परम्परा से कम प्राचीन नहीं है।" (वही) ऋग्वेद और पुराणों के रचनाकाल के बीच समय का लम्बा फ़ासला है। यह बात वे भी जानते थे इसीलिए उन्होंने "पुराणों की परम्परा को वैदिक परम्परा से कम प्राचीन नहीं" शब्द प्रयोग किया है।

दिनकर जी सम्भवतः पुराणों को वैदिक काल से पहले रखना चाहते थे। आगे लिखते हैं, "पुराणों में यक्ष, राक्षस, नाग, किरात आदि का जो उल्लेख है, वह स्पष्ट ही आर्येतर जातियों की सूचना देता है। पुराणों के अनुसार देवों की अपेक्षा असुरों का प्राचीन होना अधिक सम्भव दिखता है।" यहाँ उनके मन में झिझक है। लेकिन वे निष्कर्ष निकालते हैं "इससे भी सूचित होता है कि भारत में आर्यों से भिन्न और भी बहुत से लोग थे।"

(वही, पृ. 59) ऋग्वेद में अनेक जन हैं। पाँच जनों का उल्लेख कई बार है। अन्य जन भी रहे होंगे। पुराणकाल तक अन्य जातियाँ भी आयी होंगी। आर्य अभिजनों के बीच श्रम विभाजन से भी अनेक जातियाँ विकसित हुई होंगी। देवों को असुरों के बाद बताना सही नहीं है। ऋग्वेद में देवों को सृष्टि सृजन के साथ ही उत्पन्न हुआ बताया गया है। असुर मनुष्य हैं, देवता प्रकृति की शक्तियाँ हैं।

आधुनिक भारत में भी उत्तर–दक्षिण की दूरी और अलगाव की बातें चलती हैं। कुछ विद्वानों का मत है कि आर्यों को दक्षिण भारत का ज्ञान नहीं था, वैदिक साहित्य में दक्षिण भारत का उल्लेख नहीं है। लेकिन सच दूसरा है। ऋग्वेद काल के कम–से–कम एक ऋषि अगस्त्य दक्षिण भारत से प्रत्यक्ष परिचित थे। वे उत्तर भारत से दक्षिण भारत गये थे। तमिल परम्परा के अनुसार अगस्त्य के दक्षिण पहुँचने के पूर्व पूरा तमिल क्षेत्र वन आच्छादित था। जनसंख्या कम थी। एक तमिल कथा के अनुसार शिव विवाह में दक्षिण के अधिकांश लोग उत्तर स्थित हिमालय क्षेत्र आये। पृथ्वी का सन्तुलन गड़बड़ा गया। देवों ने शिव को बताया। उनसे प्रार्थना की कि आप किसी तेजस्वी को दक्षिण भेजिए। शिव ने इस कार्य के लिए ऋषि अगस्त्य को चुना। शिव ने अगस्त्य को दक्षिण जाने का निर्देश दिया। उन्होंने शिव के सामने भाषा की समस्या रखी कि मैं दक्षिण की भाषा नहीं जानता। इस पर शिव ने अपने बायीं तरफ़ अगस्त्य को और दक्षिण की तरफ़ पाणिनि को खड़ा किया। फिर वे डमरू बजाने लगे। बाई तरफ़ से निकली डमरू ध्वनि से तमिल भाषा बनी और दायीं तरफ़ से निकली ध्वनि से संस्कृत का विकास हुआ। कथा का सन्देश प्रेम पगा है। दोनों भाषाओं का उद्‌गम एक है। तमिल का प्राचीनतम व्याकरण अगस्त्य ने लिखा। उसका नाम 'अगस्त्यम्' है।

उत्तर–दक्षिण दिशा बोधक है। दिशाएँ स्वतन्त्र नहीं होतीं। मूल प्रश्न है कि हम कहाँ बैठकर उत्तर–दक्षिण का विचार कर रहे हैं। तमिलनाडु में बैठकर दक्षिण की ओर देखें तो महासमुद्र है। भूगोल के अनुसार उत्तर दक्षिण की भौगोलिक सीमा के बीच विन्ध्य पर्वत था। अगस्त्य ऋग्वेद के ऋषि हैं। वे दक्षिण यात्रा पर गये। विन्ध्य पर्वत ने उन्हें झुक कर प्रणाम किया। अगस्त्य ने उसे आशीष दिये और कहा कि जब तक मैं दक्षिण से न लौटूँ तब तक तुम ऐसे ही झुके रहना। इस पारम्परिक कथा में बहुत कुछ छुपा हो सकता है। उत्तर–दक्षिण का विभाजक विन्ध्य पहाड़ था।

विभाजक शक्तियाँ और भी रही होंगी। इन दोनों को अलग बताने वाले लोग भी रहे होंगे। अगस्त्य तेजस्वी थे। उनके तेज़ के सामने सब झुके हों तो आश्चर्य क्या है?

अगस्त्य दक्षिण की यात्रा पर अकेले नहीं गये। डॉ. रामधारी सिंह दिनकर ने तमिल परम्परा के हवाले से लिखा है, "अगस्त्य दक्षिण जाने लगे, पहले वे गंगा के पास गये। फिर कावेरी को साथ कर लिया, जमदग्नि ऋषि के पुत्र तृण धर्मग्नि, पुलस्त्य की बहिन लोपामुद्रा और द्वारिका जाकर वृष्णिवंश के 18 राजाओं को भी उन्होंने अपने साथ लगा लिया। ....पश्चिमी घाट पर उन्होंने आश्रम बनाया।" (वही, पृ. 64) अगस्त्य और उनकी मण्डली दक्षिण पहुँची। अगस्त्य और इस संस्कृति मण्डली ने भारतीय सांस्कृतिक एकता पर ही काम किया होगा। अगस्त्य व्यापार के उद्‌देश्य से दक्षिण नहीं गये थे और न ही वे पर्यटक थे।

ऋग्वेद में तमिलनाडु का उल्लेख नहीं है। लेकिन अगस्त्य और लोपामुद्रा ऋग्वेद के प्रतिष्ठित ऋषि हैं। वैदिक संस्कृति के विकास में उत्तर–दक्षिण व पूरब–पश्चिम सहित सभी अभिजनों का कर्म तप है। ऋग्वेद का विश्व प्रतिष्ठ भाष्य लिखने वाले महान तत्त्ववेत्ता सायण दक्षिण के थे। भारत की सांस्कृतिक एकता के नायक व दार्शनिक शंकराचार्य केरल के थे। आचार्य शंकर के शारीरिक भाष्य पर 'भामिती' वाचस्पति मिश्र ने मिथिला में लिखी थी। दक्षिण के ही विद्वान भारवि ने किरातार्जुनीयम् लिखी। प्राक् ज्ञान दर्शन के विद्वान भट्‌टोजि दीक्षित, मल्लिनाथ, जगन्नाथ आदि दक्षिण के थे। आर्य और द्रविड़ कोई नस्ल नहीं है। उत्तर दक्षिण की अलग–अलग सभ्यता व संस्कृति नहीं है। उत्तर–दक्षिण का विवाद राजनीतिक कारण से ही उठता है। पहले संस्कृत और तमिल के बीच प्रीति थी। तब समूचा भारत ज्ञान दर्शन की अभिव्यक्ति के लिए संस्कृत को ही प्रिय भाषा मानता था।

आर्य और द्रविड़ की अलग–अलग संस्कृतियाँ नहीं थीं। आर्यों को किसी अन्य देश से भारत आया हुआ मानने वाले विद्वान ही दक्षिण संस्कृति को प्राचीन और वैदिक संस्कृति को परवर्ती बताते हैं। दिनकर जी ने यही लिखा है। "द्रविड सभ्यता में आर्यों से आगे यानी आर्यों की अपेक्षा वे अधिक प्राचीन थे।" (वही, 68) लेकिन यह तथ्य सही नहीं है। आर्यों का रचा ऋग्वेद दुनिया का प्राचीनतम साक्ष्य है। ऋग्वेद के पहले की संस्कृति का सांकेतिक वर्णन भी ऋग्वेद में है। आर्य भारत

में बाहर से नहीं आये थे। दिनकर जी भी आर्यों को विदेशी मानते हैं लेकिन उनकी प्रशंसा करते हैं, "आर्यों ने आकर यहाँ भी जीवन की धूम मचा दी। प्रवृत्ति और आशावाद के स्वर से समाज को पूर्णाकार दिया।" (वही, पृ. 68) आर्यों ने आशावाद भरा, जीवन में धूम मचा दी। मूलभूत प्रश्न है कि क्या कोई विदेशी समूह किसी अन्य देश में जाकर सहज ही ऐसी धूम मचा सकता है?

आर्य भारत के ही मूल निवासी थे। उन्होंने वैज्ञानिक दृष्टिकोण वाले दर्शन का विकास किया। वे आनन्दपूर्ण जीवन के पक्षधर थे। दिनकर जी ने भी आर्य संस्कृति की प्रशंसा में कहा है, "वैदिक युग के आर्य मोक्ष के लिए चिन्तित नहीं थे, न वे संसार को असार मानकर उससे भागना चाहते थे। उनकी प्रार्थना की ऋचाएँ ऐसी हैं, जिनसे पस्त–से–पस्त आदमियों के भीतर भी उमंग की लहर जाग सकती है। उन्हें ऋत् का ज्ञान प्राप्त हो चुका था और वे मानते थे कि सारी सृष्टि किसी एक ही प्रच्छन्न शक्ति से चालित और ठहरी हुई है तथा उस शक्ति की आराधना करके मनुष्य जो भी चाहे, प्राप्त कर सकता है। किन्तु बराबर उनकी प्रार्थना लम्बी आयु, स्वस्थ शरीर, विजय, आनन्द और समृद्धि के लिए ही की जाती थी। वैदिक प्रार्थनाएँ, प्रार्थनाएँ भी हैं, और सबल, स्वस्थ, प्रफुल्ल जीवन को प्रोत्साहन देने वाले मन्त्र भी।" (वही, 69)

भारतीय संस्कृति एक है। यह वैदिक संस्कृति का विस्तार है। इसका मूल दर्शन ऋग्वेद की "एक सत्य अनुभूति है"–एकं सद् विप्रा बहुधा वदन्ति। इस संस्कृति के विकास में प्रत्येक भारतवासी का कर्मयोग है लेकिन यह कई संस्कृतियों का मिश्रण नहीं है। अमेरिका संयुक्त राज्य है। अमेरिकी राष्ट्र राज्य का जन्म और गठन राज्यों के मिलन से हुआ है। इसीलिए उसे संयुक्त राज्य कहते हैं। भारत का राष्ट्र सांस्कृतिक है। एक संस्कृति के कारण भारत एक राष्ट्र है। इस संस्कृति और राष्ट्र का विकास ऋग्वैदिक अभिजनों ने किया था। इस एक संस्कृति का रूप एकता से अनेकता में खिलता है। यहाँ अनेकता से एकता का निर्माण नहीं हुआ। यहाँ एकता ही अनेक रूपों में प्रकट हुई है इसीलिए भारत के प्रत्येक भूक्षेत्र में एक जैसी प्रीति है। दक्षिण के विद्वान व सन्त व दार्शनिक उत्तर के देवी–देवताओं पर साहित्य रचते हैं। उत्तर के विद्वान सर्जक दक्षिण के प्रतीकों प्रतिमानों पर काव्य रचते हैं। उत्तर दक्षिण की बहस बेकार है। राजनीति ही ऐसी अनुचित बहसें उभारती है।

हिन्दी के विद्वान आलोचक डॉ. नामवर सिंह ने 'दूसरी परम्परा की खोज' (पृ. 14) में डॉ. हजारी प्रसाद द्विवेदी पर शान्ति निकेतन के प्रभाव का उल्लेख किया है कि वे शान्ति निकेतन न आते तो शायद रवीन्द्रनाथ के प्रसिद्ध निबन्ध 'भारतवर्ष में इतिहास की धारा' पर दृष्टि न पड़ती। उन्होंने इस निबन्ध की एक स्थापना का उल्लेख किया है, "किसी को यह नहीं समझना चाहिए कि अनार्यों ने हमें कुछ नहीं दिया। वास्तव में द्रविड़ों लोग सभ्यता की दृष्टि से हीन नहीं थे। उनके सहयोग से हिन्दू सभ्यता को रूप वैचित्र्य और रस गाम्भीर्य मिला। द्रविड़ तत्त्वज्ञानी नहीं थे। पर उनके पास कल्पना शक्ति थी। वे संगीत और वास्तुकला में कुशल थे। सभी कला विद्याओं में निपुण थे।" बेशक द्रविड़ कला विद्या में कुशल थे। पर वे अलग नस्ल नहीं थे। रस गाम्भीर्य वैदिक परम्परा का रस है। तैत्तिरीय उपनिषद् में भगवत्ता को रस बताया गया है—रसो वै सः। द्रविड़ और आर्यों की अलग—अलग संस्कृति के विचार के पक्ष में पर्याप्त साक्ष्य नहीं हैं।

कबीर उपनिषद् दर्शन गा रहे थे। नामवर जी ने हजारी प्रसाद द्विवेदी को कबीर के माध्यम से जाति—धर्म निरपेक्ष मानव की प्रतिष्ठा का श्रेय दिया है। लिखा है कि "यह एक प्रकार से दूसरी परम्परा है।" (वही, पृ. 15) नामवर जी मार्क्सवादी थे। भारत की सुस्थापित, विकासशील, प्रगतिशील परम्परा की जगह दूसरी परम्परा को स्थापित करना उनका ध्येय हो सकता है पर ऋग्वेद से लेकर उपनिषद्, रामायण, महाभारत और तुलसीदास, कबीरदास, सुब्रमण्य भारती तक भारतीय दर्शन, संस्कृति व परम्परा की एक ही अविच्छिन्न धारा है। अभिव्यक्तियाँ स्वाभाविक ही भिन्न—भिन्न हैं लेकिन परम्परा का प्रवाह एक है। जो भावभूमि दक्षिण के सन्तों, कवियों की है, वही भावभूमि उत्तर की भी है। शिव दक्षिण में पूज्य हैं और उत्तर में भी। तुलसी की रामकथा के महानायक श्रीराम शिवद्रोही को स्वप्न में भी पसन्द नहीं करते—शिवद्रोही मम दास कहावा/सो नर सपनेहुँ मोहि नहिं भावा।

संस्कृति को तमाम संस्कृतियों या परम्पराओं का घोल कहना सही नहीं है। वैदिक साहित्य की सर्वमान्यता पूरे भारत में है। डॉ. सत्यकेतु ने "भारतीय संस्कृति का विकास' (पृ. 105) में सही लिखा है, 'भारतीय संस्कृति का आदि स्रोत वेद हैं, इसीलिए भारत में इस साहित्य को अत्यन्त आदर की दृष्टि से देखा जाता है। सब हिन्दू इसे ईश्वरीय ज्ञान मानते हैं। सांख्य

दर्शन ईश्वर की सत्ता से इनकार करता है, पर वेद को अनादि और स्वतः प्रमाण मानता है। नास्तिक का लक्षण यह नहीं है, कि वह ईश्वर को न माने। नास्तिक वह है, 'जो वेद का निन्दक हो।' ईश्वर को न मानने वाला हिन्दू आस्तिक हो सकता है, पर वेद के प्रति श्रद्धा न रखने वाला हिन्दू आस्तिक नहीं माना जा सकता। आर्यों ने जिस भी विचार–सारणी का विकास किया, जिस भी विज्ञान या तत्त्वचिन्तन का प्रारम्भ किया, उस सबका स्रोत उन्होंने वेद को माना। वेदान्त, न्याय, सांख्य आदि आस्तिक दर्शनों के सिद्धान्तों में बहुत विरोध है। पर वे सब समान रूप से यह दावा करते हैं कि उनके मन्तव्य वेदों पर आश्रित हैं। आयुर्वेद, धनुर्वेद, ज्योतिषशास्त्र आदि जितने भी विज्ञान इस देश में प्राचीन समय में विकसित हुए, वे सब भी अपने को वेद पर आधारित मानते हैं और वेदांग कहते हैं। इसीलिए वैदिक संहिताओं ने आर्य जाति के जीवन और संस्कृति को जितना अधिक प्रभावित किया है, उतना किसी अन्य साहित्य या विचार–सरणी ने नहीं किया।" वैदिक साहित्य ने जीवन के सभी अनुशासनों को प्रभावित किया है। कई संस्कृतियों की मिलावट ने नहीं। एक संस्कृति की धारा ने ही।

ऋत्, सत्य और धर्म

धर्म प्राकृतिक व्यवस्था है। भारत की धर्म देह विराट है। यह सम्पूर्ण अस्तित्व को आच्छादित करती है। इसलिए धर्म का बौद्धिक विवेचन निर्वचन जटिल है। मोटे तौर पर इसके तीन अंग सम्भव हैं। पहला अंग दर्शन है। इस दर्शन का जन्म विश्वास या श्रद्धा से नहीं हुआ। भारतीय दर्शन के जन्म का कारण जिज्ञासा और प्रश्नाकुलता है। ऋग्वेद में सर्वत्र जिज्ञासा है और प्रश्नाकुलता है। भारतीय दर्शन में विचार विविधिता है। इसके प्रभाव में भारत का प्रत्येक नागरिक जिज्ञासु और प्रश्न बेचैन है। दर्शन के बाद धर्म का दूसरा भाग रीति परम्परा व कर्मकाण्ड है। वैदिक परम्परा में मुख्य कर्मकाण्ड यज्ञ है। यज्ञ प्राचीन वैदिक उत्सव थे। इनमें शास्त्रार्थ व विद्वत् गोष्ठियाँ थीं। बाद में कुछ पुरोहितों ने अनेक अन्य कर्मकाण्ड जोड़े। पुरोहितों का बड़ा भाग यज्ञ आदि उत्सवों के दार्शनिक भाव से जुड़ा था। पुरोहित पुरः हितः थे। पुर–नगर हितैषी थे लेकिन कुछ पुरोहितों ने निजी स्वार्थ के लिए कर्मकाण्ड से स्वर्ग या भौतिक उपलब्धियाँ प्राप्त कराने का दावा किया। दोनों तरह के पुरोहितों में टकराव था। कर्मकाण्ड से भौतिक लाभ दिलाने वाले पुरोहित मुख्य धारा से बाहर रहे।

धर्म का तीसरा भाग 'मिथ' या रम्य कल्पना होता है। ऋग्वेद में यह तीसरा भाग कम है। दर्शन भाग ज़्यादा है, यही प्रेय श्रेय है। दूसरा भाग यज्ञ तक सीमित है और तीसरा मिथ भाग अप्रत्यक्ष देवों का है। अग्नि, जल, मरुत्–वायु, पृथ्वी, आकाश, रात्रि, नदी आदि प्रत्यक्ष देव हैं। वे मिथ नहीं हैं। इन्द्र, वरुण आदि अप्रत्यक्ष देवों को कल्पित कहा जा सकता है पर उन्हें भी प्रकृति की अदृश्य शक्तियों के रूप में नमस्कार किया गया है। वैदिक मिथोलोजी का अपना आनन्द है। धार्मिक आश्चर्यजनक मिथ लोकमन पर प्रभाव डालते हैं। मिथ जैसे देव प्रत्यक्ष जगत में हस्तक्षेप करते गाये गये हैं। इन्द्र जल प्रवाहों की बाधाएँ दूर करते हैं। वे बाँध तोड़

डालते हैं। वे ऋग्वेद में वृत्र हन्ता है। यथार्थ में वृत्र और कुछ नहीं नदी प्रवाह के बाधक बाँध या पत्थर है। इन्द्र जल को मुक्त करते हैं। लेकिन मिथ में वे वृत्रासुर को मार गिराते हैं। मिथ कथाएँ मन को सहलाती हैं और जटिल विषय को सरल बनानी हैं। जैसे ऊषा और रात्रि सगी बहनें हैं। रात्रि बड़ी बहन है और ऊषा छोटी। यहाँ सुन्दर नेह का चित्रण है। पिता–माता का आदर भी इसी तरह गाया गया है। उत्तर वैदिक काल के बाद मिथ कल्पना में भारी वृद्धि हुई। इसका अपना लाभ था लेकिन आधुनिक मन मिथक से दूर हो रहा है।

भारतीय 'धर्म का दर्शन' महत्त्वपूर्ण है। दर्शन के कारण ही भारत का मन गहन रूप में लोकतन्त्री है और दुनिया के सभी मतों पन्थों के प्रति आदरभाव से युक्त है। रीति–रिवाज, कर्मकाण्ड सबको जोड़ते रहे हैं। जाति व्यवस्था के विकास के बाद कहीं–कहीं जाति आधारित कर्मकाण्ड का विकास हुआ। लेकिन भारतीय धर्म के अनेक रीति–रिवाज विश्व में भी लोकप्रिय हैं। उत्तर प्रदेश में प्रयाग का कुम्भ दुनिया का सबसे बड़ा मेला है। दक्षिण भारत के मन्दिरों में दर्शन से लाखों को आनन्द मिलता है। उत्तर प्रदेश व उत्तराखण्ड में बद्रीनाथ, केदारनाथ, काशी, मथुरा, अयोध्या के तीर्थ यात्री करोड़ों में हैं। सभी तीर्थ मनोरम हैं। इनमें जाने वाले श्रद्धालु दर्शन व आस्तिकता के साथ पर्यटन का भी आनन्द पाते हैं। भारत के धर्म के रीति भाग में अनेक उत्सव हैं। होली, दीपावली, नवरात्रों की शक्ति उपासना, विभिन्न पर्वों पर सामूहिक नदी स्नान आदि उत्सव राष्ट्रीय एकता के संवर्द्धक हैं।

प्रकृति विराट है। परिवर्तन प्रकृति का नियम है। प्रकृति में लगातार परिवर्तन होते हैं। प्रकृति में परिवर्तन के भी नियम हैं। नियमानुसार परिवर्तन प्रकृति का नियम है। इसलिए धर्म प्रकृति का नियम है। वैदिक विषयों के विद्वान ग्रिफ्थ ने धर्म को ला या लाज कहा है। प्रकृति की सम्पूर्ण गतिविधि नियम बन्धन में है। सूर्य प्रकृति की प्रत्यक्ष महाशक्ति है। सूर्योदय और सूर्यास्त भी नियम बन्धन में है। वर्षा प्रत्यक्ष प्राकृतिक कार्रवाई है। आकाश में मेघ आते हैं, वर्षा करते हैं। यह नियम है, कभी–कभी बिना वर्षा के ही लौट जाते हैं। दोनों स्थितियों के कारण और नियम हैं। बीज की काया छोटी होती है। इसके भीतर पेड़ हो जाने की सम्भावना है। धरती और जल से मिलकर यह टूटता है। बीज से पौध, पौध से वृक्ष, वृक्ष में कली, कली से फूल और फूल से फिर बीज बनना नियम है। प्रकृति के प्रत्येक

अणु–परमाणु नियम बन्धन में हैं। प्रकृति में एक सुनिश्चित संविधान जैसी व्यवस्था है।

ऋग्वेद में प्रकृति के इस संविधान का नाम ऋत् है। ऋत् की खोज ऋग्वेद के ऋषियों का अनूठा आविष्कार है। ऋषि इन नियमों के निर्माता नहीं हैं। प्रकृति के नियम पहले से हैं। ये नियम ऋत् हैं। ऋषि इन्हीं नियमों या ऋत् के जानकार हैं। वे ऋत् के ज्ञाता 'ऋतज्ञा' हैं। सभी देवता ऋत्–संविधान का अनुसरण करते हैं। मरुद्गण देव हैं। वे वायु हैं लेकिन वे भी मनमानी नहीं कर सकते। वे ऋत् के अनुशासन में गतिशील 'ऋतजाता' कहे गये हैं। (ऋ. 3.45.13) वे इन नियमों के ज्ञाता ऋतज्ञा भी हैं। (5.58.8)

ऋग्वेद के ऋषियों की दृष्टि वैज्ञानिक है। वे प्रकृति के गोचर प्रपंचों में रस लेते हैं। अग्नि प्रकृति के कण–कण में व्याप्त हैं। इसी तरह अग्नि के भीतर ऋत् या नियम भी व्याप्त हैं। यही स्थिति प्रकृति की सभी शक्तियों की है। ऋत् प्रकृति का आधारभूत सत्य है। ऋग्वेद में अग्नि देवता है। वे 'ऋतस्य क्षता' या नियमों पर चलाने वाले कहे गये हैं। वे ऋत् नियम के प्रकाशक 'ऋतस्य दीदिवं' भी हैं। नदियाँ भी ऋत् संविधान के अनुसार बहती हैं। ऋग्वेद में उन्हें 'ऋतावरी' कहा गया है। मित्र और वरुण देव 'ऋतावृधौ' है। ऋत् में संवर्द्धित होते हैं।

ऋग्वेद के बड़े देवता हैं–वरुण। वे स्वयं नियम पालन कराते हैं और करते भी हैं। एक मन्त्र में पृथ्वी और आकाश वरुण धर्म से धारण किये गये हैं–वरुणस्य धर्मणा। (6.70.1) वरुण का कोई अलग धर्म नहीं है। वरुण ऋत् नियम मानते हैं और मनवाते हैं। ऋत् नियम हैं। इनका पालन एक कर्म है। यही धर्म है। विष्णु देव ने तीन पग चलकर ब्रह्माण्ड नापा। ऋग्वेद में कहते हैं कि विष्णु ने धर्मान–धर्म पर चलते हुए तीन पग में विश्व नापा। यहाँ धर्म भी ऋत् है। ऋत् सत्य है, इसी का धारण किया जाना धर्म है। ऋग्वेद में ऋत् का पालन धर्म है। प्रकृति की सारी शक्तियाँ ऋत् नियम अनुसार सक्रिय हैं। प्रत्येक शक्ति का अपना गुण–धर्म भी है। जल का गुण धर्म रस है। प्रवाह है। अग्नि का गुण धर्म ताप है। वायु का स्पर्श है।

प्रकृति के सभी प्रपंच ऋत् का अनुसरण करते हैं। धर्मपालन करते हैं। सूर्य सविता भी पृथ्वी अन्तरिक्ष को 'स्वधर्मणे' प्रकाश से भरते हैं। (4.53.3) प्रकाश से भरना सविता का स्वधर्म है। सूर्य तेजस्वी है, धर्मणा है। (1.60.1) ऋत् प्राकृतिक सत्य है। इसका पालन धर्म है। यह सत्य है।

जगत स्रष्टा प्रजापति 'सत्यधर्मा' हैं। (10.12.9) प्रकृति की शक्तियाँ ऋत् नियम आबद्ध हैं। मनुष्य को भी इन नियमों का उल्लंघन नहीं करना चाहिए। ऋत् नियमों का उल्लंघन 'अनृत' है। ऋत् सत्य है तो अनृत मिथ्या है। ऋग्वेद के ऋषि कहीं भी अपना विचार नहीं थोपते। वे अपने मन्तव्य को स्तुति में प्रकट करते हैं। बोलना सामाजिक सम्बन्धों का आधार है। प्रकृति के तमाम रहस्य ज्ञात थे, तमाम अज्ञात थे। ज्ञात प्रत्यक्ष सत्य होता है। सत्य बोलना धर्म है। ऋग्वेद की इसी परम्परा में उपनिषद्काल तक ऋत् सत्य और धर्म एक हो गये हैं।

तैत्तिरीय उपनिषद् में कहते हैं, "ऋतं वदिष्यामि, सत्यं वदिष्यामि, सत्य बोलना आदर्श है लेकिन इसका आचरण और भी ज़रूरी है। इसलिए कहते हैं–सत्यं वद् धर्मं चर। सत्य बोलना और धर्म का आचरण ही लोकमंगलकारी है। वैदिक धर्म विचार नहीं व्यवहार है। प्रकृति की शक्तियों के नियम व्यवहार के अनुसरण में ऋग्वेद के ऋषियों ने धर्म का व्यवहार किया है। दुनिया में तमाम पन्थ, विश्वास, रिलीजन हैं। इनमें मजहब भी है। रिलीजन और मजहब देवदूतों द्वारा दिये गये पवित्र सन्देश के रूप में हैं। वैदिक धर्म का सतत विकास हुआ है। इस धर्म का प्रस्थान बिन्दु ऋग्वैदिक दर्शन है। ऋग्वैदिक ऋषि इसी दर्शन से धीरे–धीरे अपने लिए भी एक आदर्श आचार संहिता का विकास करते हैं। दर्शन से विकसित होने के कारण धर्म की सीधी परिभाषा कठिन है।

भारत के धर्म की नींव डालने वाले ऋषि अद्भुत हैं। वे धर्म नाम की व्यावहारिक आचार संहिता की नींव डालते हैं। लेकिन इसके पालन का कोई आग्रह नहीं करते। ऋग्वेद में एक भी आज्ञा सूचक ऋषि वचन नहीं है। ऋषि स्वयं द्वारा विकसित आचार को स्वयं अपने ही ऊपर लागू करते हैं। वे इसे 'व्रत' कहते हैं। मनुष्य 'व्रती' है, देवता भी व्रती है। अग्नि ऋत् व्रती हैं। व्रत अनुऋतं इत्–ऋत् के अनुसरणकर्त्ता व्रती हैं। (3.7.8) व्रत क्या है? बताते हैं–ऋत् अनुसार रहना व्रत है। (3.4.7) ऊषा भी व्रती है–ऋत् व्रत के अनुसार गतिशील है–व्रतं अनुचरसि। (3.61.1) ऋतधर्म या सत्य के प्रति निष्ठावान बने रहने का संकल्प व्रत है। ऋग्वेद की सत्यव्रती परम्परा आधुनिक जीवन में देखी जाती है।

तैत्तिरीय उपनिषद् में "अन्न का त्याग न करना व्रत" कहा गया है। अन्न पैदा करना भी व्रत है। अतिथि सत्कार भी व्रत है। मज़ेदार बात है कि सम्पूर्ण वैदिक साहित्य में प्राकृतिक ऋत् नियम पालन का संकल्प व्रत है

लेकिन आधुनिक काल में भोजन छोड़ना व्रत की श्रेणी में है। व्रत धर्म आचरण का संकल्प है। वृक्षों की सेवा व्रत है। वरिष्ठों, पूर्वजों का आदर भी व्रत है। जल संरक्षण व्रत है। नदियों का प्रवाह बनाये रखना भी व्रत है। ऋग्वेद में ऐसे आदरणीय प्रतीकों को अनेकशः नमस्कार किया गया है। ऐसे कार्य करना धर्म है। धर्मानुसार चलने की शपथ व्रत है।

ऋग्वेद के रचनाकाल में ऋत् या धर्म स्वाभाविक व्यवस्था है। उत्तर वैदिक काल में इसका विकास है। धर्म लिखित आचार संहिता है नहीं। यह आनन्दमग्न सामूहिक जीवन की स्वतःस्फूर्त, स्वयंव्रती व्यवस्था है। फिर सामाजिक अन्तर्विरोध बढ़ते हैं। तमाम शक्तिशाली लोग निजी स्वार्थवश स्वाभाविक वैदिक धर्म की अवहेलना करते हैं। धर्म का पराभव होता है। ऐसा बार–बार होता है। महाभारत के रचनाकार को इस तथ्य की जानकारी है। गीता वाले अंश (अध्याय 4) में "यदा यदा हि धर्मस्य ग्लानिर्भवति" पर ध्यान देना चाहिए। बताते हैं कि जब–जब–यदा यदा हि धर्म की ग्लानि होती है। यहाँ 'जब–जब' का अर्थ साफ़ है। अर्थ है कि धर्म का पराभव जब कब बहुधा होता ही रहता है। तब तक महानायक पराभूत व्यवस्था को फिर से स्थापित करते हैं–धर्म संस्थापनार्थाय सम्भवामि युगे युगे।

महाभारत में धर्म पर तर्क–प्रतितर्क और तमाम वाद–विवाद हैं। वन पर्व में द्रौपदी और धर्मराज युधिष्ठिर के बीच धर्म पर चर्चा है। द्रौपदी ने कहा, "मैंने आपसे सुना है कि धर्म की रक्षा करने से धर्म स्वयं ही धर्मरक्षक की रक्षा करता है लेकिन वह धर्म आपकी रक्षा नहीं कर रहा है।" युधिष्ठिर ने उत्तर दिया, "वशिष्ठ, व्यास, मैत्रेय, लोमश आदि ऋषि धर्म पालन से ही शुद्ध मन हुए। यदि धर्म निष्फल होता तो जगत् अन्धकार में होता।" (वन पर्व, 30 व 31) यहाँ युधिष्ठिर ने तमाम पूर्वजों का उल्लेख किया है। इसी पर्व में युधिष्ठिर और यक्ष का दिलचस्प संवाद है। ढेर सारे प्रश्न हैं लेकिन एक प्रश्न "कः पन्थाः ? –जीवन मार्ग क्या है?" और उसका उत्तर "महाजनो येन गता स पन्थाः –महापुरुषों का मार्ग ही सच्चा मार्ग" बहुत लोकप्रिय है। यहाँ युधिष्ठिर का उत्तर घुमावदार है। लेकिन दार्शनिक है। कहते हैं, "तर्कोऽप्रतिष्ठा श्रुतयो विभिन्ना नैको ऋषिर्यस्य मतं प्रमाणं/ धर्मस्य तत्त्वं निहितं गुहायां महाजनो येन गताः स पन्थाः–तर्क की प्रतिष्ठा नहीं, श्रुतियाँ भिन्न–भिन्न हैं, ऋषि मत ढेर सारे हैं धर्म तत्त्व गुहा में हैं, जटिल है इसलिए महापुरुषों द्वारा अपनाया गया मार्ग ही ठीक है।" (वन पर्व, 314.117) धर्म का तत्त्व भले ही गूढ़ हो लेकिन धर्म गूढ़ नहीं होता। यह सरल प्रत्यक्ष व्यवस्था है।

भारत में महाभारत का समय तमाम अन्तर्विरोधों का है। धर्म–अधर्म की व्याख्याएँ टूट रही थीं। मोटे तौर पर यह समय अधर्म को भी धर्म समझने वाला जान पड़ता है। भीम के क्रोध को शान्त करने के प्रयास में अर्जुन भी जुए को धर्म बताते हैं। कहते हैं, "युधिष्ठिर को शत्रुओं ने जुए के लिए बुलाया, वे क्षत्रिय व्रत के अनुसार जुंआ खेलते हैं, यह हमारे यश का विस्तार करने वाला है।" (वही, 68.9) भीम अर्जुन द्वारा बताई गयी 'जुआ धर्म' की परिभाषा मान जाते हैं। इस कथन में महाभारत में जुआ भी धर्म है। लेकिन ऋग्वेद में जुआ खेलना धर्म नहीं है। इसमें सिर्फ़ एक सूक्त जुए पर है। इसमें जुए का आकर्षण बताया गया है और जुआरी की निन्दा है। उससे आग्रह है–जुआ छोड़ो। कृषि करो–कृषि करस्य। द्रौपदी को महाभारत का धर्म मान्य नहीं है। वह सभा में अपमानित की गयी थी। वह सबको धिक्कारती है। श्रीकृष्ण से कहती है "मैं उस समय स्त्री धर्म में थी, रजस्वला थी। इस दशा में मुझे कुरु–सभा में खींचा गया। अल्पबल पति भी भार्या की रक्षा करते हैं, यह सनातन धर्म मार्ग है।" यहाँ पत्नी की रक्षा प्राचीन धर्म है लेकिन महाभारत काल में इस धर्म की उपस्थिति नहीं। रामायण काल में पत्नी रक्षा को लेकर राम–रावण युद्ध हुआ था। महाभारत के रचनाकार ने द्रौपदी के बहाने स्त्री रक्षा के महत्त्वपूर्ण सूत्र समझाये हैं। द्रौपदी कहती है, "भार्या की रक्षा से प्रजा की रक्षा होती है। प्रजा की रक्षा से आत्मा की रक्षा होती है। पति की आत्मा ही पत्नी के गर्भ से जन्म पाती है। इसीलिए वह जाया कहलाती है। पत्नी को भी पति की रक्षा करनी चाहिए। पति उसी के गर्भ से जन्म पाता है।" (वही, 12.61–71)

धर्म किसी सभा सम्मेलन, गोष्ठी में पारित आचार संहिता नहीं है। किसी देवदूत की घोषणा नहीं है। भारतीय धर्म में वैज्ञानिक यथार्थवाद है, दार्शनिक भावबोध है। प्रकृति की समूची गतिविधि के प्रति श्रद्धाभाव है। वृहदारण्यक उपनिषद् (1.4.14) में कहते हैं, "जो धर्म है, वह निश्चित ही सत्य है। इसलिए सत्यभाषी लोगों को धर्मस्थ वचन बोलने वाला कहते हैं और धर्ममय वचनों के लिए उसे सत्य बोलने वाला कहते हैं।" सृष्टि पाँच महाभूतों से निर्मित है–पृथ्वी, जल, अग्नि, वायु और आकाश। आकाश सूक्ष्मतम है इसका गुण शब्द है, फिर वायु है। इसका गुण स्पर्श है साथ में आकाश का गुण शब्द है। वायु में स्पर्श और शब्द तो हैं लेकिन रूप नहीं है, वह अदृश्य है। फिर तीसरे हैं अग्नि। इनका गुण रूप है। वे आकाश और वायु के शब्द व स्पर्श गुण भी धारण करते हैं। चौथे तत्त्व जल का

गुण रस हैं, इनमें भी पूर्ववर्ती तीनों गुण हैं। पृथ्वी का अपना गुण गन्ध है, बाक़ी चार गुण पूर्ववर्ती तत्त्वों के हैं। पृथ्वी शब्द, स्पर्श, रूप, रस और गन्धमयी है। इनकी धारणा धर्म है।

पूजापाठ और कर्मकाण्ड धर्म के मुख्य कारक नहीं हैं। काण्ड का अर्थ 'एक भाग/प्रकरण/हिस्सा' होता है। रामायण के हरेक प्रकरण का विभाजन काण्डों में है। कर्मकाण्ड भी एक भाग है। लेकिन बाध्यकारी नहीं। इसीलिए भारत में हरेक हिन्दू का अपना धर्म है। जैसी प्रीति, वैसी रीति। धर्म सदा से है। यहाँ प्रकृति के मूल संविधान की केन्द्रीयता है। भारत का धर्म जड़ स्थिर नहीं है। यह देशकाल के अनुसार परिवर्तनीय है। जैसे भारतीय संविधान का मूल ढाँचा यथावत् बना रहता है। शेष भाग में संशोधन हुआ करते हैं। अब तक सवा सौ से ज़्यादा संशोधन हो चुके बावजूद इसके संविधान की पवित्रता जस की तस है। वैसे ही भारत का धर्म है। इसका प्रवाह अक्षुण्ण है। काल प्रवाह में कालबाह्य छूटता जाता है, काल संगत जुड़ता जाता है। यह सनातन और वैदिक बना रहता है, समयानुसार आधुनिक भी होता जाता है। इसलिए महाभारत की उक्ति सही है 'जहाँ धर्म है, वहाँ विजय है।' इस धर्म की खोज और संस्थापना ऋग्वेद के पूर्वजों ऋषियों ने की थी। इसीलिए यह वैदिक धर्म कहा जाता है। प्रकृति की धर्म व्यवस्था सदा से है इसलिए यही सनातन धर्म है। यह नित्य सनातन और नूतन है।

जाति, वर्ण की सामाजिक समस्या

भारत में सैकड़ों जातियाँ हैं। जाति की सदस्यता स्वैच्छिक नहीं है। यहाँ किसी विशेष जाति की सदस्यता प्राप्त करना हमारा निजी चयन नहीं है। जातियाँ बड़े जनसमूह हैं। इनकी सदस्यता जन्मना है। यह स्वयं विकसित जन्मना जनसमूह हैं। इनमें ऊँच–नीच के भेद हैं। जाति समूहों की अपनी अस्मिता है। माना जाता है कि जाति का उद्भव श्रम विभाजन से हुआ है। सामाजिक विकास की आदिम अवस्था में श्रम विभाजन नहीं था। फिर धीरे–धीरे श्रम का विशिष्टीकरण हुआ। कर्म विशेष के अनुसार श्रम विभाजन हुआ। श्रम विशिष्टता के आधार पर वर्गों का स्वतःस्फूर्त विकास हुआ। ऋग्वेद में श्रम विभाजन है लेकिन जाति वर्ण नहीं हैं। वर्णों का विकास उत्तर वैदिक काल में हुआ। उपनिषदों में वर्णों की चर्चा है। जन्मना वर्णों का विकास बाद का है। पर्ण वर्ग के अर्थ में प्रयुक्त हुआ है। भारतीय समाज में वर्ण वर्ग का विकास किसी अज्ञात कालखण्ड में हुआ। इसका काल निर्धारित करना कठिन है।

ऋग्वेद के समाज में वर्ण व्यवस्था नहीं है। ब्राह्मण, क्षत्रिय, वैश्य और शूद्र चार वर्णों का विभाजन ऋग्वेद में नहीं है। आधुनिक समाज में भी वर्णों के व्यावहारिक विभाजन नहीं हैं। ऋग्वेद में 'ब्रह्मन' शब्द कई बार मिलता है। इसका अर्थ सूक्त, स्तुति या वाक्–वाणी है। ब्रह्मन गाने वाला स्तुतिकर्त्ता भी ब्रह्मन या ब्रह्मा है लेकिन वर्ण के अर्थ में ब्राह्मण शब्द का प्रयोग ऋग्वेद में नहीं मिलता। मार्क्सवादी चिन्तक डॉ. रामविलास ने सही लिखा है, "ऋग्वेद में बहुत बार ब्रह्मन शब्द आया है। इसका अर्थ ब्राह्मण करना सही नहीं है।" (भारतीय संस्कृति और हिन्दी प्रदेश, पृ. 53) ऋग्वेद के समाज में वर्ण विभाजन नहीं थे। जाति उद्भव का प्रश्न नहीं उठता। जाति का उद्भव वर्ण विभाजन के बाद का है।

शूद्र शब्द अपमान बोधक है। विशालकाय ऋग्वेद में 'शूद्र' शब्द का प्रयोग केवल एक बार हुआ है। इसी तरह वैश्य शब्द का प्रयोग भी एक ही बार मिलता है। दोनों शब्द प्रयोग ऋग्वेद के पुरुष सूक्त (10.90) में ही हुए हैं। इस सूक्त में भी क्षत्रिय शब्द नहीं है। सूक्त में 'राजन्य' शब्द आया है। राजन्य वर्ण बोधक नहीं है। वर्ण के अर्थ में क्षत्रिय शब्द का प्रयोग ऋग्वेद में नहीं है। ऋग्वेद के समाज में वर्ण व्यवस्था नहीं थी लेकिन शूद्र शब्द का प्रयोग (10.90) विचारणीय है। ऋग्वेद का पुरुष सूक्त 10वें मण्डल में है। निस्सन्देह यह ऋग्वेद का भाग है लेकिन वैदिक ज्ञान के विवेचक पहले व 10वें मण्डल को ऋग्वेद के रचना काल का अन्तिम समय मानते हैं। इसका अर्थ प्रक्षिप्त या बाद में जोड़ा गया अंश नहीं है। ऋग्वेद के मन्त्रों का उद्‌भव या रचना का समय कम से कम 500 वर्ष के बीच फैला हुआ है। पुरुष सूक्त इसी अन्तिम समय की रचना हो सकता है। ऋग्वेद का पुरुष प्रतीक (पुरुष सूक्त–10.90) दार्शनिक प्रतीक है।

पुरुष यहाँ एक ऋग्वैदिक देवता है। उसका वर्णन दार्शनिक है। इसमें समूचे अस्तित्व का मानवीकरण पुरुष रूप में किया गया है, "इस पुरुष के सहस्रों शिर हैं–सहस्र शीर्षा। शीर्षा का अनुवाद व्यक्ति में शिर है, अन्यत्र इसका अर्थ शिखर–ऊँचाई भी हो सकता है। इस पुरुष की सहस्रों आँखें हैं और सहस्रों पैर। यहाँ सहस्रों का अर्थ अनन्त लिया जाना चाहिए। वरना सहस्रों शिरों में दूनी आँखों व दोगुने पैरों का उल्लेख होता। पुरुष सम्पूर्ण विश्व को दस अँगुलियों में आवृत करते हैं–स भूमिं विश्वतो वृत्वात्यतिष्ठद्दशङ्गुलम्। (वही, मन्त्र, 1) यहाँ तक विज्ञान की दिक् धारणा है, आगे काल धारणा है–पुरुष एवेदं सर्वं यद् भूतं यच्च भव्यम–यह पुरुष ही भूत था, और यही भविष्य है। (मन्त्र, 2)

दिक्काल के सन्दर्भ में यही स्थिति अदिति देव की भी है। आगे कहते हैं, "यह पुरुष इस जगत के विस्तार से बड़ा है इसके तीन चरण दिव्यलोक में हैं। एक चरण में अन्न निर्भर प्राणी है। विराट पुरुष मूलतत्त्व है। इसका पुनर्विभाजन हुआ। अनेक प्राणियों की सृष्टि हुई (मन्त्र 3, 4, 5) विज्ञान भी यही कहता है। फिर सूक्त में सुन्दर यज्ञ प्रतीक है, "देवों ने विराट पुरुष को हवि बनाया, यज्ञ किया। बसन्त ऋतु, घृत, ग्रीष्म ऋतु, समिधा और शरद् ऋतु हविष्य बनी। इस यज्ञ से प्राप्त पोषण से अनेक प्राणियों की उत्पत्ति हुई अर्थात् विकास हुआ। इसी यज्ञ पुरुष से ऋग्वेद, सामगान, यजुर्वेद, अथर्ववेद प्रकट हुए।" (वही, मन्त्र 6–9) ऋग्वेद के ऋषियों ने

वेदों को भी इसी पुरुष का विकास माना है। वेद मन्त्र बाद में हैं, पुरुष सदा से है। मन्त्र भी यज्ञ (कठोर साधना, अनुष्ठान) का सुपरिणाम है।

सम्पूर्ण अस्तित्व पुरुष है। 'पुरुष' के भीतर सम्पूर्ण अस्तित्व है। प्रत्यक्ष और अप्रत्यक्ष भी इसी पुरुष का भाग है। पुरुष विराट है। इसका वर्णन आसान नहीं। आगे कहते हैं, "यत्पुरुषं व्यदधुः व्यकल्पयन्–विद्वत्जन इस पुरुष की कई कल्पनाएँ–व्यकल्पयन् करते हैं। उसका मुख क्या है? भुजाएँ क्या है? पेट क्या हैं? पैर क्या है? –मुखं किमस्य कौ बाहू का उरू पादा उच्यते? (वही, मन्त्र, 11) यहाँ कल्पना शब्द पर ध्यान देना चाहिए। समूचा ब्रह्माण्ड/विश्व/सम्पूर्णता 'कोई व्यक्ति' नहीं है। सिर्फ़ प्रतीक है। प्रतीक में पुरुष है। सो कल्पना में मुख, बाहु, पेट और पैरों की भी बातें हैं। ऋषि ईमानदारी से 'कल्पना' शब्द का ही प्रयोग करते हैं। इसके बाद वह विवादित मन्त्र/श्लोक है। इसमें शूद्र का उल्लेख किया गया है। इस मन्त्र का मूल पाठ पढ़ना चाहिए, "ब्राह्मणोअस्य मुखम् आसीद् बाहू राजन्यः कृतः। उरू तदस्य यद्वैश्यः पदभ्यां शूद्रो अजायत्।"

ऋग्वेद के दार्शनिक मन्त्र ध्यान देने योग्य हैं। इनका अनुवाद और अर्थ स्पष्टीकरण सतर्कतापूर्वक किया जाना चाहिए। यास्क ने लगभग 3000 वर्ष पहले वेद समझने के कई मानक बताये थे, जैसे, मन्त्र का अर्थ प्रकरण के अनुसार ही करना चाहिए, बिना प्रकरण (प्रसंग) नहीं। (निरुक्त 13.12) व्याख्या परम्परागत होनी चाहिए। (वही, 13.12 तथा 1.16) यहाँ इतिहासबोध/समय बोध पर ज़ोर है। पतंजलि ने समूचे भाषाशास्त्र के लिए ही शब्द के सीधे अर्थ पर ज़ोर दिया है। परम्परा प्रसंग प्रकरण और सीधे शब्दार्थ से उक्त मन्त्र का सरल अर्थ होना चाहिए "ब्राह्मण इसका (पुरुष का) मुख था – ब्राह्मणोअस्य मुखम् आसीद्। ऋग्वेद में ब्राह्मण का अर्थ बहुधा स्तुति, मन्त्र, वाणी आदि के लिए किया गया है। इस तरह ब्राह्मण इस पुरुष का मुख था। बाहू राजन्य कृतः–हाथ राज कर्म थे। उरू तदस्य यद्वैश्यः–इसका पेट वैश्य था। ऋग्वेद में अन्यत्र वैश्य शब्द नहीं आया। विश् का प्रयोग अनेक जगह हुआ है लेकिन विश का अर्थ आमजन है। वैश्य को व्यापारी मानें तो भी यहाँ व्यापारी के इस पुरुष से पैदा होने का अर्थ नहीं निकलता। वैश्य इस पुरुष का उदर है। बेशक 'पदभ्यां शूद्रो अजायत' का अर्थ पैरों से शूद्र प्रकट हुआ ही निकलता है। डॉ. रामविलास शर्मा ने इस हिस्से को ऋग्वेद में प्रक्षिप्त बताया है। डॉ. अम्बेडकर ने भी इसे बाद का जोड़ा ही माना है।

डॉ. अम्बेडकर ने 'शूद्र' को प्राचीन वर्ण नहीं माना है। 1946 में उनकी पुस्तक 'हू वेयर शूद्राज' छपी थी। यह एक परिश्रमपूर्ण शोध है। आधुनिक भारत में वर्ण व्यवस्था पर चर्चा होती है। प्रायः दो विचार चलते हैं। एक विचार आस्थामूलक है कि वर्ण व्यवस्था ईश्वर द्वारा बनाई गयी है। दूसरा विचार है कि यह व्यवस्था सामाजिक विकास का परिणाम है। डॉ. अम्बेडकर ने भी लिखा है, "चार वर्णों की व्यवस्था के बारे में दो भिन्न मत थे। एक मत था कि दैवी शक्ति ने इस व्यवस्था का निर्माण किया और दूसरा मत था कि इस व्यवस्था का विकास मनु के वंशजों में हुआ। यह प्राकृतिक है। दैवी नहीं है। आर्यों का एक समुदाय इस वर्ण व्यवस्था पर विश्वास करता था और दूसरा नहीं करता था।"

भारत के चार वर्ण कभी व्यावहारिक आकार नहीं ले पाये। आधुनिक भारत में भी वर्ण आधारित समाज व्यवस्था नहीं है। भारतीय समाज के चार वर्णों को एक विद्वान रिजले ने 4 नस्लें बताया था। नस्ल का सिद्धान्त डॉ. अम्बेडकर को स्वीकार्य नहीं था। डॉ. अम्बेडकर ने लिखा है कि "शूद्र शब्द पहले किसी वर्ण या वर्ग का सूचक नहीं था। वह एक गण या कबीले का नाम था। भारत पर सिकन्दर के आक्रमण में यह गण सिन्कदर से लड़ा था। इसका नाम सौदरि था।" पतंजलि ने भी महाभाष्य में शूद्रों का उल्लेख किया है। महाभारत के सभापर्व में शूद्रों के गण संघ का उल्लेख है।

डॉ. अम्बेडकर ने शूद्र गण को अनार्य नहीं माना। यह उल्लेख साहसपूर्ण है, और सही है। शूद्रों को ज्ञान न दिये जाने की बात वैदिक कालीन नहीं है। छान्दोग्य उपनिषद् उत्तर वैदिक काल की है। डॉ. अम्बेडकर ने लिखा है "छान्दोग्य उपनिषद् के जानश्रुति शूद्र थे। उन्हें ऋषि रैक्व ने वेद ज्ञान दिया था।" डॉ. अम्बेडकर के अनुसार ऋग्वेद के एक ऋषि कवष ऐलूष शूद्र वर्ण के थे। ऋग्वैदिक काल में वर्ण नहीं थे। वे शूद्र गण से सम्बन्धित हो सकते हैं। डॉ. अम्बेडकर ने ऐलूष को शूद्र गण माना होगा।

शूद्रों को आर्यों से भिन्न बताने का काम साम्राज्यवादी विचार के पक्ष में था। इस विचार के अनेक विद्वान शूद्रों को अनार्य बताते थे। आधुनिक भारत में भी अनुसूचित दलित वर्ग को हिन्दुओं से पृथक् बताने की राजनीति है। डॉ. अम्बेडकर के समय कुछेक विद्वान शूद्रों को अनार्य कहते थे। डॉ. अम्बेडकर ने 'शूद्र' को आर्य ही बताया था। डॉ. अम्बेडकर के अनुसार अनेक शूद्र राजा थे। ऋग्वैदिक आर्यों के समाज में वर्ण विभाजन नहीं थे। सम्पूर्ण समाज की एक अस्मिता थी। उन्हें आर्य कहते थे। डॉ. अम्बेडकर

ने ऋग्वेद और परवर्ती साहित्य का गहन अध्ययन किया था। उनके विवेचन स्वागत योग्य हैं और भारतीय समाज के पुनर्गठन में उपयोगी हैं।

वर्ण ढीले–ढाले वर्ग थे। सभी वर्णों में आवाजाही थी। कहा गया है कि जन्म से सभी शूद्र हैं, ज्ञान व संस्कार से वे ब्राह्मण बनते हैं लेकिन यह बातें बाद की हैं। वैदिक साहित्य में ऐसे विचार नहीं हैं। अथर्ववेद में इसके ठीक उल्टे विचार हैं। अथर्ववेद के अनुसार एक ही ब्रह्म से उद्भव के कारण सभी मनुष्य जीव और वनस्पतियाँ ब्राह्मण हैं। वे अपने कर्म, जीवनशैली आदि के कारण भिन्न वर्गों में जाते हैं। एक मत सबको जन्म से शूद्र घोषित करता है और संस्कारों के माध्यम से ब्राह्मण हो जाने की प्रतिभूति देता है। इस मत में ब्राह्मण श्रेष्ठता की ध्वनि है। अथर्ववेद का मत ऋग्वेद और विज्ञान के निकट है। यह सभी जीवों को ब्राह्मण कहता है। कर्म के आधार पर भिन्न–भिन्न वर्गों में विभाजित होने की घोषणा करता है।

वर्ण अस्थायी थे। वर्ग भी अस्थायी होते हैं। भारतीय समाज के वर्ण/वर्ग सामाजिक विकास के अगले चरण में जाति बने। जातियाँ श्रम विभाजन का परिणाम हैं लेकिन भारत की जातियों में श्रम विभाजन की ही बात नहीं है। श्रम कर्म चयन में ऐच्छिकता रहती है लेकिन यहाँ जातियाँ ऐच्छिक नहीं हैं। वे जन्मना हैं। परिवर्तनशील वर्ण से जन्मना जाति बनने की सामाजिक उथल–पुथल का विवेचन श्रम साध्य है और उलझन से भरापूरा है। इसका काल निर्धारण जटिल है। डॉ. अम्बेडकर ने जाति उद्भव पर निष्पक्ष परिश्रम किया था।

उन्होंने कोलम्बिया विश्वविद्यालय, न्यूयॉर्क में 9 मई, 1916 को नृविज्ञान विषयक एक गोष्ठी में शोधपत्र पढ़ा। उन्होंने "जाति की उत्पत्ति, संरचना और विस्तार" की गहन समीक्षा की। शोधपत्र में भारतीय समाज के विकास की गति को जाँचने का सुन्दर प्रयास किया गया है। डॉ. अम्बेडकर इसी वक्तव्य में कहते हैं, "भारत में जाति प्रथा की सर्जना और परिरक्षण की रचना–विधि की व्याख्या करने के बाद उसके उद्गम के सम्बन्ध में प्रश्न पैदा होना स्वाभाविक है। उद्गम का प्रश्न सदैव झुँझलाहट पैदा करने वाला होता है और जाति–समस्या के अध्ययन करने के दौरान इसकी अवहेलना हुई है, किसी ने इसकी उपेक्षा की है तो अन्य ने इसके साथ छलना की।" (वही, शोधपत्र : डॉ. अम्बेडकर लेख एवं भाषण, खण्ड–1, सूचना विभाग, उ.प्र., पृ. 19)

जाति भारतीय समाज की एकता का बाधक तत्त्व है। राष्ट्रीय एकता की सामाजिक समस्या है। भारत का धर्म दर्शन उदात्त है। यहाँ कण–कण में परमात्मा की अनुभूति है। लेकिन जाति–जाति में भेद हैं। ऐसी अन्तर्विरोधों वाली समाज व्यवस्था के कारण ही भारत में राष्ट्रीय एकता का संकट है। यहाँ जाति स्वाभिमान सर्वोपरित है। राष्ट्रबोध और राष्ट्रीय स्वाभिमान अभी दूर का लक्ष्य है। 'जाति' तत्त्व का अध्ययन आवश्यक है। हम भारतवासी किसी–न–किसी जाति में जन्मते हैं। धर्म, आस्था, पन्थ, रिलीजन और मजहब विवेक से प्राप्त करते हैं। किसी जाति का ही होना हमारी विवशता है। किसी पन्थ/रिलीजन का अपनाना हमारा अधिकार है। भारत में जाति के दरवाज़े बन्द हैं। पन्थ/रिलीजनों के दरवाज़ों पर स्वागतम् टँगा हुआ है। धर्मान्तरण की छूट है। जाति की जड़ता है।

जाति की अनेक परिभाषाएँ हैं। फ्रांसीसी विद्वान सेनार्ट के अनुसार "यह एक निकायवत है, सिद्धान्त रूप में कठोर आनुवांशिकता से आबद्ध है। इसके पारस्परिक और स्वतन्त्र संगठन होते हैं। एक मुखिया होता है और परिषद् होती है जिसकी यदा–कदा बैठकें होती हैं, जो न्यूनाधिक पूर्ण अधिकार–युक्त होती हैं, कतिपय उत्सवों के अवसर पर सब एकत्र होते हैं, समान धन्धों से आपस में जुड़े रहते हैं, इसका सम्बन्ध मुख्यतः विवाह, खान–पान और सांस्कारिक मलिनता से होता है। दण्ड विधान को अमल में लाकर अन्ततः समाज–बहिष्कार लागू कर जाति की अधिकार सीमा से समाज को परिचित कराने में सफलता प्राप्त होती है।" इस परिभाषा की तमाम बातें भारतीय जाति प्रथा पर लागू नहीं होती हैं। मुखिया और जाति परिषद की बैठकें यहाँ नहीं होतीं।

'हिस्ट्री ऑफ़ कास्ट इन इण्डिया' (1909) में डॉ. केतकर ने लिखा है, "यह एक ऐसा सामाजिक समूह होती है जिसके लक्षण होते हैं–(1) इसकी सदस्यता समाज के व्यक्तियों की सन्तति और इस प्रकार जन्मे लोगों तक ही सीमित रहती है और (2) इसके सदस्यों पर कठोर सामाजिक नियमों के अधीन समाज से बाहर विवाह करने पर सख्त पाबन्दी रहती है।" यह परिभाषा सत्य के निकट है। नेसफील्ड लिखते हैं, "यह समाज का एक ऐसा वर्ग होता है जो अन्य वर्ग से किसी प्रकार का (सामाजिक) सम्बन्ध स्वीकार नहीं करता और (इसके सदस्य) अपने वर्ग के अलावा किसी अन्य वर्ग के साथ न तो शादी–विवाह का रिश्ता जोड़ते हैं और न खान–पान में भागीदार बनते हैं।" यहाँ जाति विवेचन के कुछ सूत्र सही हैं।

डॉ. अम्बेडकर की परिभाषा और व्याख्या ज़्यादा सही है। वे कहते हैं, "जाति ऐसी इकाई होती है जो स्वयं को बाड़े में बन्द कर लेती है इसीलिए वह अपने सदस्यों के खान–पान सहित सामाजिक मेल–मिलाप को अपने दायरे तक सीमित कर देती है। फलतः बाहरी लोगों के साथ खान–पान सम्बन्धों का न होना निश्चयकारी प्रतिबन्धों के कारण नहीं वरन् जाति व्यवस्था का स्वाभाविक परिणाम होता है और जाति–स्वभाव है जाति की अनन्यता।" (वही, पृ. 9) लेकिन मूलभूत प्रश्न है कि इसका उद्‌भव क्यों हुआ? डॉ. अम्बेडकर अन्तर्विवाह को जाति की उत्पत्ति का कारण मानते हैं। वे कहते हैं, "भारत में विविध गोत्रों में बहिर्विवाह का प्रचलन रहा है और ऐसी ही स्थिति टोटेमिक (गण या कुल चिन्ह्न मानने वाले) संगठनों की भी रही है।" इससे आप सहज ही यही समझेंगे कि बहिर्विवाह एक सामान्य नियम होने के कारण यहाँ जाति नहीं हो सकती क्योंकि बहिर्विवाह का अर्थ है संलयन–एकरूपता ग्रहण करना। लेकिन हमारे यहाँ जातियाँ हैं। इससे अन्तिम निष्कर्ष निकलता है कि जहाँ तक भारत का सम्बन्ध है, जाति–उत्पत्ति का अर्थ है–अन्तर्विवाह का बहिर्विवाह पर अध्यारोपण। एक समूह के भीतर ही विवाह सम्बन्धों से जाति का उद्‌भव हुआ है।

डॉ. अम्बेडकर के अनुसार एक ही वर्ण में विवाह करने की प्रथा की शुरुआत तत्कालीन वर्ण व्यवस्था में सर्वाधिक सम्मान प्राप्त पुरोहित वर्ग द्वारा हुई। वे प्रश्न करते हैं, "जाति उद्‌भव के अध्ययन से हमें इस प्रश्न का उत्तर मिलना चाहिए कि वह कौन–सा वर्ग था, जिसने अपने लिए बाड़ा खड़ा किया?" बहिर्विवाह को रोकने और अन्तर्विवाह को रोकने का काम किस वर्ग ने किया? डॉ. अम्बेडकर कहते हैं, "मैं इसका प्रत्यक्ष उत्तर देने में असमर्थ हूँ। मैं इसका अप्रत्यक्ष उत्तर ही दे सकता हूँ। मैंने अभी कहा कि हिन्दू समाज में कुछ प्रथाएँ प्रचलित थीं। इस तथ्यात्मक वक्तव्य को सही सिद्ध करने हेतु इसकी अर्हता के सम्बन्ध में कुछ कहना आवश्यक है। यह वक्तव्य प्रकट करता है कि ये प्रथाएँ सर्वव्यापी थीं। अपने समस्त प्रतिबन्ध के साथ ये प्रथाएँ केवल एक जाति में पायी जाती हैं : वह जाति है ब्राह्मणों की जिसको हिन्दू वर्ण–व्यवस्था में समाज में सर्वोच्च स्थान प्राप्त है। क्योंकि इन्हें गैर–ब्राह्मण वर्गों ने ब्राह्मणों से ग्रहण किया था। अतः उनका पालन न तो उतनी कड़ाई से होता है और न तो उतनी पूर्णता से। यदि इन प्रथाओं का गैर–ब्राह्मण वर्गों में प्रचलन ब्राह्मणों से आया है, तो इसे सिद्ध करने के लिए तर्क प्रस्तुत करने की आवश्यकता नहीं है कि जाति–संस्था का जनक ब्राह्मण वर्ग है।"

डॉ. अम्बेडकर के अनुसार ब्राह्मण वर्ग ने विवाह के लिए स्वयं को एक घेरे में बंद किया। वे फिर प्रश्न करते हैं, "ब्राह्मण वर्ग ने अपने स्वयं की घेराबंदी एक जाति के रूप में क्यों कर ली थी, यह एक भिन्न प्रश्न है। इसके उत्तर का उपयोग बाद में किया जायेगा। लेकिन इन प्रथाओं का कड़ाई से पालन और सभी प्राचीन सभ्यताओं में पुरोहित वर्ग द्वारा सामाजिक उच्चता का अधिग्रहण यह सिद्ध करने के लिए यथेष्ठ है कि उन्होंने ही इस 'अस्वाभाविक संस्था' को जन्म दिया और 'अस्वाभाविक ढंग' से इसको कायम रखा।" (वही, पृ. 20)

वर्ण जाति को लेकर मनु की चर्चा बहुत होती है। बेचारे मनु अनावश्यक ही लांछित होते हैं। डॉ. अम्बेडकर मनु को जाति वर्ण का जन्मदाता नहीं मानते। वे कहते हैं, "मैं आपको एक बात यह बतलाना चाहता हूँ कि जाति धर्म का नियम मनु द्वारा प्रदत्त नहीं है और न वह ऐसा कर ही सकता था।" (वही, पृ. 21) वे ब्राह्मण को जाति व्यवस्था का जन्मदाता भी नहीं मानते। वे कहते हैं, "ब्राह्मण अनेक गलतियाँ करने के दोषी रहे हों और मैं कह सकता हूँ कि वे ऐसे थे लेकिन जाति व्यवस्था को गैर–ब्राह्मणों पर लाद सकने की उनमें क्षमता नहीं थी। उन्होंने अपनी तर्क पटुता से भले ही इस प्रक्रिया को सहायता प्रदान की हो, लेकिन अपनी ऐसी योजना को निश्चित रूप में अपने सीमित क्षेत्र से आगे नहीं बढ़ा सकते थे। समाज को अपने स्वरूप के अनुरूप ढालना कितना गौरवशाली और कितना कठिन कार्य होता है। ऐसा कार्य करने में किसी को आनन्द प्राप्त हो सकता है और वह इसे प्रशस्ति–कार्य कह सकता है लेकिन वह इसे बहुत आगे तक नहीं ले जा सकता। मेरे आलोचनात्मक आक्रमण की प्रचण्डता अनावश्यक प्रतीत हो सकती है किन्तु मैं आपको आश्वस्त करता हूँ कि यह अकारण नहीं हैं।"

ऋग्वैदिक काल में वर्णहीन जातिविहीन समाज है। बाद में वर्ण आये। फिर जाति। डॉ. अम्बेडकर कहते हैं, "हिन्दुओं में ऐसी घोर आस्था व्याप्त है कि हिन्दू समाज येन–केन–प्रकारेण प्रारम्भ से ही जाति व्यवस्था के अधीन रहा। यह ऐसा संगठन है जिसे शास्त्रों से शुचित होकर रचा। इस प्रकार की आस्था विद्यमान है कि इसकी रचना शास्त्रों ने की है, अतः यह लाभकारी होने के अतिरिक्त और कुछ हो ही नहीं सकता है और शास्त्र गलत हो ही नहीं सकते। मैंने ऐसे दृष्टिकोण के विपरीत यह सब मात्र इसलिए नहीं कहा है कि यह वैज्ञानिक आधार के सामने टिक नहीं सकता।" (वही, पृ. 22)

जाति विकास के पहले वर्ग बने। हिन्दुओं ने इन्हें वर्ण कहा। डॉ. अम्बेडकर भी वर्गों से ही जाति का उद्भव मानते हैं। वे लिखते हैं, "अन्य समाजों की भाँति हिन्दू समाज भी वर्गों द्वारा गठित हुआ था।" यह बात तथ्य परक नहीं है। हिन्दू समाज वर्गों के गठन से नहीं बना। वर्ण या वर्ग हिन्दू समाज के विभाजन के परिणाम हैं। डॉ. अम्बेडकर के अनुसार प्रारम्भ के सुविदित वर्ग थे–(1) ब्राह्मण या पुरोहित वर्ग, (2) क्षत्रिय या सैनिक वर्ग (3) वैश्य या व्यवसायी वर्ग और (4) शूद्र या शिल्पकार अथवा सेवक वर्ग। इस तथ्य की ओर ख़ासतौर पर ध्यान दिया जाना चाहिए कि यह मूलतः वर्ग–व्यवस्था थी। इसमें योग्यता प्राप्त कर लेने पर व्यक्ति अपना वर्ग बदल सकते थे। फलतः वर्गों के कार्मिकों में परिवर्तन हो जाया करता था। हिन्दू इतिहास काल के किसी अवसर पर पुरोहित वर्ग ने (हिन्दू) संस्था के अन्य जनों से अपने को सामाजिक रूप में विलय कर लिया और सन्तृप्त (घेरे में बन्द रहने की) नीति अपना कर स्वयं एक जाति बन गया। सामाजिक श्रम–विभाजन की मान्यता के फलस्वरूप अन्य विभेदीकरण उत्पन्न हो गया जिससे कुछ बड़े ग्रुप कुछ और छोटे ग्रुपों में बँट गये। वैश्य और शूद्र वर्ग मौलिक रूप में अविकसित जीवाणु जैसे थे जो वर्तमान में पायी जाने वाली विभिन्न जातियों के निर्माता तत्त्व बने। सैनिक पेशे के लोग अति सरलतापूर्वक छोटे–छोटे उपभागों में विभाजित नहीं हो पाते हैं फलतः वे सैनिकों और प्रशासकों के रूप में बदल गये होंगे।" (वही, पृ. 24)

जाति ईश्वर ने नहीं बनायी। यह समाज व्यवस्था के दीर्घकालीन विकास का परिणाम है। अच्छी बात भी किसी बड़े समाज पर अचानक लागू नहीं हो सकती। शक्तिशाली सरकारें भी समाज सुधार से जुड़े प्रश्नों को क़ानून बनाकर भी तत्काल लागू नहीं कर पातीं। समाज में जड़ता ज़्यादा है, तरलता कम। ऐसे में जाति जैसी व्यवस्था का विधान भला अचानक कैसे लागू हुआ होगा। डॉ. अम्बेडकर लिखते हैं, "जाति को बड़ा हल्का–फुल्का महत्त्व प्रदान किया गया है मानो पलक झपकाते ही वह कायम हो गयी हो। इसके विपरीत मैंने बताया कि जाति का चलते रहना लगभग असम्भव कार्य है। ऐसा कार्य भारी दिक्कतों से भरा हुआ है। यह सही है कि आस्था जाति का आश्रयदाता है, लेकिन इससे पहले कि आस्था किसी संस्था की आधारशिला बने, संस्था के लिए स्थायित्व और दृढ़ता प्राप्त कर लेने की आवश्यकता होती है। जाति व्यवस्था के मेरे अध्ययन के चार बिन्दु प्रमुख

हैं : (1) हिन्दुओं की मिली–जुली आबादी होने पर भी उनकी सांस्कृतिक एकता गहरी है (2) जाति का अर्थ है एक वृहत् सांस्कृतिक यूनिट को छोटे अंगों में विभाजित कर देना (3) प्रारम्भ में एक ही जाति थी और (4) अनुकरण और जाति निष्कासन के फलस्वरूप वर्गों ने जातियों का स्वरूप धारण कर लिया।" (वही, पृ. 30) यह विवेचन सही है।

डॉ. लोहिया ने जाति प्रथा को भारत की उदासी माना था। 'जाति प्रथा' पुस्तक में डॉ. लोहिया कहते हैं, "दुनिया में सबसे अधिक उदास हैं हिन्दुस्तानी लोग। वे उदास हैं, वे ही सबसे ज़्यादा ग़रीब और बीमार भी हैं। परन्तु उतना ही बड़ा एक और कारण यह भी है कि उनकी प्रकृति में एक विचित्र झुकाव आ गया है, ख़ास करके उनके इधर के इतिहासकाल में। बात तो निर्लिप्तता के दर्शन की करते हैं, जो तर्क में और विशेषतः अन्तर्दृष्टि में निर्मल है पर व्यवहार में वे भद्दे ढंग से लिप्त रहते हैं।" लोहिया लिखते हैं कि "आत्मा के इस पतन के लिए मुझे यक़ीन है, जाति और दौलत के दोनों कठघरे मुख्यतः ज़िम्मेदार हैं। इन कठघरों में इतनी शक्ति है कि साहसिकता और आनन्द की समूची क्षमता को यह ख़त्म कर देते हैं।"

महाभारत (शान्ति पर्व) में युग व्यवस्था का वर्णन है। सतयुग में सभी लोग बलवान, धनवान और प्रियदर्शन होते हैं। उस समय परिपूर्ण समानता है। ऋग्वैदिक काल की व्यवस्था यहाँ फिर याद की जा सकती है। पृथ्वी बिना बोए ही अन्न, फल, फूल देती है। वर्ण भी अचानक नहीं बने। सतयुग के बाद त्रेता में विकास का नया चरण है। सबसे पहले क्षत्रिय वर्ण आता है। बाकी वर्ण नहीं हैं। शान्ति पर्व बताता है कि द्वापर में सभी वर्ण हैं। युग असल में भारतीय सामाजिक–आर्थिक विकास की यात्रा का संकेत देते हैं। सतयुग जाति–वर्ण–भेदहीन है। लोग बहुत परिश्रम नहीं करते। धरती की स्वाभाविक शक्तियों पर निर्भर हैं। त्रेता में क्षत्रिय वर्ण हैं। त्रेता में सम्पत्ति पैदा होती है। सम्पत्ति पर क़ब्ज़ा होता है। इसलिए शक्तिशाली वर्ण का विकास होता है। द्वापर में श्रम विभाजन आकार लेता है। द्वापर प्रश्नों का युग है। द्वापर अर्थव्यवस्था और समाज व्यवस्था के विकास का भिन्न कालखण्ड है।

महाभारत के भीष्म पर्व के अनुसार सबसे पहले क्षत्रिय वर्ण आया। "संजय ने धृतराष्ट्र से कहा कि आरम्भ में कोई वर्ण नहीं था। त्रेता में क्षत्रिय पैदा हुए और द्वापर में बाक़ी वर्ण।" (भीष्म पर्व, अध्याय 10) लेकिन

भृगु ने इसी महाभारत में दूसरी बात बताई, "पहले केवल ब्राह्मण थे। ब्रह्मा से उत्पन्न होने के कारण यह सारा जगत् ब्राह्मण था। भिन्न–भिन्न कर्मों के कारण वर्ण बने।" (शान्ति पर्व, 18.8.10) यह अथर्ववेद का विचार है।

वर्ण विदा हो गये। पहले भी वे साहित्य में ज़्यादा, थे, समाज में कम। अब न साहित्य में हैं और न ही व्यवहार में। जातियाँ बाद में बनीं, वे इतिहास के उत्तर वैदिक काल तक स्पष्ट नहीं दिखाई देतीं। इसके बाद वे प्रकट दिखाई पड़ती हैं। अंग्रेज़ीराज में उन्हें ठीक मज़बूती मिली। अंग्रेज़ी सत्ता ने समूचे अनुसूचित जाति वर्ग को विधि द्वारा अपराधी घोषित किया था। इस कानून को 'क्रिमिनल ट्राइब एक्ट' कहा गया था। स्वाधीनता संग्राम में सारा देश लड़ा था। गाँधी जी इस लड़ाई के साथ दलितों को ऊपर उठाने का अभियान भी चला रहे थे। डॉ. अम्बेडकर का अभियान सर्वविदित है ही। फिर स्वतन्त्र भारत की राजनीति में जातियों की अस्मिता गढ़ी गयी। जाति का राजनीतिक दुरुपयोग हुआ। 2019 के संसदीय आम चुनाव में जाति गणित नहीं चला। जातियाँ मरणासन्न हैं। नया समाज कृति आकार ले रहा है। एक महत्त्वाकांक्षी भारत है आधुनिक भारत।

सम्प्रति जाति वर्ण की चर्चा कालबाह्य है। लेकिन सामाजिक पुनर्गठन की आवश्यकता है। ऋग्वैदिक समाज के सभी अभिजन आर्य हैं। दास या दस्यु संगठित वर्ग नहीं है। ऋग्वेद में "समूचे विश्व को आर्य" बनाने की स्तुति है। आर्य पन्थिक आस्था नहीं हैं। वे प्रकृति के नियम मानते हैं। प्रकृति के नियमों का नाम 'ऋत्' है। ऋत् नियम के ऊपर देवता भी नहीं हैं। मनुष्य ऋत् के अनुसार चलते हैं। भारत का संविधान आधुनिक ऋत् है। इसमें समता का उद्घोष है। प्रत्येक तरह की समता भारत के प्रत्येक नागरिक का अधिकार है।

ऋग्वेद का समाज भेदरहित था। महाभारत में उसी समाज की स्मृतियों की झाँकी है। महाभारत में भी जाति वर्ण विहीन समाज की व्यवस्था का उल्लेख है। इस उल्लेख में एक आदर्श समाज व्यवस्था की संकल्पना है। यह 'आदर्श' अतीत के वैदिक समाज की किसी स्मृति का दीप स्तम्भ है। महाभारत भीष्म पर्व 11वें अध्याय में संजय चार जनपदों के नाम बताते हैं। मंग, मशक, मानस और मंगद (11.36) संजय यहाँ की समाज व्यवस्था का वर्णन करते हैं, "वहाँ राजा नहीं है, दण्ड देने वाला नहीं है। दण्ड की व्यवस्था नहीं है। लोग स्वधर्म अपनाते हैं। धर्म जानने वाले हैं। एक–दूसरे की रक्षा करते हैं। 'न तत्र राजा राहेन्द्र, न दण्डो, न दण्डिकः।

स्वधर्मो नैव धर्मनास्ते रक्षंति परस्परम'" (11.39) सिकन्दर के हमले के समय इन्हीं नामों के जनपद थे। आदर्श समाज की यह कल्पना निश्चित ही भारत के प्राचीन इतिहास की प्रेरणा है। बेशक यहाँ कल्पना है लेकिन कल्पना के लिए भी कोई आधार चाहिए। यह आधार भारतीय चिन्तन में था। यही आगे का स्वप्न भी हो सकता है।

इस स्वप्न को यथार्थ में बदलने का प्रेरक स्रोत ऋग्वेद ही हो सकता है। भारत के अपने ही इतिहास के ऋग्वैदिक काल में समता, ममता और परस्पर प्रीति प्यार से पूर्ण हँसता गाता उत्सवपूर्ण समाज है तो उसी की प्रेरणा से फिर से जातिविहीन, वर्णहीन, प्रीतिपूर्ण समाज क्यों नहीं हो सकता।

भारत : विश्व का पहला राष्ट्र

भारत प्राचीन राष्ट्र है। विश्व का पहला राष्ट्र। यूरोप के देशों में 'नेशन' और नेशनेलिटी का जन्म 9वीं–10वीं सदी में हुआ। भारत में राष्ट्रभाव का उदय ऋग्वेद के रचनाकाल से भी प्राचीन हो सकता है। ऋग्वेद में 'राष्ट्र' शब्द का कई बार उल्लेख हुआ है। राष्ट्र के लिए अंग्रेज़ी में कोई समानार्थी शब्द नहीं है। राष्ट्र की अवधारणा भिन्न है और नेशन की बिल्कुल भिन्न। राष्ट्र और नेशन एक नहीं हैं। इंग्लैण्ड में एकीकरण की गतिविधि किंग एगबर्ट द्वारा 802–39 ई. में शुरू हुई। यह किंग अल्फ्रेड के कार्यकाल में 916 ई. तक जारी थी। फ्रांस और जर्मनी में यही गतिविधि इसके बाद चली। वे सत्ता की मज़बूती के लिए अपने–अपने क्षेत्रों की प्रजा के बीच नेशनेलिटी का भाव जगा रहे थे। माना जाता है कि मोटे तौर पर फ्रांस की राज्य क्रान्ति से नेशनेलिटी का उदय हुआ। इतिहास के मध्यकाल तक पश्चिम में नेशलिज़्म या राष्ट्रवाद जैसा कोई विचार नहीं था।

ऋग्वेद का रचनाकाल इससे सहस्रों वर्ष पुराना है। ऋग्वेद (8.24.27) में मन्त्र है कि "इन्द्र ने सप्तसिन्धु में जल प्रवाहित किया।" सप्तसिन्धु 7 नदियों के प्रवाह वाला विशेष भूखण्ड है। इसकी पहचान 7 नदियों से होती है। वैदिक साहित्य के विवेचक मैक्डनल और कीथ ने लिखा है कि "यहाँ एक सुनिश्चित देश का नाम लिया गया है।" पुसाल्कर ने नदी नामों के आधार पर इस देश की रूपरेखा पर विचार किया है। इसमें अफ़गानिस्तान, पंजाब, सिन्ध, राजस्थान, पश्चिमोत्तर सीमान्त, कश्मीर और सरयू तक का पूर्वी भारत सम्मिलित है। ऋग्वेद के ऋषियों के मस्तिष्क में तमाम नदियों वाले इस भूखण्ड के प्रति अतिरिक्त प्रीति थी। वे इसे बार–बार याद करते हैं। नदियों में जल प्रवाह है। जल के बिना जीवन नहीं। वे एक अन्य मन्त्र (1.32.12) में भी सात नदियों के जल प्रवाह का श्रेय इन्द्र को देते हैं। इन्द्र इन नदियों में जल प्रवाहित करते हैं तो सविता देव कैसे

पीछे रह सकते हैं। ऋषि कहते हैं, "सविता ने 7 नदियों को प्रकाश से भर दिया है।" (1.35.8)

भूमि आश्रयदाता है। राष्ट्र का जन्म भूमि की प्रीति से होता है। सप्तसिन्धु की भूमि के प्रति ऋग्वैदिक पूर्वजों की आत्मीयता है। इसी भूमि पर गण रहते हैं, गण से बड़े समूह जन रहते हैं। जन अनेक हैं लेकिन 5 जनों की प्रतिष्ठा है। नदियाँ इन्हें समृद्धि देती हैं। गण छोटी इकाई है, जन बड़े समूह हैं। ऋग्वेद के समाज में प्रीति है। ऋषि की इच्छा है कि सबके मन समान हों। समिति समान रहे। सबके मन्त्र जीवन सूत्र भी समान हों। ऋषि की यह अभिलाषा ऋग्वेद के अन्तिम मन्त्रों में प्रकट हुई है। भारतीय राष्ट्र प्राचीन संस्था है। यह भूमि, जन और संस्कृति की त्रयी का एकात्म रूप है।

कुछ विवेचक व्यापार प्रसार को राष्ट्रभाव के उदय का कारण मानते हैं। आर्थिक सम्बन्धों के प्रभाव निस्सन्देह सामूहिक जीवन पर भी पड़ते हैं लेकिन एक समान जीवन–शैली, रीति–प्रीति और संस्कृति के प्रभाव ज़्यादा गहन होते हैं। ऋग्वेद के समाज में जन की परस्पर प्रीति से गण का विकास हुआ जन और गण मिलकर 'जनगणमन' की एकता प्रकट हुई। राष्ट्र का गठन और विकास जनगण के सामूहिक मन ने किया है। जनता की इच्छा सर्वोपरि होती है। ऋग्वेद में 'विश' सामान्यजन हैं। वे अच्छे शासक की इच्छा करते हैं। शासक से कहते हैं, "सर्वाः विशः त्वा वांछनु"–सम्पूर्ण समाज आपको चाहता है। (10.173.1) शासक का दायित्व है कि राष्ट्र को हर तरह से अविचल व मज़बूत बनाये। राष्ट्र की स्थिरता अनिवार्य है। इन्द्र, वरुण, अग्नि, वृहस्पति से स्तुति है कि वे राष्ट्र को स्थिति रूप में धारण करें। (10.173.5)

राष्ट्र असाधारण संस्था है। मूलभूत प्रश्न है कि राष्ट्र कैसे बनते हैं? किसी राजा या शक्तिशाली सामन्त की घोषणा से राष्ट्र नहीं बनते। राष्ट्र गठन का मूल आधार दीर्घकालिक सांस्कृतिक निरन्तरता है। सामूहिक जीवन का प्रवाह उदात्त संस्कृति में ही निरन्तरता प्राप्त करता है। ऋग्वेद में साथ–साथ चलने, साथ–साथ वार्तालाप करते हुए आनन्दित रहने के सन्देश हैं। साथ–साथ गति प्रति रीति संस्कृति से मानव समूह की एकता सुदृढ़ होती है। सामूहिक प्रीति वाले समाज सृजन में भी रस लेते हैं। कृषि आवास आदि कारणों से उनके मन में भूमि के प्रति लगाव पैदा होता है। भूमिजन और उदात्त संस्कृति के सुन्दर मिलन से राष्ट्रभाव का जन्म और

विकास होता है। भारतीय राष्ट्रभाव का जन्म इसी दीर्घकालिक प्रक्रिया में हुआ। अथर्ववेद में सामाजिक विकास के ऐतिहासिक सूत्र हैं। बताते हैं कि "वह विराट शक्ति थी। उसने ऊपर की ओर सोदक्रामत–अतिक्रमण या विकास किया। गृहस्थ बनीं।" (8.10) परिवार पहली मानवीय संस्था है। आगे कहते हैं कि "वह 'आहवनीय' हुई। परस्पर आवाहन से सामूहिकता का विकास हुआ। उसने फिर इस स्थिति का भी अतिक्रमण–सोदक्रामत किया, वह सभा हो गयी।" (वही)

सभा विचार–विमर्श की प्राथमिक संस्था है। परिवार इसके पहले है। सभा के विचार–विमर्श वैदिक कालीन समाज गठन के मुख्य आधार हैं। ऋषि इस बात का ज्ञान ज़रूरी बताते हैं, जो यह बात जानते हैं, वे सभा के योग्य है–यन्तस्य सभां सभ्यों भवति। वे सभ्य हैं। सभा नाम की इस सामाजिक संस्था ने भी विकास किया। समिति का विकास हुआ। कहते हैं कि जो यह तथ्य तत्त्व जानते हैं, वे समित्य–सम्माननीय हैं। (वही, 10 व 11) समाज का सतत विकास हुआ है। भारत में सामाजिक विकास यात्रा का आधार विचार–विमर्श है। ऋग्वेद में इस विमर्श का प्राचीन इतिहास है। अथर्ववेद में विकास की अगली सामाजिक स्थिति के साथ प्राचीन सामाजिक विकास की निरन्तरता है। सामाजिक विकास की इस सत्य कथा में विश्व अखण्ड इकाई नहीं है। यूरोप में सामाजिक विकास की एक मंज़िल में घोर अन्धकार था। मानवीय मूल्य नहीं थे। यूरोप में पुनर्जागरण हुआ। तब समाज और नेशन जैसी संस्थाओं के विकास की नींव पड़ी। भारत में इसके सहस्रों वर्ष पहले सभा, समिति, जन, गण, गण व्यवस्था व राष्ट्र जैसी संस्थाएँ हैं।

भारत में राष्ट्र का जन्म ऋग्वेद के पहले है। ऋग्वेद में राष्ट्र है। यजुर्वेद के रचनाकाल में राष्ट्र की महत्त्वपूर्ण प्रतिष्ठा है। ब्राह्मण ग्रन्थों में राष्ट्र के साथ प्रजा द्वारा निर्वाचित, स्वीकृत, अभिनन्दित राजा भी हैं। राजा प्रजा के प्रति उत्तरदायी शपथ से बँधा हुआ है। अथर्ववेद में राष्ट्र के जन्म का इतिहास है। अथर्ववेद (19.41) में कहते हैं कि ऋषियों ने लोककल्याण की कामना की थी–"भद्रमिच्छन्तु ऋषयः।" लोककल्याण के इच्छुक ये ऋषि अथर्ववेद के रचनाकाल से प्राचीन है। ये ऋषि ऋग्वेद काल के हो सकते हैं। इन ऋषियों के चित्त में लोक कल्याण की भावना है। उन्होंने दुनिया में सबसे पहले आत्मज्ञान का बोध पाया था। बताते हैं कि उन्होंने कठोर तप किया। यहाँ तप का अर्थ ध्येयनिष्ठ कठोर श्रम है

फिर कहते हैं कि "उन्होंने दीक्षा का पालन किया।" दीक्षा ऋत्, सत्य, धर्म आदि आचार सूत्रों का ज्ञान है। (वही) इनका पालन किया। बताते हैं कि ऋषियों के तप, दीक्षा और आत्मज्ञान से 'राष्ट्र' का जन्म हुआ–ततो राष्ट्रं बलम् ओजस् जातं अजायत। यहाँ अजायत का अर्थ है जन्म।

राष्ट्र भारत की प्राचीन अनुभूति है। ऋग्वेद में इन्द्र वरुण से कहते हैं–निर्मा या उत्ये असु स अभ् बन् त्यं च मा वरुण कामयसि। ऋतेन राजन्नृतं विविचंन् मम राष्ट्रस्याधिपत्यमेहि। ये असुर मायाहीन (शक्तिहीन) हो गये हैं। हे वरुण, तुम मुझे चाहते हो। ऋत् के द्वारा अनृत को अलगाते हुए राष्ट्र का अधिपत्य बढ़ाओ।" (10.124.5) सामाजिक विकास के साथ–साथ स्वाभाविक ही दार्शनिक विकास भी हुआ। देवतन्त्र का भी विकास हुआ। ऋग्वैदिक काल में परिपूर्ण विचार स्वातन्त्र्य था। वरुण की अपनी महिमा है, इन्द्र की अपनी। दर्शन के तल पर सब एक हैं। दोनों का राष्ट्र एक है। वशिष्ठ ने इन्द्र और वरुण से एक साथ "युवौ राष्ट्र वृहदिन्वति–आपका राष्ट्र सुखी रखता है" कहा, (7.84.2)। वरुण और इन्द्र का राष्ट्र अलग अलग नहीं है। वरुण ऋत्–नियम का पालन कराते हैं और इन्द्र शक्ति का पर्याय हैं। ऋत्–नियम, ऋत्–पालन के लिए शक्ति चाहिए, शक्ति के सदुपयोग के लिए ऋत् चाहिए। ऋत् अनिवार्यता है। ऋग्वेद के मन्त्र (10.124.5) में भी इन्द्र वरुण से ऋत्–अनृत की नियमावली सहित 'मम राष्ट्रस्याधित्पत्य मेहि' का अनुरोध करते हैं कि मेरे राष्ट्र के अधिपति बनो। डॉ. गंगा सहाय शर्मा (ऋग्वेद, संस्कृत साहित्य प्रकाशन, नयी दिल्ली, पृ. 744) का अनुवाद है, "हे वरुण राजन्, तुम सत्य से मिथ्या को अलग करते हुए मेरे राष्ट्र के अधिपति बनो।" आचार्य श्रीराम शर्मा के अनुवाद (ऋग्वेद संहिता, खण्ड 4, पृ. 228) में–"सत्य से असत्य को पृथक् करके मेरे राष्ट्र का अधिपत्य स्वीकार करें।"

भारतीय राष्ट्रभाव के जन्म में व्यापार के प्रसार या आर्थिक सम्बन्धों के आधार की महत्त्वपूर्ण भूमिका नहीं है। भारतीय राष्ट्रभाव के उद्भव पर वामपन्थी दृष्टिकोण से भी काफ़ी विचार हुआ है। मैंने अपने इस विवेचन में तीन प्रतिष्ठित मार्क्सवादी विद्वानों के विचार लिए हैं। यहाँ मार्क्सवादी चिन्तक डॉ. रामविलास शर्मा, मार्क्सवादी विद्वान डी.डी. कोसम्बी व वामपन्थी विद्वान ए.आर. देसाई के विचार पठनीय हैं। देसाई की लिखी 'भारतीय राष्ट्रवाद की सामाजिक पृष्ठभूमि' सन् 1946 में छपी थी। मार्क्सवादी विचारधारा के आधार पर अंग्रेज़ी में लिखी गयी इस किताब के कई

संस्करण छपे। मार्क्सवादी विद्वान रामशरण शर्मा ने भूमिका में लिखा है, "इसमें भारतीय राष्ट्रवाद के उद्भव को खोजा गया है।" देसाई ने भारतीय राष्ट्रवाद का उद्भव अंग्रेज़ी राज का समय बताया है। उन्होंने आख़िरी अध्याय उपसंहार (पृ. 349) में लिखा है, "अपने इस अध्ययन में हमने देखा कि ब्रिटिश शक्तियों की पारस्परिक क्रिया–प्रक्रिया के फलस्वरूप भारतीय राष्ट्रवाद का उदय और विकास हुआ। हमने यहाँ इस बात की व्याख्या प्रस्तुत की है कि क्यों प्राक् ब्रिटिश भारत के आर्थिक और सांस्कृतिक वातावरण में राष्ट्रीयता का उदय सम्भव नहीं था और नहीं हुआ।" उनकी मानें तो अंग्रेज़ी राज के पहले भारत में राष्ट्रभाव नहीं था।

देसाई के अनुसार भारत में राष्ट्रभाव को जन्म देने योग्य सांस्कृतिक और आर्थिक वातावरण ही नहीं था। उन्होंने लिखा, "व्यापक राष्ट्रीयता के आधार पर समाज, राज्य और संस्कृति के उद्भव के पूर्व संसार के विभिन्न भागों का जनजीवन मोटे तौर पर क़बीलों की ज़िन्दगी, दास प्रथा और सामन्तवाद की स्थितियों से गुज़रा। सामाजिक आर्थिक और सांस्कृतिक विकास के ख़ास दौर में राष्ट्रों का जन्म हुआ।" (वही, पृ. 1) उन्होंने ई.एच. कार की परिभाषा दी "सही अर्थों में राष्ट्रों का उदय मध्य युग की समाप्ति पर हुआ।" कार ने "सही अर्थों" का अर्थ भी बताया है–"अतीत और वर्तमान मे वास्तविकता, भविष्य की आकांक्षा के लिए सर्वनिष्ठ सरकार की धारणा, सदस्यों के परस्पर सम्पर्क। न्यूनाधिक निर्धारित भूभाग, ऐसी चरित्रगत विशेषताएँ जो किसी राष्ट्र को अन्य राष्ट्रों से अलग करती हैं। सदस्यों के सम्मिलित स्वार्थ और राष्ट्र की छवि के बारे में सदस्यों के मन में समवेत भाव।" (वही, पृ. 1 व 2) यहाँ अतीत और वर्तमान में वास्तविकता का अर्थ साझा इतिहास होना चाहिए।

भारत के अतिप्राचीन समाज में भी इतिहास बोध है। इतिहास बोध और अतीत का आदर ऋग्वेद में भरापूरा है। भारत के सम्बन्ध में समवेत आदरभाव भी वैदिक साहित्य में प्रकट है। यहाँ एक विशाल भूभाग है। इसमें एक जिज्ञासु संस्कृति है। राज्य व्यवस्थाएँ भिन्न हैं लेकिन एक समान संस्कृति का प्रभाव पूरे भूक्षेत्र में है। सब परस्पर प्रीति करते हैं। प्राचीन पूर्वजों पर गर्व करते हैं।

भारत का राष्ट्र प्राचीन है। विचारणीय है कि क्या अंग्रेज़ीराज में ही राष्ट्र का जन्म हुआ? यह बात आंशिक भी सही है तो देसाई ने 'भारत' नाम की किस इकाई का विश्लेषण किया है? उन्होंने अंग्रेज़ी राज के पूर्व

की अर्थव्यवस्था और ग्राम समाजों की व्यवस्था का सुन्दर वर्णन किया है। यह वर्णन किस राष्ट्र का है? उन्होंने 'भारतीय राष्ट्रवाद के उद्‌भव और विकास का अध्ययन'–उपशीर्षक (वही, पृ. 4) में लिखा, "अंग्रेज़ों के आगमन के पूर्व भारत की सामाजिक संरचना कई अर्थों में अद्वितीय थी। यहाँ की अर्थव्यवस्था का आधार यूरोपीय देशों के मध्ययुगीन प्राक् पूँजीवादो समाजों से भिन्न था।" देसाई के विश्लेषण में गहरे अन्तर्विरोध हैं। कहते हैं–"भारत की सामाजिक संरचना कई अर्थों में अद्वितीय थी यानी भारत एक सुगठित इकाई है। एक विशाल भूखण्ड वाली इस इकाई की एक सामाजिक संरचना भी है। यह संरचना अद्वितीय भी है। लेकिन देसाई के अनुसार अंग्रेज़ तब तक यहाँ नहीं आये थे इसलिए यह राष्ट्र नहीं था।

देसाई का विश्लेषण उचित नहीं है। वे आगे (इसी पृ. पर) लिखते हैं "संसार के किसी भी अन्य देश की अपेक्षा भारत में भूतकालीन सामाजिक–आर्थिक और सांस्कृतिक संरचना की आत्मरक्षात्मक इच्छाशक्ति अधिक प्रबल रही है।" देसाई स्वयं मानते हैं कि भारत की एक सामाजिक संरचना है। एक आर्थिक प्रणाली है। एक सांस्कृतिक संरचना भी है। भारत में इन तीनों संरचनाओं को बचाये रखने की सामूहिक इच्छा भी अतिप्राचीन है। इन्हें बचाने की सामूहिक इच्छा देसाई की दृष्टि में 'आत्मरक्षार्थ' है। यानी सभी संरचनाएँ मिलकर एकात्म हैं। यहाँ राष्ट्र होने के सभी तत्त्व मौजूद हैं। लेकिन देसाई के निष्कर्ष में यहाँ अंग्रेज़ीराज के दौरान ही राष्ट्र का उदय हुआ।

देसाई ने बताया है, "भारतीय राष्ट्रवाद का आविर्भाव राजनीतिक पराधीनता के दिनों में हुआ। ब्रिटेन ने अपने निजी हित में भारतीय समाज के आर्थिक ढाँचे में परिवर्तन किया।" (वही, पृ. 5) यह बात ठीक है लेकिन ब्रिटेन ने सिर्फ़ भारतीय अर्थव्यवस्था में ही परिवर्तन नहीं किया। ब्रिटेन ने भारतीय अर्थव्यवस्था का जमकर शोषण भी किया। देसाई के अनुसार "अंग्रेज़ों ने केन्द्रीभूत राज्य व्यवस्था की स्थापना की। आधुनिक शिक्षा पद्धित की नींव डाली। आवागमन के नये साधन और अन्य संस्थानों का निर्माण किया। फलस्वरूप सामाजिक वर्गों का जन्म हुआ। ये नये सामाजिक तत्त्व अपनी अपरिहार्य प्रकृति के कारण ब्रिटिश साम्राज्यवाद से टकराये। इस तरह भारतीय राष्ट्रवाद जटिल और विशिष्ट सामाजिक पृष्ठभूमि में जन्मा।" (वही, पृ. 5) यहाँ "अपरिहार्य प्रकृति के कारण" शब्दों पर ध्यान देना ज़रूरी है। देसाई ने 'अपरिहार्य प्रकृति' का अर्थ नहीं बताया। यह प्रकृति और

कुछ नहीं सिर्फ़ राष्ट्रभाव ही है। यह अपरिहार्य प्रकृति अंग्रेज़ीराज की देन नहीं है। भारत के लोग प्राचीन काल से राष्ट्र ही थे। अंग्रेज़ीराज से प्राचीन राष्ट्रभाव ही टकरा रहा था।

मार्क्सवादी विद्वान दामोदर धर्मानन्द कोसम्बी की किताब 'प्राचीन भारत की संस्कृति और सभ्यता' (हिन्दी अनुवाद–गुणाकर मुले) काफ़ी लोकप्रिय है। लन्दन के 'टाइम्स लिटरेरी सप्लीमेंट' ने इस किताब को 'भारत का पहला सांस्कृतिक इतिहास' बताया है। कोसम्बी ने भारत के सम्बन्ध में कई आधारभूत बातें बताई हैं, "यहाँ अनेकरूपता के साथ एकता है। जलवायु सतरंगी है। सारे देश की कोई एक राष्ट्रभाषा नहीं, राष्ट्रलिपि नहीं। गौरववर्ण और नीली आँखों वाले लोग हैं तो श्याम वर्ण और काली आँखों वाले भी हैं। क्षेत्रीय सांस्कृतिक असमानता है। आदि–आदि।" कोसम्बी आगे कहते हैं, "अब तक जो कहा गया है उससे इस धारणा को बल मिल सकता है कि भारत कभी भी एक राष्ट्र न था कि भारतीय सभ्यता और संस्कृति विदेशी मुस्लिम या ब्रिटिश विजय की ही उपज है। यदि ऐसा होता तो लिखने योग्य भारतीय इतिहास केवल विजेताओं का ही इतिहास होता।" (वही, पृ. 19) अर्थात् भारत विदेशी आक्रमणों के पूर्व भी राष्ट्र था।

कोसम्बी ने लिखा है, "विदेशी लेखक जो पाठ्य पुस्तकें छोड़ गये हैं, उनसे सहज ही इस धारणा को बल मिलता है। परन्तु जिस समय मकदूनिया का सिकन्दर हिन्द के कल्पित वैभव और जादुई नाम को सुनकर पूरब की ओर आकर्षित हुआ था उस समय इंग्लैण्ड और फ्रांस अभी–अभी लौह युग में क़दम रख रहे थे।" (वही, पृ. 19 व 20) यही सच है। भारत समृद्ध था। मखदूनिया ही नहीं दुनिया के अधिकांश हिस्सों में भारतीय समृद्धि, ज्ञान और दर्शन का डंका बज रहा था। कोसम्बी ने लिखा, "भारत के लिए नये व्यापारिक मार्ग खोजने के प्रयास में ही अमेरिका की खोज हुई। अमेरिका के मूल निवासियों को अभी भी इंडियन कहा जाता है। अरब लोग जिस समय बौद्धिक दृष्टि से संसार में सबसे प्रगतिशील और सक्रिय थे, उस समय उन्होंने अपने चिकित्सा–ग्रन्थ, और काफ़ी हद तक गणित के ग्रन्थ भी, भारतीय स्रोतों के आधार पर तैयार किये। एशियाई संस्कृति और सभ्यता के दो प्राथमिक स्रोत चीन और भारत ही हैं। सूती वस्त्र (कालिको, छींट, डूँगरी, पजामा, सश और गिंगम शब्द भारतीय उत्पत्ति के हैं) और शक्कर रोज़मर्रा के जीवन को भारत की देन है, तो चीन की देन है–काग़ज़, चाय, चीनी मिट्टी और रेशम।" यह विवरण बिल्कुल सही है।

कोसम्बी की अध्ययन दृष्टि और इतिहास दृष्टि मार्क्सवादी है। उन्होंने इतिहास की परिभाषा की है। "उत्पादन के साधनों और सम्बन्धों में होने वाले क्रमिक परिवर्तनों का कालक्रम से प्रस्तुत किया गया विवरण ही इतिहास है।" (वही, पृ. 21) उनका ज़ोर आर्थिक सम्बन्धों पर है लेकिन उन्हें भारत की सांस्कृतिक शक्ति का प्रभाव अन्य देशों में भी दिखाई पड़ता है, "भारत में जो विविधिता है, मात्र उसी से देश की प्राचीन सभ्यता का वैशिष्ट्य लक्षित नहीं होता। अफ्रीका अथवा चीन के केवल एक प्रान्त युन्नान में भी इतनी ही विविधिता मौजूद है। परन्तु मिस्र की महान अफ्रीकी संस्कृति में वैसी निरन्तरता नहीं देखने को मिलती, जैसी कि हम भारत में पिछले तीन हज़ार या इससे भी अधिक वर्षों में देखते हैं। आज की मिस्री और मैसोपोटामियाई संस्कृतियों का अतीत अरबी संस्कृति के पीछे नहीं जाता। इसी प्रकार, किसी अलग युन्नानी संस्कृति का अस्तित्व नहीं है।"

वे चीन आदि देशों का उदाहरण देते हैं, "चीन की उन्नति भी तभी हुई जब सारे देश में हान लोगों का प्रभुत्व स्थापित हुआ और जल्दी ही एक सुदृढ़ साम्राज्यी शासन की नींव पड़ी। चीन की अन्य अनेक कौमों का देश की उन्नति में इतना अधिक योगदान नहीं रहा। स्पेनिश विजय के तुरन्त बाद ही इंकाओं और अजटेकों का लोप हो गया। मैक्सिकों, पेरू और लातीनी अमरीका की संस्कृति सर्वसाधारणतः यूरोपीय है, देशज नहीं। भूमध्यसागरीय क्षेत्र पर सीधी विजय प्राप्त करने के बाद ही रोमनों ने विश्व–संस्कृति पर अपनी छाप छोड़ी। यहाँ भी निरन्तरता मुख्यतः उन्हीं क्षेत्रों में दिखाई देती है जहाँ कैथोलिक चर्च ने लेटिन भाषा और संस्कृति को आगे बढ़ाया। इसके विपरीत, भारत की ओर से किसी प्रकार के बलप्रयोग के बिना ही भारतीय धर्म–दर्शन का चीन और जापान में स्वागत हुआ, जबकि शायद ही कोई भारतीय पर्यटक इन देशों में पहुँचा हो या किसी भारतीय ने इन देशों के साथ व्यापार किया हो। इन्दोनेशिया, विएतनाम, थाई, देश, बर्मा और श्रीलंका के सांस्कृतिक इतिहास पर भारत का काफ़ी अधिक प्रभाव पड़ा है, यद्यपि ये देश कभी भी भारतीय आधिपत्य में नहीं रहे।"

भारत ने भारतीय संस्कृति से दूसरे देशों को प्रभावित किया। कोई शक्ति प्रयोग नहीं हुआ। भारत ने कोई आक्रमण नहीं किया। भारतीय संस्कृति में निरन्तरता है। कोसम्बी लिखते हैं, "भारतीय संस्कृति की सबसे

बड़ी विशेषता है—अपने ही देश में इसकी निरन्तरता।" यहाँ हज़ारों वर्ष से एक सतत प्रवाहित संस्कृति है। यह सारी दुनिया को भी प्रभावित करती है तब भी यह 'राष्ट्र' क्यों नहीं है?

मार्क्सवादी चिन्तक डॉ. रामविलास शर्मा की किताब 'भारतीय नवजागरण और यूरोप' (1996) में 'वर्ग, जाति और राष्ट्र' उपशीर्षक से सामाजिक विकास क्रम का विश्लेषण है। लिखते हैं, "समाज में एक ओर अन्तर्विरोध बढ़ते हैं, दूसरी ओर उसका आकार बढ़ता है। आदिम साम्यवादी व्यवस्था में रहने वाले गण समाज जनसंख्या के विचार से छोटे होते हैं।" (वही, पृ. 323) मार्क्सवादी विद्वान आदिम समाज को साम्यवादी कहते हैं। ऋग्वेद में गण हैं। जन हैं, वर्ण, जाति, ऊँच—नीच भेद नहीं है। उत्पादन सामूहिक है लेकिन व्यक्तिगत भी है। व्यक्तिगत सम्पत्ति का विकास भी है। मार्क्सवादी विचार के अनुसार सामाजिक विकास क्रम की अगली मंज़िल में 'गण' मिलकर जन बनते हैं। गण आपस में क्यों मिलते है? डॉ. शर्मा लिखते हैं, "व्यक्तिगत सम्पत्ति के उद्‌भव के साथ गणों में अन्तर्विरोध जन्मते हैं। उनसे अनेक गण एक वृहत जन में पुनर्गठित होते हैं। आदिम साम्यवादी व्यवस्था में मनुष्यों का सामाजिक गठन गण होता है, सामन्ती व्यवस्था में मनुष्यों का सामाजिक गठन 'जन' होता है।" (वही) यहाँ छोटी इकाई गण से बड़ी सामाजिक इकाई जन में विस्तृत हो जाने का मूल कारण गणों के बीच 'अन्तर्विरोध' का ही पनपना बताया गया है।

समाज का विकास क्रमशः छोटी इकाइयों से बड़ी इकाइयों की ओर हुआ है। डॉ. शर्मा ने विवेचन में मार्क्सवादी दृष्टि अपनाई है। वस्तुतः छोटी इकाई से बड़ी इकाई का विकास परस्पर प्रेम, समझदारी और सौहार्द में ही होता है। भारत में गण सबसे छोटी इकाई है भी नहीं। सबसे छोटी इकाई परिवार है। मार्क्सवादी दृष्टिकोण मानें तो परिवार गठन में भी 'अन्तर्विरोध' की ही भूमिका होनी चाहिए। लेकिन परिवार गठन का आधार स्त्री—पुरुष का गहन प्रेम है। ऋग्वेद काल की प्राचीन संस्था विवाह है। डॉ. शर्मा ने भी परिवार की प्रशंसा की है, "व्यक्तिगत सम्पत्ति की स्थापना के साथ ऋग्वेद में जिस परिवार की प्रतिष्ठा होती है, उसमें प्रधानता पति और पत्नी की है। अग्नि देव पति और पत्नी के मन को मिलाते हैं, दम्पती समनसा कृणोषि।" (5.3.2) भारतीय समाज का विकास परिवार भाव में हुआ। भारतीय राष्ट्रभाव, परिवार भाव का ही विस्तार है।

सामाजिक सम्बन्धों को व्यापक बनाने का काम संस्कृति करती है। ऋग्वेद में संस्कृति विकास का काम दर्शन और वैज्ञानिक दृष्टिकोण वाले ऋषि/कवि करते हैं। पारस्परिक सम्बन्धों के चलते संस्कृति का प्रभाव क्षेत्र बढ़ता है तब एक जैसी संस्कृति वाले समूह गण अलग–अलग नहीं रह पाते। छोटी इकाई गण और उनसे मिलकर बनी बड़ी इकाई को जोड़ने वाली 'सामूहिक मनः शक्ति' महत्त्वपूर्ण है। जनगण की एका में मन की भूमिका है। 'जनगणमन' एक साथ विचारणीय है।

मार्क्सवादी विद्वानों ने समाज में वर्ग और जाति पर बहुत कुछ लिखा है। इस विचार में भारतीय सन्दर्भ वाली जन्मना जातियाँ नहीं हैं। यूरोपीय चिन्तन और मार्क्सवादी विचार में जाति का अर्थ कौम, नेशन और जातीयता का मतलब नेशनेलिटी है। नेशन या जाति जैसे तत्त्व भारत की राष्ट्रीयता से भिन्न हैं। बेनडिक्ट ऐंडरसन की लिखी किताब 'इमेजिंड कम्युनिटीज़' (1983) के अनुसार "जाति/नेशन या राष्ट्र कल्पित समुदाय हैं कि 'अनेक सांस्कृतिक उपकरणों के मिल जाने से 18वीं सदी के अन्त की ओर इस धारणा का जन्म हुआ" (इमेजिंड कम्युनिटीज़, पृ. 14) ऐंडरसन की आधी बात सच है कि सांस्कृतिक उपकरणों के मिलने से राष्ट्र का जन्म हुआ, आधी बात गलत है कि 18वीं सदी के आख़िर में राष्ट्रभाव का उदय हुआ। भारतीय राष्ट्रभाव हज़ारों बरस पुराना है।

प्राचीन राष्ट्र केवल भूमि नहीं है। सात नदियों की आराधना करने वाले इस भूखण्ड के निवासी सभी राष्ट्र हैं। डॉ. शर्मा ने बिल्कुल सही लिखा है, "जिस देश में ऋग्वेद की सात नदियाँ बहती हैं, वह लगभग वही देश है जिसमें जल–प्रलय के बाद, भरत जन के विस्थापित होने के बाद, हड़प्पा सभ्यता का विकास हुआ। यह देश प्राचीन काल का, ऋग्वेद और हड़प्पा के पश्चात् काल का भी, बहुत दिनों तक संसार का सबसे बड़ा राष्ट्र था। सरस्वती इसके जनपदों के पारस्परिक सम्पर्क का बहुत बड़ा साधन थी। हड़प्पा नगरों की राष्ट्रीय एकता उनकी सामान्य वास्तुकला, मुद्राओं आदि की समानता से जानी जाती है। इस राष्ट्रीय एकता की नींव ऋग्वेद के कवियों ने डाली थी। इन कवियों के लिए राष्ट्र केवल भूमि नहीं है, उस पर बसने वाले जन राष्ट्र हैं।" (भारतीय नवजागरण और यूरोप, पृ. 87–88) भारत दुनिया का पहला राष्ट्र है। यह अनुभूति और सिद्धि ऋग्वेद की है।

भारतीय सन्दर्भ में राष्ट्र और नेशन एक नहीं है। नेशन राजनीतिक इकाई है और राष्ट्र भूसांस्कृतिक अनुभूति। भूमि यहाँ माता है। राष्ट्र के सभी निवासी इसी माता के पुत्र हैं। लोक जीवन की सभी इकाइयाँ राष्ट्र के भीतर हैं। परिवार, जन, गण, ग्राम, नगर, राजव्यवस्था और सम्पूर्ण समाज राष्ट्र के अंग हैं। भारतीय राष्ट्रभाव और विश्व में इकाई में कोई द्वैत नहीं। यहाँ कोई अन्तर्विरोध भी नहीं है। भारतीय राष्ट्रभाव में विश्व लोकमंगल की अभिलाषा है। यह अभिलाषा ऋग्वेद में है। यजुर्वेद और अथर्ववेद में है। उत्तर वैदिक काल के साहित्य में है। महाभारत और रामायण महाकाव्यों में भी है। ऋग्वैदिक पूर्वजों ने ऐसे अद्वितीय राष्ट्रभाव का विकास किया था।

ऋग्वेद में अश्व और गाय

ऋग्वेद में पशुओं के प्रति भरपूर प्यार दिखाई पड़ता है। इनमें भी सर्वाधिक निकटता गायों व घोड़ों से है। यहाँ गायों घोड़ों का उल्लेख अनेक बार हुआ है। इससे आर्यों की अश्वप्रियता व गो प्रेम का सहज अनुमान लगाया जा सकता है। वैदिक समाज स्थिर जड़ नहीं था। वह गतिशील है। प्रकृति के सभी गोचर प्रपंच गतिशील हैं। वैदिक ऋषि इस गतिशीलता को ध्यान से देखते हैं। पृथ्वी, चन्द्र, मंगल, बुध, गुरु, शुक्र और शनि ग्रह भी गतिशील हैं। सभी पशु गतिशील हैं लेकिन गायों व घोड़े की गतिशीलता आश्चर्यजनक है। घोड़े की गतिशीलता और भी आश्चर्यजनक है। सम्भवतः इसीलिए वैदिक कवियों का ध्यान घोड़े की ओर ज़्यादा है। ऋषि अपनी अश्वप्रियता का स्वभाव देवों में भी देखना चाहते हैं। मरुत्गण देव हैं। ऋग्वेद के अनुसार वे घोड़ों पर चलते हैं और घोड़ों से जुते रथ पर बैठकर भी यात्रा करते हैं। प्रार्थना है कि वे घोड़े वाले रथ पर उसके पास आयें। (1.88.1) सुन्दर वाहन से घर आने वाले अतिथि आधुनिक काल में भी सबका आकर्षण बनते हैं। महँगी कार वाला अतिथि सबका ध्यान खींचता है। हमारे एक परिचित घोड़ा पालते थे। उन्हें विवाह आदि के निमन्त्रण मिलते थे। साथ में अनुरोध होता था कि घोड़ा भी साथ लायें।

वैदिक आर्यों का घोड़ों से आत्मीय सम्बन्ध दिखाई पड़ता है। सूर्य के रथ में भी सात घोड़े बताये गये हैं। वैदिक समाज घोड़ों का प्रेमी है। गायों का भी प्रेमी है। गाय दूध देती है, बैल कृषि कर्म में उपयोगी थे। वे गाड़ी भी खींचते थे। उसे बैलगाड़ी कहते थे। बैलगाड़ी पुराना वाहन रही होगी। सूर्य पुत्री सूर्या मन की गाड़ी से चली थी। मन के रथ से नहीं। मन का रथ मनोरथ होता है। यह इच्छा का पर्यायवाची है। मन अश्व भी है। तेज रफ़्तार चलता है। घोड़ा यात्रा के काम आता है। वह दुर्गम स्थान व रास्तों पर भी मौज में चलता है। युद्ध में भी घोड़ों का प्रयोग था,

रथों में घोड़े जोते थे। थके घोड़ों को विश्राम के लिए सदा आक्सीजन देने वाले छायादार पीपल के पेड़ के नीचे बैठाया जाता था। इसीलिए पीपल का एक पुराना नाम 'अश्वथ' भी है। एक यज्ञ का नाम भी अश्वमेध था। घोड़े प्रतिष्ठा का प्रतीक थे। ऋग्वेद के अनुसार इन्द्र के पास भी घोड़े थे, "इन्द्र के पास गाय व घोड़े हैं, यव (जौ) भी है। (8.53.3) उपासक उनसे गाय, घोड़े और जौ प्राप्त की स्तुतियाँ करते हैं। (8.78.9) कृषि समृद्धि के एक देवता हैं—क्षेत्रपति। ऋषि उनसे भी गाय व घोड़े माँगते हैं। कुछ लोग सम्भवतः घोड़ों के ही प्रेमी रहे होंगे। गो प्रेमी सभी थे। इन्द्र से मज़ेदार प्रार्थना है कि आप घोड़ा चाहने वाले को घोड़े दें और गाय प्रेमियों को गाय दें।" (वही, 6.45.6) इन्द्र वरिष्ठ देव हैं।

ऋग्वेद के अनुसार उनके घोड़े ऊबड़—खाबड़ मार्गों में भी तेज़ चलते हैं। वैदिक भारत में प्रचुर अश्व सम्पदा थी। घोड़ों का आयात नहीं हुआ। 'वैदिक इंडेक्स' के अनुसार सिन्धु नदी के तट पर घोड़े थे और काफ़ी महँगे थे। इसी तरह सरस्वती तट के घोड़े भी मूल्यवान थे। घोड़े मनुष्यों की यात्रा में सवारी के लिए उपयोगी थे। रथ खींचते थे। युद्ध में उनका उपयोग था। ख़ास बात यह भी है कि युद्ध में घोड़े भी लड़ते थे। घोड़ों से घोड़ों की भी भिड़न्त हो जाती थी। ऋग्वेद के एक मन्त्र में अग्नि से कहते हैं, "आपके संरक्षण व कृपा से युद्ध में घोड़े से घोड़े भिड़ गये और वीर से वीर।" (1.763.9) ऋग्वेद के ऋषि की दृष्टि से ऐसी लड़ाइयाँ भी नहीं बचीं। उसका ध्यान घोड़ों की लड़ाई पर भी है।

ऋग्वेद में गाय के साथ घोड़े को भी अतिरिक्त सम्मान दिया गया है। मान्यता है कि सृष्टि का उद्‌भव जल से हुआ। स्थावर और जंगम को जन्म देने वाली जलमाताएँ हैं। डारविन के विकासवाद में भी जल से ही सृष्टि का विकास बताया गया है। घोड़ा प्रकृति का अंश है। ऋग्वेद में बताते हैं कि "अश्व का उद्‌भव जल से हुआ। वह पक्षी की तरह उड़ता है। उसकी भुजाएँ बाज पक्षी के पंख जैसी हैं।" इन्द्र शीर्ष देवता हैं। इन्द्र ने ही सर्वप्रथम घुड़सवारी की। स्वयं इन्द्र की गति मन की तेज़ गति जैसी है लेकिन घोड़े की गति का क्या कहना? ऋग्वेद में कहते हैं कि अश्व चलते हैं तो लगता है कि आकाश में हंस उड़ रहे हैं। घोड़े तीव्रता के प्रतीक हैं। ऋषि अश्विनी देवों को बुला रहा है। जान पड़ता है कि ऋषि की अपेक्षानुसार वे तेज रफ़्तार उसके पास नहीं आते। वह अधीर है। कहता है, "तेज घोड़ों से वायु वेग जैसे हमारे पास आओ।

घोड़े अग्नि देव के पास भी जाते हैं। कवि ऋषि बताते हैं कि "अग्नि के पास तेज घोड़े ही जाते हैं।"

घोड़ा या घोड़ी सौन्दर्यबोध भी जगाते हैं। सिन्धु ऋग्वेद की प्रख्यात नदी है "वह समुद्र की ओर घोड़ी की तरह तेज रफ़्तार जाती है।" घोड़ी अति सुन्दर भी लगती है। सूर्योदय के पहले की आभा ऊषा है। ऊषा पर अनेक मन्त्र हैं। ऊषा सुन्दरी है "यह घोड़ी जैसी सुन्दर है। यहाँ ऊषा की सुन्दरता घोड़ी की सुन्दरता से फीकी है। घोड़े को सजाने–सँवारने के उल्लेख भी ऋग्वेद में हैं। सजा हुआ घोड़ा ऋषि कवि को बहुत सुन्दर लगता है। ऋषि कहते हैं। "सुसज्जित घोड़ा वैसे ही शोभन लगता है जैसे आकाश में नक्षत्र चमकते हैं।"

मध्य एशिया में भी घोड़े थे। डॉ. रामविलास शर्मा ने ध्यान दिलाया है कि "मध्य एशिया व यूरोप में घोड़े खेती के काम में लाये जाते थे। अब भी लाये जाते हैं।" (भारतीय संस्कृति और हिन्दी प्रदेश, खण्ड 1, प्रकाशन वर्ष 1997) भारत में घोड़ों से खेती के काम का उल्लेख नहीं है। वैदिक समाज के लोग घोड़ों पर सवारी करते थे। यात्रा करते थे। घुड़सवार होकर युद्ध अभियानों में प्रयोग करते थे। रथ में जोतते थे। घुड़दौड़ के खेल भी होते थे। पश्चिम एशिया और यूरोप के घोड़ों से भारतीय अश्वारोहण की प्रकृति भिन्न है।

ऋग्वैदिक काल से चली अश्वप्रियता की परम्परा उपनिषद् साहित्य व गीता तक व्यापक है। भारतीय सिनेमा में भी घोड़ा अपनी पूरी अश्व शक्ति के साथ उपस्थित है। श्रीकृष्ण ने अर्जुन को बताया, "इन्द्रियाँ घोड़ों जैसी हैं। अर्जुन तुम मन की लगाम से नियंत्रित करो।" वर्षा ऋतु में आकाश में मेघ आते हैं। वायु इन बादलों को इधर–उधर ले जाती है। यह एक स्वाभाविक प्राकृतिक घटना है लेकिन ऋषि इस गतिविधि में भी घोड़ों का प्रतीक देखते हैं। कहते हैं कि "मरुत बादलों को वैसे ही ले जाते हैं जैसे घोड़ों को शिक्षित करते समय घुमाते हैं।" वैदिक संस्कृति और सभ्यता में अश्व की विशेष भूमिका है। वे वैदिक कवियों को हर समय याद रहते हैं। अश्व से वैदिक आर्यों का सम्बन्ध गहरा जान पड़ता है। एक सुन्दर मन्त्र में कहते हैं, "जैसे घोड़ी अपने पुत्र की ओर जाती है। प्रेम से भागती है इसी तरह देवता भी अग्नि के पास जाते हैं।" (3.1.4)

भारतीय इतिहास में गाय को अभूतपूर्व स्नेह व सम्मान मिला। वे अपनी उपयोगिता के कारण वैदिक समाज का अंग बनी। उन्हें प्रणाम व नमस्कार

भी मिले। गायों को देवत्व भी मिला। ऋग्वेद को रहस्यों का ग्रन्थ जानने वाले प्रसन्नचित्त हो सकते हैं कि इस ग्रन्थ में उनके आसपास के ही उदात्त चरित्रों का स्वाभाविक वर्णन है। गाय को ध्यान से देखना चाहिए। उसकी आँखों को और ध्यान से देख सकते हैं। गाय की आँखों में करुणा है, वे बन्धन में हैं। न जाने कितने हज़ार वर्ष से उन्हें सुख नहीं मिला? भारत के संविधान निर्माताओं ने राज्य के नीति निदेशक तत्त्वों में गो संरक्षण को स्थान दिया है। संविधान भारत के लोगों का अन्तिम शपथ अभिलेख है और ऋग्वेद दुनिया का प्रथम ज्ञान अभिलेख। ऋग्वेद गो–चर्चा व स्तुतियों से भरापूरा है। एक मन्त्र में गाय प्रीति की कल्पना का रूपक दिलचस्प है "बृहस्पति देवता ने गायों को चरने के लिए आकाश भेजा।" (2.24.14) निश्चित ही यहाँ काव्य की ऊँचाई है। आकाश में घास नहीं होती। गौएँ आकाश नहीं जा सकतीं। यह ऋग्वेद के कवि ऋषि का उल्लास है गायों का पोषण और आदर ऋग्वैदिक समाज की विशेषता है। उन्हें मारा नहीं जा सकता। वह अघन्या अबध्या है। (1.164.27)

गाय मनुष्यों की प्यारी है, वह देवों की भी बहुत प्यारी है। एक मन्त्र में कहते हैं, "यह रुद्रों की माता है, वसुओं की दुहिता है। आदित्यों की बहिन है। अमृत की नाभि है। यह अबध्य है।" (8.101.215) गाय सबको पोषण देती है। एक ऋषि अग्नि देवता को गाय का दूध अर्पित करना चाहते हैं लेकिन उनके पास गाय नहीं है। वे इन्द्र से कहते हैं, "अघन्या गाय आपको दूध देती है।" सम्भवतः ये ऋषि इन्द्र की गाय के दूध से अग्नि की उपासना के इच्छुक थे। जान पड़ता है कि सभी देवों के पास गाएँ हैं। यहाँ देवों को प्रतिष्ठित उच्च बोध वाला मनुष्य मान लें तो इसका अर्थ होगा कि सभी जनों के पास गाएँ थीं। अश्विनी देव भी गाय का दूध पीते हैं। गाएँ भी बोलती थीं। एक मन्त्र के अनुसार वे सोम की स्तुति करती हैं।

ऋग्वेद की यही परम्परा अथर्ववेद में और भी विकसित हुई है। अथर्ववेद के एक सूक्त (9.12) में गाय का विराट रूपक है। ऋषि कहते हैं कि "गाय का ऊपरी जबड़ा द्युलोक है और निचला जबड़ा पृथ्वी लोक। जीभ विद्युत है। दाँत मरुद्गण हैं। उदर अन्तरिक्ष है। दोनों कन्धे मित्र वरुण हैं।" यहाँ गाय में अनेक वैदिक देवता हैं। अन्तरिक्ष, द्युलोक और पृथ्वी लोक भी हैं। कोई इस वर्णन से असहमत हो सकता है लेकिन वैदिक कवियों की भाव प्रकट करने की अपनी काव्यशैली है। वे गाय के प्रति आदरभाव से युक्त हैं। गाय संरक्षण योग्य है। ऋग्वेद में वह अबध्य बताई गयी है।

अथर्ववेद (12.4) में कहते हैं, "जो गाय के कान को पीड़ा देते हैं वे देवों पर प्रहार करते हैं।" कुछ लोग अपनी गाय की पहचान के लिए परिचय चिन्ह्न बनाते रहे होंगे। इसी सूक्त में उनको चेतावनी है "जो गाय पर परिचय चिन्ह्न बनाते हैं उनकी सम्पदा नष्ट हो जाती है। जिस गोपति के सामने कौआ गाय पर चोंच मारता है उसकी सन्ताने मर जाती हैं।" आगे (12.9) कहते हैं, "गोघाती इस लोक व परलोक दोनों जगह दण्डनीय है।" गोहत्या के विरुद्ध भारत के मन की भावना सहज रूप में समझी जा सकती है।

ऋग्वेद से लेकर महाभारत और वर्तमानकाल तक गाय भारतीय संस्कृति और परम्परा में पूज्य है। तुलसीदास ने रामजन्म के कारण में से एक कारण गोसंवर्द्धन बताया–"विप्र धेनु सुर संतहित लीन्ह मनुज अवतार।" गीता में कृष्ण ने अर्जुन को अपने तमाम रूपों में से एक गाय रूप भी बताया। कृष्ण गोपाल थे। कौटिल्य ने भी 'गोसंरक्षण' को ज़रूरी बताया है। प्राचीन भारत गोपूजक था। गाय प्रतिष्ठा थी, गाय समृद्धि थी और ऐश्वर्य थी। चौथी सदी के चीनी यात्री फाहियान व 7वीं सदी हेव्नसांग के निष्कर्ष हैं कि भारत में मांसाहारी नहीं हैं। गोसंरक्षण की संवैधानिक प्रतिबद्धता है। गोहत्या के विरुद्ध भारत में अनेक आन्दोलन हुए। गाँधीजी ने गोहत्या बन्दी को स्वराज का एक अंग बताया था। गाय भारतीय अर्थव्यवस्था की माँ है, समाज व्यवस्था और सांस्कृतिक व्यवस्था का श्रद्धा केन्द्र।

भारतीय जनमानस वैदिक काल से ही गाय के प्रति श्रद्धालु व अश्व के प्रति प्रेम से परिपूर्ण रहा है। दोनों पशु समृद्धि के प्रतीक रहे हैं। ऋग्वेद में दोनों की प्रतिष्ठा है।

ऋग्वेद की नदीतमा सरस्वती

वैदिक पूर्वजों का जल से प्रीतिपूर्ण राग है। वे जल को बहुवचन 'अपः मातरम्' कहते हैं। नदियाँ सुन्दर जलप्रवाह हैं। वे नदियों को नमस्कार करते हैं। वे जल को देखकर भावरस में डूब जाते हैं। नित्य स्तुतिवाचन में भी वे नदियों को सम्मिलित करते हैं। एक मन्त्र में कहते हैं, "देवता हमारी रक्षा करें। पूर्वज रक्षा करें। जल से भरीपूरी प्रवाहमान नदियाँ हमारी रक्षा करें।" (6.52.4) सभी नदियों से स्तुति के साथ ही जोड़ते हैं, "जल से उफनाती सरस्वती हमारी रक्षा करें।" (वही, 6) ऋग्वेद में 25 से अधिक नदियों के उल्लेख हैं। सात नदियों के जल से भरापूरा भूक्षेत्र उन्हें प्रिय लगता है। इन्द्र देवता हैं वे 7 नदियों के क्षेत्र में जल वर्षा करते हैं। ऋग्वेद में 7 नदियों वाले इस क्षेत्र को सप्त सिन्धवः कहा गया है। (8.24.27) लेकिन आर्यों को दो नदियाँ ज़्यादा याद रहती हैं। ऋग्वेद में सिन्धु व सरस्वती की स्तुतियाँ ज़्यादा हैं। अन्य 5 नदियाँ सतलज (शुतुद्रि), व्यास (विपास), रावी (परूष्णी), चेनाब और झेलम वितस्ता हैं। इनके अतिरिक्त रसा, अनितमा और कुभी आदि के भी उल्लेख हैं। गंगा–यमुना भी हैं लेकिन सरस्वती की बात भिन्न है। वह नदी है, इसके तट पर यज्ञ होते थे। योग ध्यान की प्रेरक थी यह। वह प्रिय नदी है, नदीतमा है। देवी है, वाग्देवी है। वाणी की शक्ति भी है।

सरस्वती आधुनिक भारत की भी जिज्ञासा है। सरस्वती के उद्‌गम व प्रवाह मार्ग पर तमाम शोध हो चुके हैं। सरस्वती ऋग्वेद की प्रिय नदी है। यह भरतों की भी प्रिय नदी है। भरतजन के कारण इस देश का नाम भारत पड़ा है। देवश्रवा और देववात भारत ऋग्वेद के ऋषि हैं और सूक्त (3.23) के रचयिता हैं। यहाँ चौथे मन्त्र में दृषद्वती, आपया व सरस्वती के तटों पर रहने वाले मनुष्यों की समृद्धि की स्तुति है। ऋग्वेद के एक राजा सुदास का राज्य सरस्वती तट पर था। ऋग्वेद की सरस्वती हिमालय

से निकलकर दक्षिणी समुद्र में गिरती थी। इसके तटवर्ती निवासी आर्य समृद्ध थे। कृषि जीविका और यशदायिनी थी। यहाँ यज्ञ चलते थे। शोध होते थे। ऋग्वेद का बहुत सारा तत्त्वज्ञान/काव्य सर्जन/ऋचादर्शन यहीं उगा। इसीलिए सरस्वती ज्ञान और विद्या की अधिष्ठात्री देवी भी कही गयीं। ऋग्वेद के ऋषियों/कवियों ने अपने पूर्वजों को भी सरस्वती का आराधक बताया है। ऋग्वेद के छठे मण्डल के सूक्त 61 के देवता 'सरस्वती' हैं। यहाँ 14 सुन्दर मन्त्रों में सरस्वती "अन्नदायिनी, शत्रुनाशिनी, संरक्षक, पर्वततट तोड़क और समृद्धि दायिनी हैं।" सरस्वती को समूची पृथ्वी को तेज से भरने वाला बताया गया है और विद्वानों, पूर्वजों द्वारा प्रशंसित भी कहा गया है। वे तेज और महत के कारण अन्य नदियों में श्रेष्ठ हैं, गुणवती और ज्ञानवान भी हैं।

ऋग्वेद के नदी सूक्त (10.75) में नदियों की स्तुति है। इसमें वर्णित नदियाँ गंगा, यमुना, सरस्वती, शुतुद्रि (सतलज), परूष्णी (रावी), अस्किनी (चनाब), वितस्ता (झेलम), मरुदवृद्धा, आर्जकीया और सुषोमा भारत के एक विशाल भूभाग में बहती हैं। इसी सूक्त में पश्चिम से आकर सिन्धु में मिलने वाली अथवा सिन्धु के परवर्ती क्षेत्र में बहने वाली नदियों क्रुम, गोमती, कुभा, तुष्टामा, सुसर्तु रसा, श्वेती और मेहत्नु की भी चर्चा है। पूरब में गंगा से लेकर धुर उत्तर पश्चिम में आज के अफ़ग़ानिस्तान तक की नदियों का यह उल्लेख ऋग्वेद और उसके मन्त्र रचने वाले ऋषियों के क्षेत्र की दिलचस्प सूचना है। लेकिन सरस्वती की बात ही दूसरी है। ऋग्वेद में सरस्वती विषयक ढेर सारे मन्त्र हैं। सरस्वती भारत के मन प्राण और प्रज्ञा में छायी हुई हैं। सभी नदियों का जल पवित्र करता है लेकिन सरस्वती बुद्धि को भी पवित्र और तेजस्वी बनाती है। (1.3.4) कवि कर्म यश देता है लेकिन सभी कवि यशस्वी नहीं होते, सरस्वती अप्रसिद्ध कवि को भी यशस्वी बनाती हैं। (2.41.16)। इन्द्र पराक्रमी हैं, सुप्रतिष्ठ देवता हैं लेकिन इन्द्र भी सरस्वती को पाकर आनन्दित होते हैं। (10.13.5)

ऋग्वेद के ऋषि वशिष्ठ के रचे दो सूक्तों (7.95 व 96) में सरस्वती की महिमा आकर्षक का वर्णन है। यह लोहे के परकोटे की तरह रक्षा करती है। (7.95.1) यह पर्वत से समुद्र तक बहती है। (वही, 2) यह धनवान है और धन देती है (वही, 4, 5) अन्न भी देती है। (7.96.2) इसका प्रवाह अबाध है। (7.96.3) सरस्वती तट के निवासी सरस्वती के कृतज्ञ हैं। वे उसे रक्षक, धनवान, धनदात्री, अन्नदात्री के रूप में देखते हैं। वह एक विशाल

भूक्षेत्र की जल आवश्यकता पूरी करती है, कृषि समृद्धि देती है, इसीलिए धनदात्री है। ऋषि इसी तट पर ज्ञानदर्शन की चर्चा करते हैं। यहाँ यज्ञ होते हैं, विमर्श चलते हैं। परम्परा वशिष्ठ से भी पुरानी है। वशिष्ठ कहते हैं "जैसे जमदग्नि ऋषि ने आपकी आराधना की थी वैसे ही वशिष्ठ भी आपकी स्तुति करते हैं।" (7.96.3)

सरस्वती ऋग्वैदिक काल में ही नदी से माता, देवी, देवता, ज्ञान की अधिष्ठात्री और वाग्देवी बन चुकी थी। गृत्समद के रचे एक मन्त्र (2.41.6) में वे सर्वोत्तम माँ–अम्बितमे, श्रेष्ठतम नदी–नदीतमे और श्रेष्ठतम देवी–देवितमे हैं। ऋग्वेद में 5 जन हैं, सरस्वती 'पंचजाता वर्धयन्ती' है, पाँचों जनों का संवर्द्धन करती है। इस तरह ऋग्वैदिक सभ्यता के पाँच जनों का मूल निवास सरस्वती तट होना चाहिए। इसी नदी तट पर भरतजनों का निवास था। भरतजन सुप्रतिष्ठित थे। विश्वामित्र भी भरत थे। उनके रचे मन्त्र "भारत–जनों की रक्षा करते हैं–विश्वामित्रस्य रक्षति ब्रह्मेदं भारतंजनम्' (ऋ. 3.53.12) ऋग्वैदिक भरतजनों ने सरस्वती तट पर शोध, अध्ययन, दर्शन, चिन्तन और उत्कृष्ट मानवीय मूल्यों वाली एक विशेष संस्कृति का विकास किया। विशाल भूभाग तक इस संस्कृति का व्यापक प्रभाव पड़ा। भरतजनों द्वारा विकसित इस सांस्कृतिक भूक्षेत्र का नाम 'भारत' पड़ा। भारत सत्य अभीप्सा का पर्यायवाची बना। दर्शन और वैज्ञानिक दृष्टिकोण ने इस संस्कृति को सतत प्रवाहमान और नित्य नूतन बनाया। सरस्वती नदी की खोज हो चुकी है। सरस्वती को काव्य कल्पना बताने वाले लज्जित हैं।

भारतीय इतिहास दर्शन सृजन में भरतों की ख़ास भूमिका है। मार्क्सवादी चिन्तक डॉ. रामविलास शर्मा ने 'पश्चिमी एशिया और ऋग्वेद' (पृ. 148) में पुसाल्कर को उद्धृत किया है, "भरतों ने पूरे देश को अपना नाम दिया, ऋग्वैदिक गणों में वे सबसे महत्त्वपूर्ण थे। किन्तु ऋग्वेदोत्तर (ऋग्वेद के बाद) काल में भरतों का गण के रूप में लोप हो जाता है।" बेशक भरतों का लोप हो जाता है। लेकिन उनके द्वारा गढ़ी गयी संस्कृति और दर्शन का लोप नहीं होता। अनेक विद्वानों के अनुसार भरतों के लोप के साथ ही वैदिक संस्कृति का केन्द्र भी बदल जाता है। पहले कालीबंगा इस क्षेत्र का केन्द्र था फिर वह कुरु पंचाल हो गया। डॉ. शर्मा के अनुसार, "गणरूप में भरतों का लोप प्राचीन भारतीय इतिहास की अतिशय महत्त्वपूर्ण घटना है। भरतों का गणरूप में लोप और वैदिक संस्कृति के केन्द्र का स्थान परिवर्तन स्पष्ट ही परस्पर सम्बद्ध घटनाएँ हैं।" (वही)

भरतजनों का लोप या अवसान ऐतिहासिक है। यह सामान्य घटना नहीं है। किसी ख़ास कारण से ही उन्होंने अपना मूल निवास क्षेत्र छोड़ा होगा। सामान्यता कोई भी जनसमूह यों ही अपना क्षेत्र नहीं छोड़ता। वैदिक पूर्वजों ने भी सरस्वती की तटभूमि यों ही न छोड़ी होगी। ऐसी क्या बाध्यता थी जिस पर भरतजनों का वश न था।

दुनिया की सबसे बड़ी बाढ़ का समय ईसा पूर्व 3100 वर्ष माना जाता है। भारत में इसे जल प्रलय कहते हैं। जल प्रलय का उल्लेख ईरानी प्राचीन ग्रन्थ 'अवेस्ता' में है। बाइबिल और कुरान में भी है। अथर्ववेद में इसके संकेत हैं–"नाव उतार वाले हिमशिखर पर कुष्ठ रोग की औषधि वनस्पति की प्राप्ति का स्थान है। यत्र नाव प्रमंशनं यत्र हिमवतः शिरः (अथर्व, 19.39.8) डॉ. शर्मा की टिप्पणी है, "प्रलयजल में नाव से हिमालय के शिखर तक मनु के पहुँचने की कथा से और हिमालय के उस स्थान विशेष से लोग परिचित रहे होंगे। इसीलिए कुष्ठ वनस्पति का प्राप्ति स्थान ठीक–ठीक बताने के लिए जहाँ से नाव उतरी जहाँ हिमालय का शिखर है इतना कह देना पर्याप्त माना गया।" (वही, 150)

शतपथ ब्राह्मण में यही कथा विस्तार से दी गयी है। मनु सुबह हाथ धो रहे थे, उनके हाथ में मछली आ गयी। मछली ने मनु से कहा छोटी मछली को बड़ी मछली खा जाती है, इसलिए आगे जल प्रलय होगी। उससे मैं तुम्हारी रक्षा करूँगी। मछली के कहे अनुसार मनु ने उसे पाला–पोसा। बड़ी हो जाने पर समुद्र में छोड़ दिया। फिर जल प्रलय आयी, वही मछली सामने आ गयी। मनु ने मछली की सींग से नाव बाँधी, मछली ने नाव खींच कर पर्वत पर पहुँचाई। जल कम हुआ तब मनु नीचे उतरे। महाभारत में भी जल प्रलय का उल्लेख है–समूची धरती डूब गयी। विष्णु ने योग निद्रा के जरिए जल पर शयन किया। ब्रह्मा के रचे 4 वेद मधु और कैटभ उठा ले गये। विष्णु ने हयग्रीव रूप धरकर वेदों को खोज निकाला। पंचाल ने हयग्रीव की आराधना (अथवा हयग्रीव से ही) से वेद पा लिए।

प्रलयकाल वाले मनु वैवत थे। मनु एक अविछिन्न परम्परा है। ऋग्वेद में भी मनु हैं लेकिन जल प्रलय की कथा नहीं है। ऋग्वेद जल प्रलय के पहले की रचना है। ऋग्वेद वाले मनु जल प्रलय से पहले के मनु हैं। पहले वाले मनु स्वायंभुव हैं। उनका कर्मक्षेत्र सरस्वती घाटी थी। जल प्रलय की कथा सुमेरी सभ्यता में भी है। सुमेरी कथा में देवताओं ने जल प्रलय के माध्यम से पापी मनुष्य जाति का नाश करने की योजना बनाई थी।

नाव यहाँ भी है। सामी कथा की जल प्रलय में नूह ईश्वरीय आस्थावादी थे। वे बच गये। डॉ. शर्मा की दिलचस्प टिप्पणी है, "सुमेरी सामी कथा में सभ्यता का विकास नहीं है, कलियुग नहीं है, प्रलय एक प्राकृतिक घटना मात्र नहीं हैं, वहाँ सभी मनुष्य पापी हैं, केवल एक व्यक्ति धर्मात्मा है और देवताओं अथवा ईश्वर की इच्छा से प्रलय होती है। भारतीय कथा में जल प्रलय की घटना धार्मिक–साम्प्रदायिक आग्रहों से मुक्त है और वह सरस्वती के किनारे घटित होती है। मनुष्य अचानक क्यों पापी हो गये, इसकी व्याख्या मनुवंशीय राजा पृथु द्वारा कृषि–वाणिज्य विकास और ग्राम–नगर निर्माण से होती है। इसी का पौराणिक रूप है कलियुग का आविर्भाव। इस आविर्भाव का समय और जल प्रलय का समय, दोनों को एक–दूसरे के काफी पास होना चाहिए।, (वही, 153)

मूल प्रश्न है कि जल प्रलय हुई कहाँ? डॉ. भगवान सिंह के विवेचन (हड़प्पा सभ्यता और वैदिक साहित्य) में जल प्रलय की घटना का क्षेत्र भारतीय है, सरस्वती का ही क्षेत्र है। डॉ. शर्मा की भी यही राय है, "इस घटना के ऐतिहासिक सन्दर्भ कथा के भारतीय संस्करण में खुलते हैं। मूल घटना उससे सम्बन्धित जनश्रुति भारतीय है। उसके सुमेरी–सामी रूपान्तरण बाद के हैं। इस घटना के कारण जनरूप में भरतों का लोप हुआ, वैदिक संस्कृति के केन्द्र का स्थानान्तरण हुआ। जल प्रलय की यह घटना 3100 ई. पूर्व आसपास की है। स्पष्ट ही ऋग्वेद की रचना इससे पहले हुई।" (वही, 153)

कतिपय विद्वानों के अपने पूर्वाग्रह हैं। वे हड़प्पा को प्राचीन मानते हैं। ऋग्वेद को बाद में रखते हैं। वे सुमेरी सभ्यता को हड़प्पा से भी पूर्ववर्ती बताते हैं और हड़प्पा को सुमेरी की छाया मानते हैं। वे जलभरी सरस्वती और सूखी सरस्वती के परिणामों पर गौर नहीं करते। डॉ. शर्मा का कहना है, "यह बात समझ में आ जाये कि ऋग्वेद की रचना हड़प्पा सभ्यता के विकास से पहले हुई है, तो प्राचीन भारत, सुमेर और मिस्र के सम्बन्धों को, ऋग्वैदिक संस्कृति और हड़प्पा सभ्यता के सम्बन्धों को हड़प्पा और मिनोअन सभ्यता के सम्बन्धों को पहचानने में कठिनाई न होगी। मितन्नी और हित्ती सभ्यताएँ हड़प्पा सभ्यता के उत्तरकाल अथवा उसके ह्रासकाल की हैं। जिस क्षेत्र को पार करके अप्सु सुमेर पहुँचे थे उसी को पार करते हुए इन्द्र, मरुत, मित्र आदि वैदिक देवगण पश्चिमी एशिया पहुँचे। अरायुक्त अश्वकर्षित रथ सुमेर से मिस्र, और यूनान नहीं पहुँचा, वह सप्तसिन्धु की

भूमि से मितन्नी राज्य होता हुआ एक ओर मिस्र, दूसरी ओर लघु एशिया और यूनान पहुँचा है। दूसरी सहस्राब्दी में आर्य पश्चिमी एशिया से भारत में आ नहीं रहे हैं, भारत से उधर जा रहे हैं।, (वही, 155)

वैदिक संस्कृति और सभ्यता ही विकसित होते हुए सिन्धु घाटी तक फैली। ऋग्वेद में सिन्धु नदी का उल्लेख भी व्यापक है। सुप्रसिद्ध नदी सूक्त के द्रष्टा ऋषि सिन्धुक्षित् प्रैयमेध है। यहाँ कहते हैं, "नदियाँ सात–सात के समूह में तीन स्थानों–(पृथ्वी, द्युलोक और आकाश) में बहती हैं, इनमें सिन्धु ही सबसे ज़्यादा ओजस्वी–सिन्धु रोजसा" है।, (10.75.1) फिर सिन्धु का क्षेत्र बताते हैं, "हे सिन्धु आप पहले तुष्टामा के साथ बहीं, चलीं। फिर सुसर्तु, रसा और श्वेत्या से सम्मिलित हो गयीं। आप क्रमु (कुर्रम), गोमती कुमा और मेहत्नु को भी साथ लेती हैं।, (वही, 6) फिर सिन्धु को वेगवती, अन्नदायिनी आदि बताते हैं। सरस्वती और सिन्धु की स्तुतियों के सांस्कृतिक तत्त्व एक जैसे हैं। नदी रूप में उनके भौगोलिक क्षेत्र भिन्न हैं। धन समृद्धि की दृष्टि से भी दोनों उपास्य हैं और प्रमुख हैं। सिन्धु के साथ आयी नदियों का भौगोलिक क्षेत्र अफगानिस्तान और अब पाकिस्तान तक व्यापक है।

पाकिस्तान की स्वात घाटी कट्टरपन्थी तालिबानी उत्पात के कारण अन्तर्राष्ट्रीय चर्चा में रहती है मगर इसी क्षेत्र में ऋग्वेदकालीन 'त्रसदस्यु' ने उपासकों की रक्षा की थी। ऋग्वेद (8.19.36) के अनुसार वे पुरुकुत्स के पुत्र थे–'अदान्मे पौरुकुत्साः।' उन्होंने संस्कृतिमूलक स्तोताओं की रक्षा की–मंहिष्ठों अर्यः सत्पतिः। फिर बताते हैं, "सुवास्त्वा–नदी के तट पर दो सौ दस गायों और श्यामवर्ण बैल के स्वामी ने धन वस्त्र दिये।" (वही, 37) इतिहासविद् पुरातत्त्ववेत्ता डॉ. शिवाजी सिंह का शोध (ऋग्वैदिक आर्य और सरस्वती सिन्धु सभ्यता, पृ. 65) है "त्रसदस्यु ने स्वात (सुवास्तु) नदी के किनारे औपनिवेशिक राज्य कायम किया था। दूसरी तरफ़ पुरातत्त्व से ज्ञात है कि इसी क्षेत्र के सराय खोला नामक टीले के नवप्रस्तरकालीन वाशिन्दों पर सरस्वती घाटी से पहुँचे प्रारम्भिक हड़प्पाकालीन जनों ने आक्रमण किया था और उस स्थल पर अपना अधिकार जमा लिया था। ये ऋग्वैदिक और पुरातात्त्विक सूचनाएँ परस्पर सम्बन्धित हो सकती हैं।" पुरातत्त्व को ऋग्वेद में वर्णित स्थलों, नदियों और घटनाओं से सहायता लेनी चाहिए। इसी तरह ऋग्वेद के विवेचकों को भी पुरातत्त्व से सहायक सामग्री लेनी चाहिए।

हड़प्पा सभ्यता इसी सरस्वती–सिन्धु सभ्यता का विस्तार है। वैदिक ऋषियों ने सरस्वती सिन्धु आदि नदियों को यों ही आराध्य नहीं बनाया। आराध्य और उपास्य की रक्षा, संवर्द्धन से ही आराधक और उपासक का संवर्द्धन होता है।

डॉ. शर्मा ने हड़प्पा/सिन्धु सभ्यता को प्राचीन वैदिक सभ्यता का विस्तार बताया है और सरस्वती को 'भारत के प्राचीन इतिहास की कालविभाजक रेखा'। उन्होंने 'पश्चिमी एशिया और ऋग्वेद' की प्रस्तावना (पृ. 18) में लिखा, "हड़प्पा सभ्यता का ह्रास 1750 ई.पू. के लगभग होता है। उस समय सरस्वती जलहीन हो रही है, कालीबंगा के उत्खनन से यह तथ्य सामने आया है। किन्तु ऋग्वेद में सरस्वती जल से भरी शक्तिशाली नदी है। ऋग्वेद ही नहीं, उसके बहुत समय बाद रचे गये यजुर्वेद में भी उसका यही स्वरूप है। इसका अर्थ यह है कि ऋग्वेद की रचना हड़प्पा सभ्यता के ह्रास से, 1750 ई.पू. से, बहुत पहले हुई थी। सरस्वती भारत के प्राचीन इतिहास की काल–विभाजक रेखा है।"

वैदिक आर्यों का जल से रागात्मक सम्बन्ध रहा है। यूनानी दार्शनिक थेल्स जल को सृष्टि का आदितत्त्व मानते थे लेकिन आर्यों ने जल को जननी बताया था। उन्होंने जलों को 'माता' की संज्ञा दी थी। सरस्वती वैदिक पूर्वजों आर्यों की प्रिय नदी है। सरस्वती के प्रति आर्यों के चित्त में श्रद्धा है। यह श्रद्धा अन्य नदियों से ज़्यादा प्रगाढ़ है। आर्य सरस्वती तट पर मन्त्र, गीत गाते हैं। यज्ञ करते हैं। वह वाग्देवी हो जाती है। वाणी का पर्याय भी बन जाती है। आधुनिक भारत भी सरस्वती के प्रति श्रद्धालु है।

ऋग्वेद में सरस्वती जल से उफनाती नदी है। ऋग्वेद की रचना हड़प्पा सभ्यता के ह्रासकाल से बहुत पहले हो चुकी है। सो ऋग्वेद में सरस्वती प्रवाहमान है। यजुर्वेद में भी वह जलभरी ही है। यजुर्वेद (34.11) का "पंच नद्यः सरस्वती मपियन्ति सस्रोतसः" (प्रवाह करते हुए पाँच नदियाँ सरस्वती में आकर मिल जाती हैं) मन्त्र पठनीय है। सरस्वती की "यह स्थिति 1750 ई.पू. अर्थात् हड़प्पा से पहले की है।

हड़प्पा सभ्यता ऋग्वेद, यजुर्वेद के काफ़ी बाद की है। प्राकृतिक घटनाओं से सरस्वती सहित कई नदियों के रूप आकार में बदलाव आया। सरस्वती जलहीन हो गयी। इसके पहले की सरस्वती नदीतमा है। ऋग्वेद में सरस्वती सिन्धुभिः पिन्व माना–सहायक नदियों के मिलने से खूब संवर्द्धित जल वाली है (ऋ., 6.52.6) वह अपनी लहरों से अस्ज

सानुगिरिणां–गिरिश्रृंगों को तोड़ देती है। जैसे कोई कमल नाल तोड़ता हो (ऋ., 6.61.2) तब सरस्वती अत्यन्त शक्तिशाली नदी है। एक तरफ़ गंगा है, दूसरी तरफ़ सिन्धु है। इनके बीच में वह पहाड़ों से निकलकर बहती है। वह एक विशाल भूखण्ड को सींचती है, वही हड़प्पा सभ्यता का क्षेत्र है। ऋग्वेद का समय प्राचीन है। तब सरस्वती जल से भरी है। हड़प्पा सभ्यता का ह्रास सरस्वती के सूख जाने का परिणाम है।

डॉ. सत्यकेतु विद्यालंकार 'आर्य आक्रमण सिद्धान्त' के (लगभग) समर्थक हैं लेकिन वे भी इस देश को भारत का नाम दिलाने का श्रेय सरस्वती तटवासी भरतवंश को देते हैं, "जिस भरतवंश के नाम से हमारे देश का नाम भारत पड़ा, उसका राज्य सरस्वती नदी के प्रदेश में ही विद्यमान था।" ऋग्वेद के एक सूक्त (3.23.4) में भारत लोगों का वर्णन कर उन्हें सरस्वती, दृषद्वती और आपया नदियों से सिंचित प्रदेश में बसा हुआ कहा गया है।" (प्राचीन भारतीय इतिहास का वैदिक युग, पृ. 121) वे सरस्वती क्षेत्र के बारे में लिखते हैं, "सरस्वती के प्रदेश को ही वैदिक साहित्य में देवयोनि कहा गया है...सरस्वती नदी का क्षेत्र ऋग्वेद के समय में वैदिक यज्ञों एवं कर्मकाण्ड का प्रधान केन्द्र था और वहाँ के भारत या भरतवंशी राजाओं ने कालान्तर में सम्पूर्ण आर्यावर्त पर अपना चक्रवर्ती शासन स्थापित कर लिया था।" (वही, पृ. 121–22)

डॉ. सत्यकेतु ने ऋग्वेद में वर्णित भारत की भौगोलिक रूपरेखा बनाने का प्रयास किया है, "ऋग्वेद के काल में भारत के जिस भाग में आर्यों का निवास था, उसकी सीमाएँ इसी वेद की अन्तःसाक्षी द्वारा जानी जा सकती हैं। आर्यों का यह प्रदेश उस समय चारों ओर समुद्रों से घिरा हुआ था।" (वही, पृ. 122) ऋग्वेद (9.33.6 व 10.47.2) में इसका स्पष्ट उल्लेख है। सरस्वती दक्षिणी समुद्र में गिरती थी और गंगा–यमुना पूर्वी समुद्र में। डॉ. सत्यकेतु ने बताया है, "भारत की भौगोलिक दशा उस समय अब से बहुत भिन्न थी जहाँ वर्तमान समय में राजस्थान का मरुस्थल है, तब वहाँ समुद्र था और यह समुद्र उन देशों में भी फैला हुआ था, जहाँ अब बिहार, बंगाल, उड़ीसा हैं। सप्त सिन्धव देश के उत्तर में भी तब एक समुद्र की सत्ता थी जिसके अवशेष अब भी कैस्पियन सागर, काला सागर और अरब सागर के रूप में विद्यमान हैं। तब यह एक विशाल समुद्र था...भूगर्भशास्त्री यह स्वीकार करते हैं कि किसी प्राचीन समय में भारत की यही भौगोलिक दशा थी और इसके संकेत ऋग्वेद में विद्यमान हैं।" (वही, 122–23) लेकिन

बाद में प्राकृतिक उथल–पुथल हो गयी। डॉ. सत्यकेतु के अनुसार "सप्त सिन्धव देश के दक्षिण, उत्तर या पूरब में विद्यमान समुद्र या तो भूमि के रूप में परिवर्तित हो गये या उनके विस्तार में कमी आ गयी।"

ऋग्वेद कालीन सभ्यता पर स्वाभाविक ही जलप्लावन का असर पड़ा। भयंकर जलप्लावन हुआ था। सब कुछ तहस–नहस हो गया। फिर सरस्वती सूख गयी। सरस्वती का लोप हुआ। उसकी विशाल जलधारा क्षीण हुई। पृथ्वी की सतह के नीचे उथल–पुथल हुई होगी। हिमालय क्षेत्र की उथल–पुथल के कारण सरस्वती का जलमार्ग परिवर्तित हुआ। वह जलहीन हुई। जल प्रलय के बाद सभ्यता का विकास करने में समय लगा होगा।

भरतजन सरस्वती तट पर आनन्दित थे। उनके अवसान का कारण जल प्रलय है। संस्कृति फिर से स्वयं को पुनर्गठित करती है। आगे बढ़ती है। महाभारत के पात्र बार–बार एक–दूसरे को भरत, भारत, भरत श्रेष्ठ कहते हैं। ऋग्वेद ऐतिहासिक काव्य और साक्ष्य है। सरस्वती भौगोलिक साक्ष्य है। सरस्वती की खोज हो चुकी है। उसे काव्य कल्पना बताने वाले लज्जित हैं। सरस्वती के प्रति यह राष्ट्र कृतज्ञ रहा है। सम्प्रति वह ज्ञान व वाणी की देवी है। गीत संगीत की प्रेरक है। वह हंसवाहिनी और वीणावादिनी है। ऋग्वेद के ऋषियों की नदीतमा हम सबकी संस्कृति का स्मारक है।

अनूठा देवतन्त्र

दुनिया के बड़े हिस्से में देव आस्था है। यूरोपीय दर्शन की प्रेरक भूमि यूनान में भी निराला देवतन्त्र मिलता है। भारत में 33 करोड़ देवता कहे जाते हैं। यह संख्या प्राचीन काल की है। तबसे तमाम देवता बढ़े होंगे। यहाँ की देव आस्था मज़ेदार है। प्रत्येक ग्राम नगर में अपने देवता हैं। प्रत्येक कुलवंश के भी देवता हैं। पुरोहित गृह–प्रवेश, विवाह, भूमि पूजन आदि प्रीतिपूर्ण अवसरों पर ग्राम देवता, कुल देवता और स्थान देवता के प्रणाम वाले मन्त्र गाते हैं। अनेक देवों वाली आस्तिकता के कारण यूरोपीय विद्वान भारत को बहुदेववादी कहते हैं। वाद यूरोपीय विद्वानों का प्रिय शब्द है। हरेक वाद का प्रतिवाद भी होता है। बहुदेववाद का प्रतिवाद एकेश्वरवाद या एक देववाद हो सकता है। लेकिन भारत बहुदेववादी नहीं है। भारतीय बहुदेव उपासक हैं। लेकिन एक सत्य की अनुभूति है और बहुदेव उपासना है।

भारत में देवों पर वैदिक काल से ही दिलचस्प जिज्ञासा रही है और देवों के जन्म पर भी। ऋग्वेद में एक ऐसे समय का उल्लेख है जब देवता नहीं हैं। ऋषि कहते हैं, "देवों के पहले असत् से सत् उत्पन्न हुआ। हम देवों के प्रादुर्भाव का वर्णन उत्तम वाणी से करते हैं।" (ऋ., 10.72.1–3) यहाँ देवों का प्रादुर्भाव एक तथ्य है। कल्पना नहीं है। ऋग्वेद में सृष्टि सृजन के पूर्व की स्थिति का नाम असत् है। असत् का अर्थ असत्य नहीं है। असत् का अर्थ अव्यक्त या अप्रकट है। सृष्टि की अव्यक्त या अप्रकट दशा में कुछ भी प्रत्यक्ष नहीं है, सो देवता भी नहीं हैं। ऋग्वेद का यह उल्लेख पूर्णतया वैज्ञानिक है। आगे बताते हैं, "असत् से सत् प्रकट होने के बाद अदिति प्रकट हुए।" (वही) यहाँ अदिति सम्पूर्णता का पर्याय हैं। समूचा अस्तित्व 'अदिति' है। जो पूर्वकाल में हो गया और जो होने वाला है, वह सब अदिति है। फिर बताते है कि "अदिति से दक्ष प्रकट हुए और

दक्ष से फिर अदिति।" (वही) यहाँ उलटबांसी जान पड़ती है—अदिति से दक्ष और दक्ष से फिर अदिति क्यों? लेकिन ऋषि यहाँ सृष्टि की निरन्तरता बता रहे हैं। जो जाता है, वही निरन्तरता में फिर लौटता है।

अदिति सम्पूर्णता है और निरन्तरता भी हैं। आगे बताते हैं कि ब्रह्मणस्पति अदिति से अमृत बन्धु देवों का उद्‌भव हुआ—"तां देवा अन्वजायंत भद्र अमृतबन्धवः।" (वही, 2—5) मनुष्य मरते हैं। इसलिए मृत्युबन्धु हैं। देव अमर हैं, इसलिए अमृत बन्धु। वे केवल सृष्टि की अव्यक्त दशा में नहीं होते। देवों का प्रादुर्भाव ऋषि कवि को आनन्दित करता है। वे देव स्तुति करते हैं, "हे देवो! आप व्यापक जलों में प्रकट हुए हैं। आप नृत्य कर रहे हैं। आपके नृत्य से तीव्र गतिशील रेणु (कण) प्रकट हुए—"नृत्यतामिव तीव्रो रेणुर पायत।" (वही, 6) देवगण नाच रहे थे लेकिन पहले परस्पर मिलकर—सुसंरब्धा होकर। ग्रिफ्थ ने सुसंरब्धा का अंग्रेज़ी अनुवाद किया है—क्लोज क्लैसपिंग वन एन अदर। नृत्य से उड़े धूलिकण के बारे में कहा है—क्लाउड ऑफ डस्ट एरोज। ब्रह्माण्ड विज्ञानी स्टीफेन हाकिंग ने भी सृष्टि विस्फोट या सृजन के समय धूलि भरे आकाश का उल्लेख किया है। वालिस ने ऋग्वेद के सन्दर्भ में कहा है कि नाचते समय देवों ने रेणु—अणु पर पदाघात किया और पृथ्वी बनी। इस सत्य के लिए अभी वैज्ञानिकों के परिश्रम की प्रतीक्षा है लेकिन ऋग्वेद की स्थापनाएँ अनूठी हैं। दुनिया की कोई भी देव आस्था देवों के न होने वाले समय की चर्चा नहीं करती। देवों के प्रादुर्भाव पर भी ऋग्वेद जैसे विवरण नहीं देती।

ऋग्वेद का देवतन्त्र तमाम जिज्ञासाएँ प्रेरित करता है। देवता आख़िरकार हैं क्या? और उनकी संख्या क्या है? वैदिक विद्वान यास्क ने वेद अर्थ के लिए 'निरुक्त' लिखा था। उन्होंने देवता की सरल परिभाषा की "ऋषियों ने प्रमुखता से जिनकी स्तुति की, वे देवता हैं।, (निरुक्त 7.1) ऋग्वेद में श्रद्धा, नमस्कार, मन्यु (साहस) मेढक, वनस्पति, आदि की भी स्तुतियाँ हैं। इस परिभाषा के अनुसार ऋग्वेद में सैकड़ों देवता हैं। लेकिन ऐसे तमाम देवताओं के बावजूद ऋग्वेद से लेकर उत्तर वैदिक काल तक प्रमुख देवता 33 ही जाने गये हैं। ऋग्वेद के प्रतिष्ठित ऋषि विश्वामित्र ने अग्नि से प्रार्थना की, "हमारे यज्ञ में आप 33 देवों को पत्नियों सहित लायें।" यहाँ अग्नि देव शेष देवताओं के अन्तरंग जान पड़ते हैं। विश्वामित्र इन्हीं से 33 देव लाने की प्रार्थना करते हैं। देवता 33 के अलावा और भी थे। विश्वामित्र भी यह तथ्य जानते थे। विश्वामित्र ने ही एक अन्य मन्त्र में

कहा, "तीन हज़ार तीन सौ उनतालीस देवों ने अग्नि की पूजा की है।" (3.9.9)

देवों की यह संख्या विश्वामित्र द्वारा बताई गयी है। इस मन्त्र की मज़ेदार बात यह है कि देवता भी उपासना करते थे। यहाँ अग्नि देव की उपासना करने वाले देव तीन हज़ार से ज़्यादा हैं। अब प्रश्न यह है कि 33 करोड़ देवों की संख्या का अर्थ क्या है? सम्भवतः 33 प्रमुख देवों की प्रकृति भिन्न रही होगी। भिन्न प्रकृति के आधार पर देवों की 33 कोटि या पहचान रही होगी। सम्भव है कि लोकमानस ने 33 कोटि (प्रकार) को 33 करोड़ मान लिया है। सच जो भी हो लेकिन शतपथ ब्राह्मण में 33 देवताओं की ही सूची है। इनमें 8 वसु हैं। 11 रुद्र हैं। 12 आदित्य हैं। इन्द्र और प्रजापति को जोड़कर कुल 33 देवता बताये गये हैं।

भारत का लोकमन असाधारण रूप में जिज्ञासु है और असाधारण रूप में आस्तिक भी है। यहाँ जिज्ञासा और आस्तिकता साथ–साथ हैं। देवों की उपासना है। उन्हें प्रत्येक अवसर पर नमस्कार किया गया है। लेकिन उनके प्रति जिज्ञासा भी बनी रहती है। ऋग्वेद में जिज्ञासा और श्रद्धा साथ–साथ है। देव शक्तियों का स्तुतिवाचन है और उनके प्रति प्रश्नाकुल जिज्ञासा भी है। विश्वामित्र ने एक प्रसंग में 33 व दूसरे प्रसंग में 3339 देवता बताये थे। लेकिन याज्ञवल्क्य का मत भिन्न है। याज्ञवल्क्य बड़े दार्शनिक थे।

वृहदारण्यक उपनिषद् (3.3) के अनुसार जिज्ञासु शाकल्य ने याज्ञवल्क्य से देवों की संख्या पूछी। याज्ञवल्क्य ने उत्तर दिया, "मन्त्रों के अनुसार देवता 3306 हैं।'' यह संख्या प्रचलित संख्या से भिन्न थी। इसलिए शाकल्य ने कहा, "यह बात ठीक है लेकिन देवों की वास्तविक संख्या बताइए।" याज्ञवल्क्य ने कहा कि देव संख्या 33 है। शाकल्य की जिज्ञासा शान्त नहीं हुई। इस पर याज्ञवल्क्य ने 33 देवों की प्रचलित नामावली दोहरायी। शाकल्य ने पूछा, "इन 33 में 8 वसु कौन हैं?" याज्ञवल्क्य ने कहा, "अग्नि, पृथ्वी, वायु, अन्तरिक्ष, आदित्य, द्युलोक, चन्द्र और नक्षत्र ये 8 वसु हैं।" इस सूची में कहीं कल्पित अन्धविश्वास नहीं है। सभी देव प्रत्यक्ष हैं। ये वसु देव भी प्रकृति की शक्तियाँ हैं। शाकल्य ने पूछा ये वसु क्यों कहे जाते हैं? उन्होंने उत्तर दिया कि "समूचा विश्व इन्हीं के भीतर बसता है। इसलिए वे वसु हैं।" शंकराचार्य के भाष्य में कहते हैं, "ये सम्पूर्ण जगत् अपने अन्तस में बसाये हैं ''जगदिदं सर्व वासन्ति, वसन्ति च।'' स्वयं भी

इसी के भीतर रहते हैं। इसलिए वसु हैं।, (वृहदारण्यक उपनिषद, शंकर भाष्य, गीता प्रेस)

देवताओं का दर्शन बड़ा प्रीतिपूर्ण है। 8 वसु की व्याख्या सुनने के बाद शाकल्य ने पूछा, "11 रुद्र कौन हैं।" याज्ञवल्क्य ने बताया कि "पुरुष में 10 प्राण इन्द्रियाँ हैं। 11वाँ मन है। वे शरीर छोड़ते समय रुलाते हैं।" शंकराचार्य ने लिखा है, "रोदन के निमित्त होने के कारण वे रुद्र कहलाते हैं।" फिर आदित्यों के बारे में प्रश्न है। उत्तर है, "संवत्सर के घटक 12 माह आदित्य हैं।" शंकराचार्य के भाष्य के अनुसार, "इस सबका आदान और जगत की आयु का आदान करते चलते हैं। इसलिए आदित्य हैं।" शाकल्य ने फिर पूछा, "इन्द्र और प्रजापति कौन हैं?, उत्तर है, "स्तनपित्नु इन्द्र हैं। यज्ञ प्रजापति हैं।" 'स्तनु पित्नु' कठिन शब्द था। इसलिए शाकल्य ने पूछा कि यह स्तनपित्नु क्या है? अशनि ही इन्द्र है। यज्ञ जीवचक्र हैं। शंकराचार्य के भाष्य में "अशनिवज्रवीर्य अर्थात् बल है।" यज्ञ जीव हैं। संसार यज्ञ जैसा है। सभी जीव पशु व वनस्पतियाँ संसार यज्ञ के संचालक हैं।

देवों का परिचय कराने वाला यह संवाद अन्ततः प्रकृति के मूलभूत प्रपंचों तक पहुँचता है। प्रकृति के गोचर प्रपंचों के छोटे–बड़े तत्त्व ही यहाँ देवता कहे गये हैं। शंकराचार्य के भाष्य में सभी देवों को प्रकृति का अविभाज्य अंग बताया गया है। वैदिक देवता अलौकिक अन्धविश्वास नहीं हैं। यास्क ने 'निरुक्त' में देवों को ठीक समझने का प्रयास किया है। उन्होंने देवों के तीन प्रकार या विभाग बताये हैं। यह विभाजन देवों के निवास के आधार पर है। पहला वर्ग पृथ्वी स्थानीय देवों का है। इस वर्ग में अग्नि, सोम, वनस्पति, बृहस्पति, पृथ्वी, नदी आदि देव हैं। इसमें गाय, जल आदि भी सम्मिलित हैं। दूसरा देववर्ग आकाश स्थानीय देवों का है। इस वर्ग में सूर्य, वरुण, मित्र, पूषन, आदित्य, विष्णु, अश्विनी और ऊषा आदि हैं। तीसरे वर्ग को अन्तरिक्ष स्थानीय देवता कहा गया है। इस वर्ग में इन्द्र, रुद्र, मरुद्गण, अज, आदित्य आदि हैं।

ऋग्वेद में देवों का भावनात्मक मानवीकरण है। यास्क के वर्गीकरण में देवता दिक् और कालबद्ध सीमाएँ हैं लेकिन दार्शनिक बोध में देवों की ससीम व्यापकता असीम हो जाती है। प्रकृति की कोई भी शक्ति स्वतन्त्र निरपेक्ष नहीं है। ब्रह्माण्ड की पृथक्–पृथक् दिखाई पड़ने वाली सभी शक्तियाँ एक ही परमशक्ति का भाग हैं। अलग–अलग दिखाई पड़ने वाली देवशक्तियाँ एक हैं। ऋग्वेद में इस एक का नाम 'एकं सद्' है।

विद्वान उसे पृथक्–पृथक् नाम से गाते हैं। ऋग्वेद में उल्लिखित सभी देव भिन्न–भिन्न क्षमता वाले हैं। लेकिन वे एक परम सत्य की अभिव्यक्ति हैं। हम इस एक को ईश्वर, ब्रह्म या भगवान कह सकते हैं।

देवों के रूप नाम भिन्न हैं लेकिन सभी रूप नाम एक ही परम निरपेक्ष के भीतर हैं। यह परम ऋग्वेद में एक निरपेक्ष सत्य है। वे अलग–अलग उपास्य हैं। वे मनुष्यों के प्रति आत्मीय हैं। ऋषि उन्हें अपने यज्ञ में बुलाते हैं। सोम पीने या जौ चावल खाने का निमन्त्रण देते हैं। देव आते हैं कि नहीं आते? यह बात बेकार है। यहाँ सारा आनन्द भाव प्रवणता का है। ये देव प्रकृति की शक्ति के रूप में अस्तित्वगत हैं, प्रत्यक्ष हैं। ऐसे प्रत्यक्ष देवों की उपासना में वैदिक भारत का मन रमता था लेकिन जिज्ञासा के साथ।

अग्नि देवता

अग्नि ऋग्वेद के प्रतिष्ठित देवता हैं। ऋग्वेद के मन्त्रोदय के पहले से ही भारत के लोग अग्नि उपयोग व तत्त्वदर्शन से सुपरिचित थे। वैदिक ऋषियों ने अग्नि की सर्वव्यापकता और सर्वसमुपस्थिति का साक्षात्कार किया था। वैदिक साहित्य के विद्वान डॉ. कपिल देव द्विवेदी ने वेदों में अग्नि उल्लेख के 2483 मन्त्र बताये हैं। ऋग्वेद में अग्नि सम्बन्धी 200 सूक्त हैं। भारत के प्रत्येक मंगलकार्य में अग्नि की उपस्थिति है। भारतीय विवाह सारी दुनिया में अतिविशिष्ट संस्कार हैं। वर और कन्या आजीवन साथ–साथ रहने की शपथ लेते हैं। अग्नि को साक्षी देव जानकर परस्पर प्रीति युक्त जीवन का संकल्प लेते हैं। विवाह संस्कार के साक्षी बनते हैं अग्नि। दुनिया के किसी भी पन्थ, रिलीजन, मजहब में अग्नि की ऐसी प्रीतिपूर्ण श्रद्धायुक्त उपासना नहीं है लेकिन ऋग्वेद में अग्नि श्रद्धेय देवता हैं। वे भावपरक कल्पित देवता नहीं हैं। वे प्रत्यक्ष देव हैं। भारतीय पंच महाभूतों पृथ्वी, जल, अग्नि, वायु और आकाश में एक हैं। वे ऋग्वेद के बाद यजुर्वेद सहित चारों वेदों के मन्त्रों में प्रत्यक्ष हैं। ब्राह्मण ग्रन्थों व उपनिषदों में भी अग्नि महत्ता और उपासना के गीत हैं। ऋग्वेद की अग्नि उपासक परम्परा भारतीय धर्म के प्रत्येक कर्मकाण्ड में उपस्थित है और धार्मिक कर्मकाण्ड का भाग भी है।

आदिम मनुष्य पहले अग्नि से परिचित नहीं था। अमेरिकी वैज्ञानिक असीमोव के अनुसार मनुष्य ने आग का उपयोग लगभग 10 लाख वर्ष पहले सीखा था। उनके अनुसार मनुष्य ने जंगल में लगी आग देखी, वहाँ

से वे उसे अपने उपयोग के लिए लाये। वे उसे अपने घरों में जलाये रखते थे। ऋग्वेद में लकड़ी की डालों को 'अरणि' कहा गया है। अग्नि का जन्म अरणि के संघर्षण से हुआ। ऋग्वेद (1.31.2) में कहते हैं, "काष्ठ लकड़ियाँ–अरणिं अग्नि की माताएँ हैं।" वैदिक ऋषियों के सूक्त मन्त्रों की अपनी शैली है। वे अरणियों को उचित ही अग्नि की माताएँ कहते हैं। अरणि के भीतर अग्नि पहले से है। एक मन्त्र में (1.70.2 व 3) कहते हैं कि अग्नि वनों के भीतर हैं–गर्भो वनानां। वे पानी के भीतर भी हैं–गर्भो यो अपाम्"। यहाँ प्रत्यक्ष भौतिक विज्ञान है और अरणि व अग्नि के बीच माँ सन्तति के रिश्ते भी हैं।

अग्नि सदा से हैं लेकिन आदिम मनुष्य अग्नि से अपरिचित थे। ऋग्वेद के अनुसार अग्नि की खोज मनुष्य की कर्मठता, कर्मकुशलता का परिणाम है। ऋग्वेद के 7वें मण्डल के प्रथम सूक्त प्रथम मन्त्र में यही बात सुस्पष्ट कही गयी है, "नर श्रेष्ठों ने अग्नि को अपने हाथों व उँगलियों की कुशलता से पाया।" यहाँ हाथ व उँगली कर्मठता के प्रतीक हैं। मनु वैदिक ऋषियों के पूर्वज अग्रज हैं। एक मन्त्र (7.2.3) में उल्लेख है कि "मानव हित में मनु ने अग्नि को सदा के लिए प्रतिष्ठित किया।" अग्नि देवता हैं लेकिन ऋग्वेद (1.60.3) के अनुसार, "मनुष्य अग्नि उत्पन्न करते हैं।" यहाँ मनुष्यों द्वारा देवता उत्पन्न किये जाने की प्रेमपूर्ण घोषणा है। ऋग्वेद का प्रथम मन्त्र अग्नि की स्तुति है। यह अग्नि स्तुति से ही प्रारम्भ होता है। इसी तरह ऋग्वेद के अन्तिम सूक्त भी अग्नि की ही स्तुति हैं।

अग्नि भूख पैदा करती है। अन्न पाचन से सम्बन्धित अग्नि जठराग्नि है। बोलने की शक्ति भी अग्नि की है। वाक्शक्ति मूलतः अग्नि शक्ति है। अग्नि सर्वत्रव्यापी शक्ति है। ऋग्वेद के ऋषियों ने उनका सुन्दर मानवीकरण भी किया है। वैदिक समाज में विद्वानों की प्रतिष्ठा है। कवियों का सम्मान होता है। ऋषि अग्नि को भी 'कवि और विद्वान' बताते हैं। (3.9.1) मनुष्य के कर्म का उपकरण हाथ हैं। अग्नि के हाथ मधुर हैं। (5.5.2) अग्नि कवि हैं, वैदिक कवि ऋषि हैं। अग्नि भी ऋषि कहे गये हैं। (3.2.8) मनुष्य को घृत या घी प्रिय है। ऋग्वेद के अनुसार अग्नि भी घृत के इच्छुक रहते हैं। (2.3.11) वैदिक कवि ऋषि अग्नि को देवता, दाता विधाता मानते हैं लेकिन मनुष्यों जैसा प्रेम भी करते हैं। इसलिए अग्नि स्तुतिकर्त्ता के पुत्र भी हैं। ऋषि उनसे कहते हैं कि आप हमारे पुत्र भी हैं–त्वं पुत्रो भवसि। (2.1.9)

अग्नि आकाश में हैं। सूर्य का मूल अग्नि हैं। अन्तरिक्ष में वे विद्युत हैं।

पृथ्वी पर वे हैं ही। यज्ञ कर्म में वे ही सारा दायित्व निभाते हैं। अनेक दार्शनिक मन्त्रों में वे ही यजमान व पुरोहित भी हैं। अग्नि का तेज ताप कल्याणकारी है। वे यज्ञ में भिन्न–भिन्न देवों को दी गयी आहुतियाँ उन–उन देवों तक पहुँचाते हैं। अग्नि ने अपने तेज से द्युलोक, अन्तरिक्ष और पृथ्वी का भर दिया है। (3.2.7) अग्नि प्रकृति के भीतर हैं, वे बाहर भी प्रकट हैं। ऋग्वेद की अग्नि अनुभूति गहराई से ध्यान देने योग्य है। प्रकृति का संविधान ऋग्वेद में 'ऋत्' कहा गया है। अग्नि ऋत्–नियमों का पालन करते हैं। पालन कराने के प्रेरक भी हैं। ऋग्वेद में अग्नि को 'ऋतस्य क्षत्ता' कहा गया है। ऋग्वेद में अग्नि की सर्वव्यापकता है लेकिन मनुष्यों द्वारा अग्नि उत्पन्न करने का उल्लेख विशेष विचारणीय है।

ऋग्वेद में अग्नि उत्पन्न करने व स्थापित करने का श्रेय पूर्वज आर्य अभिजनों को दिया गया है। अग्नि के तमाम उपयोगों का विकास पूर्वज आर्यों ने किया। अग्नि उपयोग से मानव सभ्यता में तमाम परिवर्तन आये। जीवन को सुन्दर बनाने के नये आयाम खुले। अग्नि का आविष्कार और शोध भारत भूमि पर हुआ। भारतवासियों ने अग्नि का साक्षात्कार किया। ऋग्वेद में बारम्बार अरणि से अग्नि के उद्भव की बातें आती हैं। अग्नि सदुपयोग का ज्ञान विश्व सभ्यता को भारत का उपहार है। प्रत्येक भारतवासी को इस तथ्य पर गर्व करना चाहिए। ऋग्वेद के मन्त्र इसके साक्ष्य हैं।

ऋग्वेद के ऋषियों कवियों का अग्निदर्शन उत्तर वैदिक काल में और भी विकसित हुआ उपनिषद् के ऋषियों ने इसे पुष्ट किया। कठोपनिषद् में अग्नि विषयक सुन्दर मन्त्र में कहा गया है कि यह अग्नि ही प्रकृति के सभी रूपों में "रूपं रूपं प्रतिरूपो वभूवः'' है। यहाँ अग्नि समूची प्रकृति का मूल तत्त्व हैं। अग्नि नाम से कथनीय यह अग्नि ही प्रकृति में भिन्न–भिन्न रूपों में प्रकट होता है। अग्नि तत्त्व एक है। उसके अग्नि रूपा तत्त्व सूर्य, विद्युत आदि हैं लेकिन वही तत्त्व सभी जीवों, वनस्पतियों, जलों आदि में भी दर्शनीय हैं। भारतीय परम्परा में स्वाभाविक ही अग्नि को अतिरिक्त श्रद्धा मिली है। इस परम्परा का आदि स्रोत ऋग्वेद है।

ऋग्वैदिक दर्शन का विस्तार उपनिषदों में है। इस दर्शन की अनेक अनुभूतियाँ अन्य देशों में पहुँचीं। दार्शनिक हिराक्लिट्स ने "अग्नि को सृष्टि का मूलतत्त्व बताया था। विश्व को देवों ने नहीं बनाया। इसे मनुष्यों ने भी नहीं बनाया। वह सदा से था। आज भी है और आगे भी रहेगा। यहाँ एक चिरन्तन अग्नि है। यह परिमाणों में जलती है और परिमाणों में बुझती है।"

उसने मनुष्यों के बारे में कहा, "रात में मनुष्य की दृष्टि बुझ जाती है, वह अपने लिए अग्नि प्रज्वलित करता है, वह जीता हुआ सोता है तब वह मृत के सम्पर्क में होता है, जाग रहा होता है तब सोते हुए के सम्पर्क में होता है।" यहाँ नींद और जागरण में सूर्य के अग्नि तत्त्व प्रकाश की भूमिका है। वे अग्नि के रूपों पर टिप्पणी करते हैं, "अग्नि के आवर्तन में पहले समुद्र है। समुद्र का आधा भाग पृथ्वी है। आधा ज्वलनशील विद्युत या अग्नि।" अग्नि ही परिवर्तित होकर जल व पृथ्वी बने। शेष विस्तार भी अग्नि का ही है। हिराक्लिट्स के अग्नि चिन्तन की प्रेरणा ऋग्वेद का दर्शन हो सकता है।

ऋग्वेद में शव दाह का उल्लेख है। एक पूरा सूक्त मृतक और अग्नि पर है। शव को अग्नि को समर्पित किया गया है। अग्नि से स्तुति है कि इस मृत शरीर को धीरे–धीरे जलाएँ। इसे कष्ट न हो। इसे स्वयं अपने में समाहित करे। फिर मृतआत्मा से कहते हैं कि तेरी आँखें, आँखों की ज्योति सूर्य से मिले। तेरा प्राण विश्ववायु से मिले। जो अंग जिस दिव्य प्रकृति शक्ति का प्रसाद है, वह उसी प्रकृति शक्ति के पास लौट जाये। हम सबको आँखों की दृष्टि सूर्य से मिली है, हम सूर्य ज्योति में देख पाते हैं। चन्द्रमा भी सूर्य ज्योति का प्रकाश है। प्रकाश का मूल स्रोत अग्नि है। सूर्य का तेजस् भी अग्नि तेज है। सम्भवतः इसीलिए मृत शरीर को अग्नि को समर्पित करने की परम्परा चली। अग्नि तत्त्व से शरीर बना, आकाश, वायु, जल, पृथ्वी भी इसमें मिल गये। लेकिन मृत्यु के बाद अब कुछ शेष नहीं।

अग्नि आराध्य हैं। उपास्य हैं। उपयोगी हैं। संरक्षक हैं। पोषक हैं। पालनकर्त्ता हैं। सर्जक कवि हैं। वाणी का ओजस् तेजस् अग्नि से है। अग्नि तेजस् हैं। प्रकृति की महाशक्ति है। काव्य और लेखन सृजन की शक्ति अग्नि देते हैं। वे स्वयं कवि हैं। वे हमारी स्तुतियाँ देवों तक ले जाते हैं। ऋग्वेद में अग्नि के अनेक रूप आयाम हैं। प्रत्यक्ष भौतिकवादी रूप अग्नि का उपयोग है। यह मानव सभ्यता के विकास का क्रान्तिकारी चरण है। संवेदनशील चित्त के लिए वे दिव्य, प्रकाशवान दीप्ति हैं। ऋग्वैदिक पूर्वजों के आराध्य उपास्य देवता। उन्हें नमस्कार है।

माँ उपासना

सभी जीव माँ का विस्तार हैं। माँ न होती तो हम भी न होते। माँ सृष्टि की प्रथम अनुभूति है। ऋग्वेद में माँ की अनुभूति का चरम है। कुछ लोग

मानते हैं कि ऋग्वेद पुरुष सत्ता वाले समाज के अभिजनों की रचना है। वे ऋग्वेद में देवी उपासना की प्रतिष्ठा पर ध्यान नहीं देते। वैज्ञानिक दृष्टिकोण में पृथ्वी सौरमण्डल का एक ग्रह है। यही आर्यों की दृष्टि में भी सत्य है लेकिन आर्य अनुभूति में पृथ्वी माता है। यही पोषक है। हमारी देह के सभी अंगों की निर्मिति का मूल आधार है। पृथ्वी को माता जानना ऋग्वैदिक पूर्वजों की मन्त्र रचना की प्रकृति भी है। धरती माता है तो कोई पिता भी होना चाहिए। इसी अनुभूति में पृथ्वी माता के साथ आकाश पिता हैं। (6.70.5 व 6) प्राचीन यूनानी दर्शन में आकाश को महत्त्व नहीं मिला। प्राचीन यूनानी दार्शनिक आकाश के तत्त्व नहीं मानते थे लेकिन ऋग्वेद (1.160.4) के अनुसार पृथ्वी और आकाश दोनों पहले मिले हुए एक थे। दोनो को मरुतों ने अलग किया। यह स्थापना उचित भी है। सृष्टि सृजन के पूर्व प्रकृति की सारी शक्तियाँ एक में ही थीं। पृथ्वी आकाश भी एक थे। तब दोनों का संयुक्त नाम रोदसी था। एक सूक्त (1.159.1–2) में दोनों का एक संयुक्त मन भी बताया गया है।

पृथ्वी माता की अनुभूति खाँटी पितृसत्ताक समाज में नहीं हो सकती। मातृसत्ताक समाज में ही माता की श्रेष्ठता सम्भव है। ये ऋषि नदियों को भी माता कहते हैं। ऋग्वेद में अनेक नदियों के उल्लेख हैं लेकिन सरस्वती सिन्धु का ज़्यादा है। सिन्धु और सरस्वती भी माता हैं। व्याकरण की बात अलग है। वैसे प्रकृति की शक्तियाँ स्त्रीलिंग या पुल्लिंग नहीं हो सकतीं। सामाजिक विकास के सिद्धान्त के अनुसार मानव सभ्यता के प्रारम्भिक चरण में माँ का प्रभाव ज़्यादा था। प्रारम्भ में विवाह संस्था नहीं थी। माँ ही प्रमुख थी। देवी उपासना का विकास उसी कालखण्ड में हुआ था। विवाह संस्था के मज़बूत होने के बाद पिता का महत्त्व बढ़ा। ऋग्वेद में देवी उपासना का भी महत्त्व है। चार्ल्स डारविन के विकासवादी सिद्धान्त में सृष्टि का विकास जल से हुआ है। प्राचीन यूनानी दार्शनिक थेल्स का विचार भी यही है। जल के प्रति राग और जल उपासना भी प्राचीन है।

ऋग्वेद में जल आपः मातरम्–जल माताएँ हैं। ऋग्वेद की अपो देवी या आपः मातरम्–जलमाताएँ मातृ सत्तात्मक समाज की ही अनुभूति है। यही आपः मातरम् या जलमाताएँ सम्पूर्ण जड़–स्थिर और गतिशील की माताएँ हैं–विश्वस्य स्थातुरर्जगतो जनित्री। (6.50.7) जल को सृष्टि की माता कहना बड़ी अनुभूति है। ऋग्वेद में अनेक देवियाँ हैं। एक वाग्देवी हैं। वे रुद्र और वसुओं के साथ गतिशील हैं। (10.125) वे राष्ट्र और

राष्ट्र की वैभवदाता 'राष्ट्र संगमनी' हैं। (10.125.3) वे सम्पूर्ण जगत् को आच्छादित करती हैं। लेकिन इन देवियों से विशिष्ट हैं वनदेवी। ऋग्वेद (10.146) में उनका नाम 'अरण्यानी' है। अरण्य का अर्थ वन या जंगल होता है। ऋग्वैदिक ऋषि के भावबोध में वन प्राणी भी अरण्यानी के गीत गाते हैं, "तमाम जीव हैं। कुछ बैल की तरह बोलते हैं। कुछ जीव चीं चीं बोलते हैं। वे वीणा के स्वर की तरह अरण्यानी का गुणगान करते हैं।" (वही, 2) ऋषि अरण्यानी देवी का दर्शन करना चाहते हैं। लेकिन वे घने अरण्य में विलुप्त हो जाती हैं। (वही, 1)

ऋषि वन देवी के प्रति श्रद्धालु हैं। उनकी इच्छा है कि वे वन में न रहें, गाँव चलें, वही रहें। कहते हैं, "आप यहाँ निर्जन वन में क्यों रहती हैं?" (वही) वन निर्जन हैं। यहाँ तमाम जीव हैं। ऋषि पूछते हैं कि क्या यहाँ आपको डर नहीं लगता? बताते हैं कि अरण्यानी पर कोई आक्रमण नहीं करता। वे किसी को कष्ट नहीं देतीं। (वही) स्तुति करते हैं, "हम मृग नाभि की सुगन्ध से व्याप्त फल–फूल से समृद्ध लेकिन कृषि कार्य से रहित अरण्यानी की स्तुति करते हैं।" (वही, 5 व 6) इस ऋषि कथन में अरण्यानी देवी 'कृषि कार्य से रहित' हैं। ऋग्वेद के कई देवता हल जोतते हुए बताये गये हैं। वन में खेती नहीं होती। वन देवी खेती नहीं करतीं। इसका एक अर्थ यह भी हो सकता है कि महिलाएँ खेती के काम में नहीं लगती थीं।

सूर्योदय के ठीक पहले का दिक्काल ऊषा है। ऋग्वेद में ऊषा भी आर्यों की उपास्य देवी हैं। वे सुन्दरी हैं। पुराणी युवती हैं। सभी मनुष्यों को जगाती हैं और नमस्कारों के योग्य हैं। ऋषि उन्हें रात्रि की छोटी बहन बताते हैं। रात्रि भी देवी हैं। वे ऋग्वेद के ऋषियों की दृष्टि में "अविनाशी अमर बताई गयी हैं। वे आकाश की पुत्री हैं। वे आती हैं तो पहले अन्तरिक्ष को आच्छादित करती हैं। फिर धरती के ऊँचे–नीचे क्षेत्रों को भरती हैं।" ऋषि संवाद करते हैं, "उनके आगमन पर हम सब गौ, अश्व आदि और पशु–पक्षी विश्राम करते हैं। उनसे स्तुति है कि हिंसक जानवरों व चोरों को हमसे दूर रखें। हमारी स्तुतियाँ सुनें।" (10.127) प्रकृति की अनेक शक्तियों व आयामों को देवी रूप श्रद्धा करने की परम्परा ऋग्वेद में है। ऋग्वेद में सर्वत्र वैज्ञानिक दृष्टिकोण है।

प्रकृति की शक्ति का ज्ञान विज्ञान का ही भाग होता है। ज्ञान, विज्ञान और दर्शन से प्राप्त जानकारी अस्तित्व और उसके रूपों के प्रति विश्वास

बढ़ाती है। ऋग्वेद के ऋषि तर्क प्रतितर्क और अनुभव आदि प्रत्यक्ष उपकरणों से अपने निष्कर्ष का सतत निरीक्षण भी करते थे। विज्ञान और दर्शन में कोई भी निष्कर्ष अन्तिम नहीं होता। जाँचा परखा निष्कर्ष अन्ततः सिद्धान्त बनता है। भावबोध में यही श्रद्धा हो जाता है। श्रद्धा अन्धविश्वास नहीं है। यह जाँचा–परखा विश्वास है। ऋग्वेद में 'श्रद्धा' भी एक देवी हैं। श्रद्धा हमारी आन्तरिक अनुभूति है।

प्रकृति की प्रकट विभूति है श्रद्धा। एक विशिष्ट अनुभूति और दिव्य चित्त दशा। श्रद्धा आश्चर्य पर विश्वास है। इन्द्र प्रत्यक्ष नहीं हैं। वे प्रकृति की शक्ति हैं। इस शक्ति पर विश्वास श्रद्धा है। वायु का ज्ञान स्पर्श से होता है। वायु आँख से नहीं देखी जा सकती। ऐसे तमाम आश्चर्यों पर विश्वास श्रद्धा है। ऋग्वेद के ऋषियों ने श्रद्धा को देवी बताकर नयी परिकल्पना दी है। अस्तित्व या उसकी शक्तियों पर श्रद्धा करना सही है तो पहले श्रद्धा पर श्रद्धा करना भी ज़रूरी है। जैसे माता–पिता का आदर आवश्यक है। 'आदर' एक चित्तदशा है। माता–पिता के आदर के पहले आदर का आदर करना आवश्यक है। श्रद्धा ऐसी ही दिव्यता है। ऋषि कहते हैं कि श्रद्धा प्रकृति की विभूतियों में शिखर है, "श्रद्धा भगस्तस्य मूर्धनि।" (10.151.1) श्रद्धा की उपासना का मन्त्र बड़ा प्यारा है। जीवन की प्रत्येक गतिविधि में श्रद्धा की प्रतिष्ठा है। ऋषि बताते हैं, "श्रद्धा प्रातर्हवामहे, श्रद्धा मध्यंदिन परि, श्रद्धां सूर्यस्य निम्रुचि श्रद्धे श्रद्धापयेह नः'–हम प्रातःकाल श्रद्धा का आवाहन करते हैं, मध्याह्न में श्रद्धा का आवाहन करते हैं, सूर्यास्त काल में श्रद्धा की ही उपासना करते हैं। हे श्रद्धा हम सबको श्रद्धा से परिपूर्ण करें। (10.151.5) यहाँ श्रद्धा जीवन और कर्म की शक्ति हैं, श्रद्धा से ही श्रद्धा की याचना में गहन भावबोध है।

मन संकल्प का केन्द्र है और विकल्प भी। मन पदार्थ नहीं है। तो भी गतिशील कहा जाता है। मन की गतिशीलता पर ऋग्वेद से लेकर रामायण, महाभारत काल तक व्यापक चिन्तन हुआ है। आधुनिक मनोविज्ञान भी मन का ही विवेचक शास्त्र है। मन की चंचलता कर्मसाधना में बाधक प्रभाव डालती है। मन के साधक मनीषी कहे जाते हैं। मनीषी और विद्वान पर्यायवाची हो गये हैं। यों मनीषी का अर्थ विद्वान नहीं होता। मन को एकाग्र कर लेने वाला ही मनीषी है। मन की एकाग्रता का परिणाम ज्ञान में खिलता है और मनीषी विद्वान हो जाता है। मन की शासक शक्ति की उपासना से मनीषी होने का कठिन मार्ग सरल हो जाता है।

ऋग्वेद में मन की शासक शक्ति की भी मन्त्र उपासना है। इस शक्ति का नाम 'मनीषा देवी' है। ऋषि मनीषा देवी का आवाहन करते हैं–'प्र शुकैतु देवी मनीषा'। (7.34.1)

माँ रूप देवी की उपासना ऋग्वेद में है। इसके बाद उत्तर वैदिक काल में है। तैत्तिरीय उपनिषद् में 'मातृ देवो भव' है ही। ऋग्वेद का देवतन्त्र अनूठा है। इसमें अनेक देव हैं। सब अलग–अलग हैं लेकिन व्यापकता में धरती अन्तरिक्ष को भी समाहित करते हैं। ऋग्वेद की वाणी देवी इसका सुन्दर उदाहरण हैं। वे वसु आदि देवों को भी धारण करती हैं। यहाँ देवी और देवता की व्याप्ति में ऋग्वेद का 'एक सत्य' ही आधारभूत अनुभूति बना रहता है। पुराणों में देवी का विस्तार अनन्त है। यह ऋग्वेद की परम्परा है। दुर्गा सप्तशती पौराणिक काल की रचना है। इसके पाँचवें अध्याय में शक्ति लज्जा, क्षमा, क्षुधा, चेतना आदि को भी मातृरूपेण देवी कहकर प्रत्येक भाव को पाँच बार नमस्कार किया गया है–या देवी सर्वभूतेषु मातृ रूपेण संस्थिता नमस्तस्ये, नमस्तस्ये, नमस्तस्ये नमो नमः। इस अध्याय के अधिकांश श्लोकों में यही टेक बार–बार दोहराई गयी है। देवी को सर्वव्यापी बताना ऋग्वेद की ही परम्परा है।

देवी उपासना का स्रोत जम्बूद्वीप है। जम्बूद्वीप के भीतर भरतखण्ड है। इसका दार्शनिक स्रोत माता है। माता ही हम सबके जनन का स्रोत है। वह जननी है। प्रत्यक्ष रूप में अपनी माता के प्रति अचल, अविचल और ध्रुव श्रद्धा ही इसका मूल है। इस जगत् में हम सबके सम्भवन का उद्‌गम, कारण माता है। इसी अनुभूति का विस्तार ऋग्वेद में पृथ्वी माता है। ऋग्वेद की इस अनुभूति का विस्तार अथर्ववेद में भूमि सूक्त है। यहाँ पृथ्वी हमारी माता है हम सब इसके पुत्र हैं–पुत्रो अहम् पृथिव्याः। ऋग्वेद की इसी प्रेरणा से गंगा–यमुना आदि नदियाँ माता हैं। वनस्पतियाँ, औषधियाँ माता हैं। पृथ्वी के साथ पृथ्वी की रजकण भी माता है। माता जन्मदाता पोषक, पालक विधाता है। माता देवी को बार–बार नमस्कार।

इन्द्र

ऋग्वेद के अधिकांश देवता प्रकृति की शक्ति हैं। सूर्य, पृथ्वी, जल, वायु, मरुत, नदी आदि देव प्रकृति में प्रत्यक्ष हैं। लेकिन इन्द्र प्रकृति की प्रत्यक्ष शक्ति नहीं हैं। ऋग्वेद में सभी देवों की तुलना में इन्द्र की सबसे ज़्यादा स्तुतियाँ हैं। इसकी स्थिति यूनानी देवता जियस जैसी है। 250 सूक्तों

में इन्द्र की स्तुति है और लगभग 300 सूक्तों में उनका उल्लेख है। वृहदारण्यक उपनिषद् में इन्द्र को प्रकृति का बल बताया गया है। ऋग्वेद में उनका मानवीकरण है। वे सोमपान प्रेमी हैं। उन्हें शक्तिशाली योद्धा कहा गया है। वे राजा या नृपति भी कहे गये हैं। उनकी पत्नी का नाम इन्द्राणी है। उनके बलशाली शरीर के अंगों के भी उल्लेख हैं। वे देवता होकर भी मनुष्य जैसे चित्रित किये गये हैं। लोक प्रचलन में वे वर्षा के देवता हैं। ऋग्वेद (2.12.7) में वे जलों के नेता हैं।

ऋग्वेद के इन्द्र प्रकृति में प्रत्यक्ष रूप वाली शक्ति भले न हो लेकिन प्रत्यक्ष सभी रूपों के भीतर विद्यमान होकर वे रूप रूप प्रतिरूप होते हैं, "इन्द्र अर्थैको भुवनं प्रविष्टो रूपं रूपं प्रतिरूपो वभूवः।" ऋग्वैदिक काल कृषि प्रधान था। अन्य उद्योग भी थे लेकिन कृषि और पशुपालन की अधिक वरीयता थी। कृषि कर्म की पहली ज़रूरत जल है। इन्द्र जल ज़रूरत पूरा कराने वाले देवता हैं। वर्षा की कार्यवाही का चक्र बड़ा है। समुद्र का पानी विशेष ताप पर ऊपर जाता है। विशेष वायु दबाव में बादल बनकर वर्षा रूप धरती पर आता है। नदी होकर बहता है। इस जल प्रवाह को रोकने वाले का नाम ऋग्वेद में 'वृत्त' है। इन्द्र 'ब्रत्रहंता' है। ऋग्वेद (1.52.2 तथा 8.12.96) में इन्द्र नदी प्रवाह को रोकने वाले वृत्त को मारते हैं। निर्बाध जल प्रवाह इन्द्र की इच्छा जान पड़ती है। जैसे ऋषियों ने इन्द्र को मनुष्य की तरह चित्रित किया वैसे ही जल अवरोधक वृत्त को भी मनुष्य जैसा रूप दिया। वृत्त जल प्रवाह रोकने के लिए रास्ते में आया। इन्द्र ने उसे मारा। इस मानवीकरण से प्रथक् सोचें तो जल अवरोध पत्थर या पर्वत हो सकते हैं। ऋग्वेद (1.32.10) में कहते हैं, "सतत प्रवाहित जलों के भीतर छुपे शरीर के ऊपर से जल बहता है।" जल प्रवाह रोकने वाले मनुष्य भी हो सकते हैं और प्राकृतिक पत्थर भी। जो अवरोधकों को हटाते हैं वे इन्द्र हैं। उनकी शक्ति भी इन्द्र है।

इन्द्र का महत्त्व जल देवता के कारण ज़्यादा जान पड़ता है। योद्धा या वीर होने के कारण कम। एक मन्त्र (8.24.2) में कहा गया है कि "इन्द्र ने सप्तसिन्धु–सात नदियों के क्षेत्र में जल वर्षा की।" एक मन्त्र में नदियों की रचना के लिए भी इन्द्र की स्तुति की गयी है। लेकिन ऋग्वेद में जल के अतिरिक्त भी इन्द्र से अनेक अन्य कार्यों के लिए भी तमाम स्तुतियाँ हैं। यहाँ एक सूक्त (2.12) में इन्द्र को बार–बार याद किया गया है, "जिसके उत्पन्न होते ही लोक कम्पित हुए, बल के प्रभाव से यशस्वी यही वह इन्द्र है।'

(वही, 2) एक मन्त्र में सीधे इन्द्र से ही कहते हैं," अनेक मनुष्य उन्हें पुकारते हैं।" (1.102.5)

इन्द्र दिखाई नहीं पड़ते। कुछ ऋषि शंका भी करते हैं कि क्या इन्द्र वास्तव में है ? या नहीं? (8.100.3) एक और सुन्दर मन्त्र (5.30.1) में प्रश्न है, ''जिस इन्द्र का आह्वान सब लोग करते हैं उस स्वर्णिम अश्वों वाले स्वर्ण रथ पर जाते हुए इन्द्र को किसने देखा है?'' इस मन्त्र के ठीक बाद ऋषि अपना मत देते हैं, "मैंने उसका गोपनीय स्थान देखा है।" (वही, 2) इन्द्र कहीं–कहीं रहस्यपूर्ण लगते हैं लेकिन अधिकांश सूक्तों में वे प्रकृति की तमाम गतिविधियों में भागीदार दिखाई पड़ते हैं। एक मन्त्र (10.73.9) में इन्द्र का वज्र मधुर जल देता है यही जल गायों में दूध है और वनस्पतियों में रस। जल या वर्षा की चर्चा बिना इन्द्र नहीं पूरी होती। एक अन्य मन्त्र (10.73.8) में कहते हैं, ''हे इन्द्र आप संसार को जल से व्याप्त करते हैं। आपने ही जल भरे बादलों का मुख पृथ्वी की ओर किया है।''

ऋग्वेद के समय के अनेक देवता परवर्तीकाल में भी उपास्य हैं। सूर्य, जल, मरुत, विष्णु ऐसे ही देव हैं। लेकिन ऋग्वेद में सर्वाधिक स्तुति पाने वाले इन्द्र पुराण काल में वैसे ही उदात्त देव नहीं हैं। ऋग्वेद वाले इन्द्र दुष्टों का वध करते हैं। पराक्रमी हैं। श्रेष्ठ राजा और देवता हैं लेकिन पुराणों वाले राजा इन्द्र किसी भी तपस्वी का तप देखकर डर जाते हैं। इन्द्रासन काँपने लगता है। वे तप भंग के लिए अपसराएँ भेजते हैं। इन्द्र का ऐसा पराभव आश्चर्यजनक है। जान पड़ता है कि ऋग्वेद के इन्द्र की छवि ऋग्वैदिक काल के राजा की प्रतिच्छाया है। यह ऋग्वेद के ऋषियों की आदर्श राजा की कल्पना भी हो सकती है। जल उपलब्धि महत्त्वपूर्ण कार्य है। राजा को जलावरोध दूर करना चाहिए, इन्द्र जल अवरोधक दूर करते हैं। वर्षा ज़रूरी है। इसी से जीवन चक्र की व्यवस्था है। इन्द्र वर्षा कराते हैं। ऋग्वेद के इन्द्र में लोक कल्याण के तत्त्व हैं।

पुराण काल के तमाम राजा अपनी सत्ता स्थायी करने के लिए तमाम षड्यन्त्र करते थे। ऐसे राजाओं के गुण–अवगुण पौराणिक पूर्वजों ने इन्द्र पर आरोपित किये हों तो आश्चर्य नहीं करना चाहिए। महाभारत और श्रीमद्भागवत तक इन्द्र की छवि काफ़ी कमज़ोर जान पड़ती है। ब्रजवासियों ने भी इन्द्र का विस्थापन किया, गोवर्द्धन पूजा की नींव पड़ी। महाभारत में इन्द्र योद्धा तो हैं लेकिन देवरूप में उनकी उपासना कम है।

वरुण

वरुण ऋग्वेद के सबसे शक्तिशाली देवता हैं। वरुण ईश्वर जैसे सर्वोच्च देव हैं। उन्हें 'सर्वज्ञ' सब कुछ जानने वाला कहा गया है। वे श्रेष्ठ शासक हैं। ऋग्वेद (8.41.3) में "वरुण देव अपनी कर्मशक्ति से विश्व रचते हैं।" वे सभी लोकधारण करते हैं। (8.41.4) कीथ के अनुसार ऋग्वेद में पाँच बार 'शासक' शब्द का प्रयोग हुआ है। इनमें चार बार यह शब्द वरुण देव के लिए आया है। वशिष्ठ के एक मन्त्र (7.34.11) में वे 'राजा राष्ट्रानां' हैं। एक मन्त्र (8.42.1) में वे सम्राट भी हैं। कुछ विद्वानों ने 'अवेस्ता' के 'अहुरमजदा' देव को वरुण जैसा बताया है। कुछ विद्वान यूनानी देवता 'आरणौस' की तुलना ऋग्वेद के वरुण से करते हैं। ऋग्वेद के 12 सूक्तों में वरुण की स्तुति है। मित्र देव के साथ लगभग 24 सूक्तों में उनकी स्तुति है।

वरुण नियम पालन के देव भी हैं। एक मन्त्र में वरुण के शासन के विभाग भी बताये गये हैं "द्युलोक के तीन व भूलोक के तीन और कालचक्र की 6 ऋतुएँ वरुण के शासन में हैं।" (7.87.5) वरुण का मुख्य काम नियम पालन कराना है। गलती पर दण्ड देना भी है। इसलिए ऋषि प्रार्थना करते हैं, "आप हमारे द्वारा किये गये पापों से मुक्ति दें।" (7.8.5) डॉ. राधाकृष्णन् ने 'उपनिषदों का सन्देश' (पृ. 29) में लिखा है, "वरुण भारतीयों और ईरानियों दोनों का देवता है। सूर्य के मार्ग व ऋतुओं के क्रम का नियामक है। वह जगत् को व्यवस्थित रखता है। मानव जाति के लिए अनिवार्य सत्य और व्यवस्था का मूर्त रूप है।"

वरुण का मुख्य सम्बन्ध जल से है। वरुण का निवास जल है। (7.86.10) नदियाँ वरुण के नियमों में बहती हैं। (2.84.4) ऋग्वेद के ऋषियों का ध्यान जल की गतिविधि पर ज़्यादा है। इन्द्र तमाम पराक्रम के बाद भी मुख्य रूप से जल से सम्बन्धित देव हैं। वरुण प्रकृति के संविधान के मुख्य देव हैं लेकिन जल से उनका अटूट सम्बन्ध है। सम्पूर्ण जलों को विश्व को जन्म देने वाली 'आपः मातरम्' उपास्य हैं। वे जल माताएँ हैं फिर वरण हैं। ऋषि कवि के भावबोध में वे शासक, ज्ञानी, ज्ञानदाता, पापमोचन हैं लेकिन जल से जुड़े हुए हैं। जल जीवन का अनिवार्य तत्त्व है। जल और जीवन पर्यायवाची हैं।

मित्र

ऋग्वेद में 'मित्र' भी देवता हैं। मित्र सम्बन्धित स्तुतियाँ प्रायः वरुण के साथ मिलती हैं। मित्र का सम्बन्ध भी जल से है। दोनों सिन्धुपति हैं। (7.64.2) मित्र और वरुण जल वर्षा कराते हैं। (5.63.3) दोनों व्यापक हैं। कर्म प्रेरक हैं। (1.2.9) दोनों बुद्धि बढ़ाते हैं। (1.2.7) सूर्य प्रत्यक्ष देवता हैं लेकिन ऋग्वेद के एक मन्त्र में वे मित्र और वरुण की आँख हैं। (7.86.1) एक सुन्दर मन्त्र में कहते हैं, "सूर्योदय होते ही मित्र और वरुण अपने स्वर्णरथ पर चढ़ते हैं। दोनों पृथ्वी देखते हैं, पृथ्वी पर रहने वाले प्राणियों को भी देखते हैं। विश्वामित्र ने मित्र की स्वतन्त्र स्तुति भी की है, "मित्र सभी कर्मशील मनुष्यों पर प्रसन्न रहते हैं।" (3.59.1) विश्वामित्र विश्वमित्र हैं ही। कर्म और पुरुषार्थ ऋग्वेद का मुख्य विचार है। देवता भी पुरुषार्थी के मित्र हैं। केवल स्तुतियाँ पर्याप्त नहीं हैं।

विष्णु

ऋग्वेद वाले विष्णु प्रभावी देवता हैं। ऋग्वेद में विष्णु की चर्चा लगभग 100 बार है। एक मन्त्र (1.154.4) में उनके तीन पग मधुर हैं–''यस्त्र त्री पूर्णा मधुना पदानि।' विष्णु धाम आनन्द क्षेत्र है। वे परिश्रमी के बन्धु हैं। विष्णु के पद परम मधु के स्रोत हैं–''विष्णु पदो परमे मध्व उत्सः।'' विष्णु की चर्चा में मधु अभिलाषा की आवृत्ति है। लेकिन इससे भी बड़ी बात है कि वे परिश्रमी के बन्धु हैं। यहाँ परिश्रम ही मधु स्रोत है। पुरुषार्थ ज़रूरी है। उपासना ही पर्याप्त नहीं है।

विष्णु के धाम में देवता भी आनन्दमग्न रहते हैं। (8.29.7) बड़ी बात है कि विष्णु ने तीन पैरों से दिव्यलोक नापा है। ऋषि कहते हैं कि ऐसे सूर्य रूप विष्णु की स्तुति करते हैं। (वही, 3) विष्णु के तीन पैर ऋग्वेद से लेकर बाद में भी भारतीय परम्परा में छाये हुए हैं। ऋग्वेद के ऋषि कहते हैं, "2 पग–पृथ्वी और अन्तरिक्ष का मर्म हम जानते हैं किन्तु तीसरे द्युलोक का मर्म सुदृढ़ पंखों वाले पक्षी भी नहीं जानते।" (1.155.5) यहाँ विष्णु सूर्य के पर्यायवाची प्रतीत होते हैं, "वे जलों के उत्पादनकर्त्ता हैं। अति दीप्तिवान हैं, सर्वत्र गतिशील हैं। बुद्धि के प्रेरक हैं। सूर्यरूप विष्णु दिवस प्रकट करते हैं।, (1.156.) डॉ. सत्यकेतु (प्राचीन भारतीय इतिहास का वैदिकयुग, पृ. 265) के अनुसार, "सम्भवतः सूर्य की निरन्तर गतिशीलता और क्षिप्रगति

को दृष्टि में रखकर ही विष्णु देव की कल्पना की गयी थी।...सूर्य का जो यह गतिशील और सक्रिय रूप है। विष्णु देवता उसी का प्रतीक है।"

सूर्य और विष्णु में एक फ़र्क़ भी है, "आकाश में सूर्य प्रत्यक्ष हैं, लेकिन विष्णु के देवत्व के दर्शन विद्वत्जन् गहन अनुभूति के जरिए करते हैं। इसलिए (1.22.20) विष्णु के देवत्व को विद्वान ऋषि स्तुतियों से प्रकाशित करते हैं।, (वही, 21) डॉ. कपिल देव द्विवेदी ने लिखा है, "ऋग्वेद में कहा गया है कि 7 तत्त्व विष्णु के आदेशानुसार अपना–अपना काम करते हैं, ये 7 तत्त्व हैं मन, बुद्धि और 5 ज्ञानेन्द्रियाँ। ये सात तत्त्व लिंग शरीर (सूक्ष्म शरीर) में भी रहते हैं। ये जन्म के साथ मानव के शरीर में आते हैं।" (वैदिक देवों का आध्यात्मिक और वैज्ञानिक स्वरूप, पृ. 54)

विष्णु मनुष्य की जिजीवीषा और जीवन का सार तत्त्व हैं। शायद इसीलिए वे ऋग्वेद से लेकर आधुनिक वैज्ञानिक काल में भी सभी मंगल मुहूर्तों के समय संकल्प मन्त्र में याद किये जाते हैं। दीर्घतमा के रचे प्रथम मण्डल के 164 वें सूक्त में 54 मन्त्र हैं। यहाँ कई जिज्ञासाएँ हैं मसलन "सृष्टि संचालनकर्त्ता को किसने देखा है? भूमि में प्राण, रक्त और चेतन आत्मा कहाँ से आयी? दिव्य शक्तियों के गुप्त रहस्य/चरण हम जानना चाहते हैं? इस पृथ्वी का अन्तिम छोर क्या है? सभी भुवनों का केन्द्र क्या है? वाणी का उद्‌गम केन्द्र क्या है? अश्व (आदि) की शक्ति कहाँ है? आदि।" पूरा सूक्त इन्हीं जिज्ञासाओं का उत्तर खोजता प्रतीत होता है। यहाँ एक उत्तर (1.164.36) है, "सप्तार्ध गर्भा भुवनस्य रेतों–सृष्टि का निर्माण सात तत्त्वों वाले–(मन, प्राण, और 5 महाभूत) गर्भ से होता है। विष्णोस्तिष्ठति प्रदिशा धर्माणि–ये सातों तत्त्व विष्णु के निर्देशन में अपना काम करते हैं।" यहाँ विष्णु कर्ताधर्ता हैं।

विष्णु महिमा, विष्णु लोक/विष्णु परम धाम की लोक स्वीकृति के ऋग्वैदिककाल में हैं। उनका वामन (लघुतम) तत्त्व परमाणु है और विराट सम्पूर्णता है। विष्णु द्वारा राजा बलि से तीन पग में ही पूरी धरती माँगने की कथा का विस्तार है। विष्णु और वैष्णव मत पश्चिमी एशिया तक व्यापक था। महाभारत की कथा के अनुसार शान्तिपर्व में युधिष्ठिर ने भीष्म से पूछा, "सिद्धि पाने का इच्छुक ब्रह्मचारी, गृहस्थ या संयासी किसकी उपासना करे?, भीष्म ने भगवान नारायण की उपासना का मर्म समझाया और अपने पिता से सुना नारद का क़िस्सा सुनाया। नारद नारायण भक्त थे। वे बद्रीनाथ पहुँचे। वहाँ नर और नारायण तपरत थे। उन्होंने नारायण

से पूछा, "आप ही सम्पूर्ण जगत के संचालक हैं आप किसकी उपासना करते हैं?" नारायण ने कहा, "जो सम्पूर्ण भूतों से परे है, व्यक्त रूप में प्रकृति है उनकी।" (शान्ति पर्व 334/27–31) नारायण से भेंट होने के बावजूद नारद को शान्ति नहीं मिली।

नारद दिलचस्प नायक हैं। वे ऋषि हैं, मुनि हैं। भक्त हैं। विज्ञ हैं। लेकिन जिज्ञासु हैं। महाभारत में वे परम तत्त्व के दर्शनाभिलाषी हैं। छान्दोग्य उप. वाले नारद चारों वेद, इतिहास पुराण, व्याकरण के विद्वान हैं लेकिन अशान्त हैं। महाभारत की कथा वाले नारद 'शास्त्रों के आज्ञा पालक हैं, उनका अन्तःकरण शुद्ध है प्रश्न है कि तो भी वे अनन्त अज्ञेय का दर्शन क्यों नहीं कर सकते? (वही, 335–4–5) नारद ज्ञान यात्रा पर निकल पड़े। उन्होंने "मेरु पर्वत की चोटी से क्षीरसागर के उत्तर पूर्व में श्वेतद्वीप देखा। यहाँ के निवासी ज्ञान सम्पन्न है, उनके शरीर में सुगन्ध है। (वही, 336) नारद ने शान्तनु को एक और कथा सुनाई थी। बृहस्पति राजा उपरिचर का यज्ञ करवा रहे थे। भगवान ने यज्ञ का भाग अदृश्य होकर स्वीकार किया, प्रकट नहीं हुए सो बृहस्पति नाराज़ हो गये। बृहस्पति को अन्य ऋषियों ने भक्ति का सार तत्त्व समझाया कि भगवान यज्ञ से नहीं भक्ति से प्रसन्न होते हैं। ऋषियों ने बताया कि आकाशवाणी से उन्हें ज्ञात हुआ कि "क्षीर सागर के उत्तर में स्थित श्वेत द्वीप में भगवान के भक्त रहते हैं, तुम वहीं जाओ।" (वही, 336–28–30) ऋषियों ने बृहस्पति को श्वेत द्वीप का अनुभव सुनाया, "प्रलय काल में सूर्य की जैसी आभा होती है वैसी ही प्रत्येक पुरुष की थी।" फिर नारायण के प्रकट होने का वर्णन है। (वही, 336.39–40) यह वैष्णव परम्परा है। यहाँ गीता वाला 'दिव्य सूर्य सहस्राणि' प्रतीक भी है।

विष्णु से की जाने वाली प्रार्थना लोकप्रिय है कि "वे क्षीर सागर में विश्राम करते हैं। साँपों की शय्या है। लक्ष्मी पैर दबा रही हैं। उनका आकार परम शान्त है–शान्ताकारं भुजगशयनं, पद्‌मनाभं सुरेशं।" विष्णु दिव्य शक्ति हैं। साँप शय्या पर लेटकर शान्त रहना आश्चर्यजनक मिथक है। लेकिन जो सांप शय्या पर लेटकर भी शान्ताकारं रहे वही विष्णु। इस प्रतीक के अन्य रहस्य भी सम्भव हैं। नाग एक क़बीले का भी नाम है। नाग किसी क़बीले का गणचिन्ह भी हो सकता है। सम्भव है कि विष्णु उपासकों ने नागों (जनों–गणों) को वैष्णव बनाया हो, उन्होंने विष्णु उपासना स्वीकार की हो, उसी का प्रतीक विष्णु की सर्पशय्या हो। महाभारत और पुराणों

में क्षीरसागर महत्त्वपूर्ण समुद्र है। इसी सागर मथने से अप्सराएँ उत्पन्न हुई थीं। कश्यप ऋषि का उल्लेख ऋग्वेद (9.114.2) में है। कश्यप समुद्र कैसपियन सागर हो सकता है। वासुदेव शरण अग्रवाल का मत यही है इसी तरह क्षीर शब्द दूध के लिए प्रयुक्त (9.67.32) हुआ है। अनेक गण मनुष्येतर प्राणियों के नाम भी पर रखते थे।

कश्यप ऐसा ही नाम था। कश्यप के बारे में कोसम्बी ने एक बात यह कही कि वह कछुए को पवित्र मानने वाले गण का नाम था, दूसरी यह कि कश्यप गोत्र के ब्राह्मण आदिवासियों को ब्राह्मण बनाने में सबसे आगे थे। (ऐन इंट्रोडक्शन टु द स्टडी ऑव इंडियन हिस्ट्री, पृ. 111)

विष्णु अवतार भी लेते हैं। अनेक पशुओं का रूप धारण करते हैं। इसका रहस्य यही है कि वैष्णव धर्म–प्रचारक उन समस्त गणों को इस मत में शामिल कर रहे थे जो पशुओं से गणों का पवित्र सम्बन्ध मानते थे। विष्णु पुराण में पराशर कहते हैं–"श्री विष्णु भगवान् भद्राश्ववर्ष में हयग्रीव रूप से, केतुमालवर्ष में वराहरूप से और भारतवर्ष में कूर्मरूप से रहते हैं तथा वे भक्तप्रतिपालक श्री गोविन्द कुरुवर्ष में मत्स्य रूप से रहते हैं। इस प्रकार वे सर्वमय सर्वगामी हरि विश्वरूप से सर्वत्र ही रहते हैं।" (2.2.50–51) विष्णु पुराण के अनुसार समुद्र–मन्थन के समय "भगवान् स्वयं कूर्मरूप धारण कर क्षीरसागर में घूम रहे थे।" (1.9.88) विष्णु सूर्य रूप भी है और इस रूप में उनकी उपासना शाक द्वीप में की जाती थी। विष्णु पुराण में ही कहते हैं–"शाकद्वीप में शास्त्रानुकूल कर्म करने वाले पूर्वोक्त चारों वर्णों द्वारा संयत चित्त से विधिपूर्वक सूर्यरूपधारी विष्णु की उपासना की जाती है।" (2.4.71) (वही, 688–89)

ऋग्वेद के विष्णु पुराण, रामायण और महाभारत होते हुए लोकजीवन में ऐसे छा गये कि गीता के कृष्ण ने स्वयं को "आदित्यानामहं विष्णु–आदित्यों में मैं विष्णु हूँ" कहा। (गीता, 10.21) श्री राम भी विष्णु के अवतार हो गये। विष्णु सहस्रनाम भक्तिभाव का प्रमुख सूत्र बना। ब्रह्मा, विष्णु और महेश एक ही प्रकृति सम्पूर्णता के त्रि आयाम हैं। जनक, पालक और विसर्जक। पालक विष्णु ने स्वाभाविक ही ज़्यादा आराधना पायी है।

सविता, सूर्य, ऊषा

ऋग्वेद में सविता महत्त्वपूर्ण देव हैं। गायत्री नाम से विश्व चर्चित मन्त्र में सविता की ही स्तुति है–तत्सवितुर्वरेण्यं भर्गो देवस्य धीमहि धियो यो नः

प्रचोदयात। (3.62.10) सम्भवतः यह विश्व की प्राचीनतम काव्य रचना है। सातवलेकर के अनुवाद में कहते हैं, "हम सविता देव के उस श्रेष्ठ, वरण करने योग्य तेज का ध्यान करते हैं, यह सविता हमारी बुद्धियों को उत्तम मार्ग में प्रेरित करें।" सविता देव बुद्धि को श्रेष्ठ मार्ग में प्रेरित करने वाले हैं। इनका सम्बन्ध विवेक और अनुभूति से है। सविता का दर्शन हमारी बुद्धि का प्रेरक है। गायत्री मन्त्र की ही तरह एक अन्य मन्त्र (5.82.1) में भी सविता के लिए वैसी ही शब्दावली वाली स्तुति है, "तत्सवितुर्वृणी वयं देवस्य भोजनम्, श्रेष्ठं सर्वधातम तुरं भगस्य धीमहि–हम सविता देव से उपभोग योग्य ऐश्वर्य की प्रार्थना करते हैं, हम उन भगदेव (भगवान) के सर्वधारक ऐश्वर्य को ग्रहण करें।"

सविता प्रत्यक्ष देव हैं। ऋग्वेद में सविता के लिए 11 सूक्त हैं और 170 से ज़्यादा जगह सविता का उल्लेख है। सूर्य के लिए 10 सूक्त हैं। सूर्य उपासना यूनान में भी थी। प्लेटो ने रिपब्लिक में इसका उल्लेख किया है। ऊषा के लिए 20 सूक्त हैं और 300 बार ऊषा का उल्लेख हुआ है। वैदिक समाज में सविता, सूर्य और ऊषा अलग–अलग उपास्य हैं लेकिन भौतिक यथार्थ में वे एक ही सूर्य के विभिन्न रूप आयाम हैं। सूर्य प्रत्यक्ष है, सविता और ऊषा प्रगाढ़ अनुभूति की अभिव्यक्तियाँ हैं। डॉ. कपिल देव द्विवेदी (वैदिक देवों का आध्यात्मिक और वैज्ञानिक स्वरूप, पृ. 71) ने ज़ोर देकर लिखा है, 'सविता ही सूर्य है'। डॉ. द्विवेदी ने स्पष्ट किया है, "सविता का अर्थ है–प्रेरणा शक्ति देने वाला प्रेरक, गति देने वाला। सूर्य संसार को गति प्रेरणा और प्रकाश देता है। अतः सूर्य को सविता कहते हैं।" सूर्य को चारों वेदों में स्थावर–जंगम की आत्मा बताया गया है, "आप्रा द्यावा पृथ्वी अन्तरिक्ष सूर्य आत्मा जगत स्तस्थुषश्र्च" (ऋ., 1.115.1) इसी मन्त्र के बाद आगे ऊषा का भी प्यारा उल्लेख है, "देवी ऊषा के पीछे सूर्य वैसे ही अनुगमन करते हैं जैसे मनुष्य नारी के पीछे चलते हैं।"

सविता 'विश्वारूपाणि' हैं और ऊषा के बाद प्रकाशित होते है। (5.81.2)। यहाँ सविता और सूर्य एक है लेकिन अगले मन्त्र (वही, 4) में दोनों अलग–अलग प्रतीत होते हैं, "हे सविता देव, आप तीनों लोगों में प्रकाशित होते हैं और सूर्य रश्मियों से संयुक्त होते हैं–सूर्यस्य रश्मिभिः समुच्यसि।" सविता सूर्य ही हैं। सूर्य किरणें स्वर्णिम होती हैं। सविता देव का मण्डल 1 सूक्त 35 में स्वर्ण जोड़कर सुन्दर मानवीकरण हुआ है। कहते हैं, सविता देव 'हिरण्याक्ष' स्वर्ण आँखों–दृष्टि वाले हैं। (वही, 8) उनका रथ भी

'हिरण्येन' स्वर्णिम है। (वही, 1 व 5) वे 'हिरण्यपाणि सविता' हैं। (वही, व 10) उनके हाथ भी सोने के हैं। मन्त्र (6.71.3) में उनकी जीभ 'हिरण्य जिह्वः' स्वर्णिम है। हिरण्यगर्भ भी स्वर्णिम है। उनका रूप में भी सूर्य जैसा है। उनसे यह संसार उत्पन्न हुआ है। हिरण्यगर्भ समवर्तताग्रे–सृष्टि के पहले हिरण्यगर्भ विद्यमान थे। (10.121.1) उन्हीं के कारण आकाश में सूर्य प्रकाशित होता है–याधि सूरः उदितः विभाति। (वही, पृ. 118)

सूर्य ही सविता हैं। वे अग्नि रूप भी हैं। एक मन्त्र (1.141.2) में "अग्नि के 3 रूप हैं, प्रथम भौतिक अग्नि, दूसरे मेघों में विद्युत रूप और तीसरे सूर्य हैं।" दिव्य शक्ति एक है वही विभिन्न नाम रूप धारण करती है। ऋग्वेद के प्रथम मण्डल के सूक्त 164 के प्रथम मन्त्र में "सूर्य देव 3 भाई हैं, प्रथम वे स्वयं हैं, उनके 7 पुत्र हैं। दूसरे सर्वव्यापक वायु और तीसरे तेजस्वी अग्नि।" फिर सूर्य के रथ का वर्णन करते हुए कहते हैं, "सूर्य के एक चक्र वाले रथ में 7 घोड़े जुड़े हैं। 7 नामों वाला (7 रंग) एक ही घोड़ा रथ को खींचता है।" (वही, 2) फिर 'सप्त'–सात शब्द के कई दोहराव हैं, "सप्त तस्यु, सप्त चक्रं, सप्त वहन्त्यश्वाः, सप्त स्वसारो, सप्तनाम–सात दिन, सात अश्व, सात स्वरों में सविता की स्तुति करती सात बहिनें।" (वही, 3) सूर्य प्रकाश में 7 रंग हैं। ध्वनि में 7 सुर हैं। दिन भी 7 हैं। इसके बाद सृष्टि के प्रथम जन्मा पर सुन्दर जिज्ञासा है "को ददर्श प्रथमं जायमान–प्रथम जन्मा को किसने देखा, जो अस्थिरहित होकर भी सम्पूर्ण संसार का पोषण करते हैं।" (वही, 4)

सूर्य प्रत्यक्ष हैं, गोचर हैं, ऋषि इसके पीछे छुपे परमतत्त्व के प्रति जिज्ञासु हैं, "ये विज्ञ सप्त तन्तुओं (किरणों, सुरों, दिवसों) को कैसे फैलाते हैं?" (वही, 5) ऋषि विद्वानों का आह्वान करते हैं और अपना अज्ञान स्वीकार करते हैं, "मैं अज्ञानी हूँ लेकिन जानना चाहता हूँ। 6 लोकों को स्थिर करने वाले अजन्मा का रूप क्या है? जो सुन्दर गतिमान सूर्य के रहस्य के जानकार विद्वान हैं, वे आयें, बतावें।" (वही, 6 व 7) ऋषि सृष्टिकर्त्ता का जन्म रहस्य जानना चाहते हैं। जन्म के लिए माँ–पिता का मिलन चाहिए। कहते हैं, "माता ने पिता का सेवन किया। नमनपूर्वक विचार–विमर्श हुआ। माता गर्भ रस से निबद्ध हुई। माता की सामर्थ्य सूर्यदेव की धारक क्षमता पर आधारित है।" (वही, 7 व 8) फिर कहते हैं, "सृष्टि का 12 अरों (राशियों) वाला चक्र द्युलोक में घूमता रहता है। यह कभी जीर्ण नहीं होता।" (वही, 11) यहाँ प्रत्यक्ष भौतिक विज्ञान और काव्य साथ–साथ हैं।

सविता प्रत्यक्ष तेज हैं। सूर्य इस तेज की अभिव्यक्ति हैं और ऊषा सूर्योदय के पूर्व का सौन्दर्य। ऋग्वेद के एक सूक्त (1.124) में ऊषा की स्तुति पर सुन्दर काव्य रचना है। कहते हैं, "ये ऊषा देवी नियम पालन करती हैं। नियमित रूप से आती हैं और मनुष्यों की आयु को लगातार कम करती हैं।" (वही, मन्त्र 2) मानी बात है, प्रत्येक ऊषा (प्रभात) नयी है। प्रत्येक ऊषा का आगमन उम्र का एक–एक दिन कम करता है। फिर कहते हैं, "ऊषा स्वर्ग की कन्या जैसी प्रकाश के वस्त्र धारण करके प्रतिदिन पूरब से वैसे ही आती हैं जैसे विदुषी नारी ऋत्–नियम मार्ग से ही चलती है।" (वही, 3) यहाँ प्रकाश ही ऊषा का वस्त्र है। आगे कहते हैं, "जैसे भद्र नारियाँ सोए हुए परिजनों को जगाती हैं वैसे ही ऊषा भी सोतों को जगाने के लिए आयी हैं।" (वही, 4) ऊषाकाल वैदिक समाज का जागरण काल है। ऊषा आनन्दित करती हैं। वे देवी हैं, इसीलिए उनकी स्तुतियाँ हैं, "वे सबको प्रकाश आनन्द देती हैं। अपने–पराये का भेद नहीं करतीं, छोटे से दूर नहीं होतीं, बड़े का त्याग नहीं करती।" (वही, 6) यहाँ समत्व देव दृष्टि की सीधी चर्चा है। फिर कहते हैं, "ये ऊषा सूर्य रूपी पति से मिलने के लिए मुस्कराती हुई अपना सौन्दर्य प्रकट करती हैं।" (वही, 7) ऊषा का सौन्दर्य अप्रतिम है, ऋषियों का भावबोध भी रसयुक्त है। कहते हैं, "जैसे छोटी बहिन बड़ी बहिन के लिए अपना स्थान छोड़ती है वैसे ही रात्रि रूपी छोटी बहिन बड़ी बहिन ऊषा के लिए अपने स्थान से हट जाती है।" (वही, 8)

ऊषा देवी बड़ी बहन है। रात्रि छोटी बहन है। बड़ी बहन ऊषा आती है तो छोटी बहन रात्रि चली जाती है। लेकिन ऊषा समद्रष्टा हैं। भेदभाव नहीं करतीं लेकिन स्तोता उनसे भेदभाव की भी स्तुतियाँ करते हैं, "हे ऊषा आप कृपण लोभी को न जगाये। श्रमशील कर्मठों को जगाये। आपके आते ही पक्षी घोंसला छोड़ते हैं, मनुष्य प्रेरित होते हैं। आप यज्ञकर्मी श्रमशील/दानदाताओं को धन दें।, (वही, 10, 12) ऋग्वेद में जागरण की महत्ता है इसलिए "सम्पूर्ण प्राणियों में सर्वप्रथम ऊषा ही जागती हैं।" (1.123.2) फिर उन्हें भग और वरण की बहिन बताते हैं और सभी देवों में प्रथम स्तुति योग्य–सूनृते प्रथम जरस्व"। (वही, 5) प्रार्थना है कि "हमारे मुख दिव्य स्तुति गान करें। बुद्धि सत्कर्मों को प्रेरित करे।" (वही, 6) ऊषा सतत प्रवाह है। आती हैं, जाती हैं, फिर–फिर आती हैं। जैसी आज आयी हैं, वैसे ही आगे भी आयेंगी और सूर्य देव के पहले आयेंगी।" (वही, 8) ऊषा ऋग्वैदिक

कवियों का सम्मोहन हैं, "वे माता द्वारा सजाई गयी युवती की तरह आती हैं।" (वही, 11) डॉ. सूर्यकान्त ने ठीक लिखा है, "ऊषस् की रचना वैदिक काल की सबसे मनोरम कल्पना है। संसार के किसी भी साहित्य में ऊषा से अधिक आकर्षक चरित्र नहीं मिलता।" (वैदिक देवशास्त्र, पृ. 72)

ऋग्वेद की ऊषा, सूर्य और सविता देव ऋषियों के गहन भावबोध और दिव्य दर्शन के देव हैं। सविता–सूर्य पृथ्वी के पोषक हैं। सविता सभी जीवों का प्राण है। प्रश्नोपनिषद् (1.5) में कहते हैं–आदित्यो ह वै प्राणौ। छान्दोग्य उपनिषद् में (1.3.1) कहते हैं, "जैसे मनुष्यों में प्राण उद्‌गीथ है वैसे ही ब्रह्माण्ड में सूर्य हैं।" ऋग्वेद 10वें मण्डल के एक सूक्त (36) के देवता हैं 'विश्वेदेवा'। यहाँ ऋषि अपने यज्ञ में ऊषा, रात्रि, द्यावा, पृथ्वी, वरुण, मित्रगाँव, अर्यमा, इन्द्र, मरुत, पर्वत, जल, आदित्यगण, अन्तरिक्ष और देव लोक को निमन्त्रण देते हैं। (वही, 1) फिर अदिति से पाप कर्म बचाने की स्तुति है, सोम से शत्रुनाश की। इन्द्र से संरक्षण और वाणी व पृथ्वी से यज्ञफल की याचना है। अश्विनी कुमारों से कल्याण व मरुतों से समृद्धि की कामना है। फिर सविता देव हैं। ऋषि उनकी आज्ञा के अनुगत हैं। (वही, 2–11) सूक्त की अन्तिम ऋचा (मन्त्र) में (वही, 14) सब तरफ़ सविता ही सविता है "सविता पश्चातात्सविता, पुस्तात्सवितोत्तरत्सविता धरात्तात। सविता न सुवतु सर्वतांति सविता नो दासंतर दीर्घमायुः–सविता पीछे, सविता सामने, सविता ऊपर, सविता नीचे। ये सविता हमें सुख समृद्धि दें, दीर्घायु दें। इस मन्त्र में सविता की ही सर्वत्र उपस्थिति है। यह ऋग्वेद के 'एक सत्य' की स्थापना है।

मुण्डकोपनिषद् में सविता की सर्वत्र उपस्थिति की ऋग्वैदिक परम्परा है। यहाँ सविता की जगह ब्रह्म है। मुण्डकोपनिषद् के एक मन्त्र (2.11) में कहते हैं, "ब्रह्मवेममृतं पुरस्ताद, ब्रह्म पश्चाद्, ब्रह्म दक्षिणाश्चोत्तरेण ...ब्रह्मवेदं विश्वमिदं वरिष्ठम्–ब्रह्म आगे–पीछे, उत्तर–दक्षिण सब तरफ़ है। संसार में जो कुछ श्रेष्ठ है, वह ब्रह्म है।" डॉ. रामविलास शर्मा ने 'भारतीय नवजागरण और यूरोप' (पृ. 141) में ठीक लिखा है, "बहुत सम्भव है, मुण्डक के ऋषि जब ब्रह्म की पुरस्तात, पश्चात् स्थिति अनुभव कर रहे थे, तब उनकी स्मृति में ऋग्वैदिक कवि का सविता सम्बन्धी पश्चातात पुरस्तात वाला अनुभव उभर रहा हो। सविता की जगह ब्रह्म कह देने से बहुत फ़र्क़ नहीं पड़ता।" ऋग्वेद के सभी देवता सम्पूर्ण सृष्टि की एकात्म अनुभूति है। एक सत्य ही विभिन्न नाम से बार–बार अनुभूत होता है।

रुद्र शिव

रुद्र शिव की उपासना ऋग्वैदिक काल से लेकर आधुनिक काल तक व्यापक है। पुराण काल में रुद्र शिव का मानवीकरण हुआ। पार्वती से उनके विवाह का भी चित्रण हुआ। वे गणों के देवता रूप में भी प्रतिष्ठित हुए। ऋग्वेद के एक मन्त्र (7.59.12) के देवता रुद्र ही हैं। स्तुति है "हम सुगन्धा पुष्टिवर्द्धक तीन मुख वाले, तीन तरह से संरक्षण देने वाले त्र्यम्बक देव की उपासना करते हैं–त्र्यम्बकं यजामहे सुगंधिं पुष्टिवर्द्धनम्।" वे देव हमको ऊर्वारूक फल ककड़ी खरबूजा की तरह मृत्युबन्धन से मुक्त करें। अमरत्व से दूर न करें–"ऊर्वारूकमिव बन्धनान्मृत्योर्मुक्षीय मामृतात।" मोहनजोदड़ो से प्राप्त मूर्तियों में तीन मुख वाले देव भी हैं। मार्शल ने इस मूर्ति को ऐतिहासिक शिव का आदि रूप बताया है। मार्शल की आधी बात ठीक है। मूर्ति रूप यह शिव आदि रूप हो सकते हैं लेकिन इस देव की अनुभूति सबसे पहले ऋग्वेद में है। ऋग्वेद का उक्त मन्त्र भारत और भारत के बाहर भी महामृत्युंजय नाम से लोकप्रिय है।

मार्शल रुद्र और शिव को अलग–अलग मानते हैं। वे मानते थे कि शिव उपासना पहले से प्रचलित थी। ऋग्वेद के रुद्र बाद के हैं, शिव के साथ रुद्र की उपासना बाद में मिल गयी। लेकिन मार्शल ने ऋग्वेद के मन्त्रों की उपेक्षा की। रुद्र और शिव ऋग्वेद में एक ही हैं। ऋग्वेद (10.92.9) में स्तुति है "रुद्र की स्तुति करते हैं। वे शिव–कल्याणकारी हैं, स्तोमं वो अद्य रुद्राय शिक्वसे येभि शिव स्ववां।" इसी तरह ऋग्वेद (1.114.4) में भी स्तुति है, "हम ज्ञानवान रुद्र की स्तुति करते हैं, वे हमें संरक्षण दें।" समूचे पश्चिम एशिया में रुद्र की उपासना के प्राचीन साक्ष्य हैं। रुद्र शिव ऋग्वैदिक काल के प्रमुख देवता हैं। यजुर्वेद का पूरा 16वाँ अध्याय रुद्र शिव की ही स्तुति है। यहाँ वे सर्वव्यापी देव हैं।

मन, धन

ऋग्वेद में एक में सूक्त (10.171) के देवता धन हैं। मन भी देवता हैं (10.57.4) इसके अगले सूक्त (10.58) के सभी मन्त्र मन को सम्बोधित हैं। मन्यु या साहस भी देवता हैं। कुछ विद्वानों ने मन्यु का अर्थ क्रोध किया है। क्रोध हमेशा बोध नष्ट करता है। क्रोध एक आक्रामक आवेग है, तब बोध नहीं बचता लेकिन ऋग्वेद के मन्यु देव संयमी हैं। (10.84.3) ऋग्वेद के अन्य देवों की व्यापक एकता की तरह मन्यु इन्द्र, वरुण और अग्नि भी

हैं–"मन्युरिन्द्रो, मन्युरेवास, मन्युर्होता, वरुर्णो जातवेदा।" (10.83.2) मन्यु से ऋषि की स्तुति है, "ओज दें, शत्रुनाश करें, हमको कुशल दक्ष बनायें– अभिप्रेहित दक्षिणता।" (वही, 3–8)

ऋग्वेद का देवतन्त्र, अनूठा और अद्वितीय है। देव अनेक हैं, प्रत्यक्षतया वे अलग–अलग हैं लेकिन सब 'एकं सद् विप्रा बहुधा वदन्ति–सत्य एक, कथन अनेक' की परिधि के भीतर एक हैं। उदाहरण के लिए इन्द्र वरुण या रुद्र पर्याप्त हैं। वरुण सिन्धु स्वामी हैं। यह वरुण की अलग छवि है। लेकिन "समस्त अन्तरिक्ष में उनका तेज व्याप्त है। (9.73.3) वरुण में तीन लोक हैं, तीन भूमि है। (7.87.5) तेजस्वी सूर्य उनकी आँख है। (1.50.6) आदि।" वरुण की व्याप्ति सर्वत्र है। इन्द्र वृत्र का वध करते हैं। वर्षा कराते हैं। यह उनकी अलग छवि है लेकिन वे भी सर्वव्यापी हैं। कहते हैं, "इन्द्र के विस्तार को द्यु लोक पृथ्वी लोक नहीं स्पर्श कर सके और नदियाँ भी नहीं।" (1.52.4) इन्द्र से स्तुति है, "हे इन्द्र आपने अपनी व्यापकता से पार्थिव लोकों को पूरा भर दिया है।" (1.81.5) रुद्र, इन्द्र, वरुण आदि सभी देव विराट हैं और सर्वव्यापी हैं। अग्नि से कहते हैं, "हे अग्नि तुम इन्द्र हो, वरुण हो, रुद्र हो, सूर्य सविता हो।" ऋग्वेद में इसी तरह के सभी देव हैं।

पहले तमाम पृथक् देव नाम फिर उनके पृथक् काम। फिर सबकी एक जैसी व्याप्ति। फिर एक देव को ही दूसरा भी बताना ऋग्वेद के ऋषियों का दार्शनिक कौशल है। यह दार्शनिक स्तर पर अद्वैतवाद है। यहाँ सब एक ही परमसत्ता के अनेक रूप नाम हैं। दो हैं ही नहीं। वह एक है, वही अनेक रूपों नामों में प्रकट है। प्रकृति में अनेक रूप हैं। इन रूपों को जन्म देने वाली प्रकृति की प्राण चेतना एक है। ऐसे ही परम सत्य एक है, उस सत्य की अभिव्यक्तियाँ अनेक हैं।

वैदिक काल के देवताओं की परम्परा में परवर्ती काल में अनेक देवनाम जुड़े। श्रीराम व श्रीकृष्ण ऐतिहासिक हैं। वे विष्णु के अवतार कहे गये। देवता हुए और ईश्वर रूप में स्तुति पाते हैं। श्रीरामकथा के हनुमान भी प्रतिष्ठित देव हैं। श्री गणेश प्रथम उपास्य देव हैं। वैदिक परम्परा में नदियाँ भी देवता जानी गयीं। नदियाँ आधुनिक काल में भी उपास्य हैं। लेकिन नदियों की देव रूप उपासना घटी है। नदी प्रदूषण इसी का परिणाम है। ऋग्वेद में मण्डूक–मेढक के भी गीत हैं और पक्षियों के भी वैदिक काल में गाय भी देवता है। लेकिन आधुनिक विश्व में जैव विविधता पर संकट है।

वैदिक काल के देवता वेदों में हैं। उत्तरवैदिक काल व पुराण काल में भी वैदिक देवों की उपासना व स्तुतियाँ थीं लेकिन तमाम नये देवनाम भी जुड़े। तैत्तिरीय उपनिषद् में आचार्य देवता है–आचार्य देवो भव। माता–पिता भी देवता हैं–मातृ देवो भव, पितृ देवो भव। क्या हम वैदिक काल की अनुभूति के अनुसरण में आधुनिक काल में कुछ नये देवता जोड़ सकते हैं–जैसे इतिहास, विज्ञान को भी देवता जान सकते हैं। देव होने की पात्रता अमर होना है। ऋग्वेद में देवों को 'अमृत बन्धु' कहा गया है। इतिहास अमर देव हैं। वे प्रतिदिन विकासशील हैं। कृपालु हैं, ज्ञान से युक्त हैं। वैदिक अनुभूति में कह सकते हैं कि वे सर्वव्यापी हैं। यत्र तत्र सर्वत्र हैं। उन्हें नमस्कार है। विज्ञान भी ऐसे ही देव हो सकते हैं। विज्ञान की कृपा से हम विश्व का ज्ञान प्राप्त करते हैं। सो वे भी देवता हैं। आधुनिक विश्व के निराले देवता हैं–गूगल। सर्वव्यापी, सर्वज्ञ और पूर्ण विज्ञ। उनके हृदय में सभी देवों का इतिहास है। वे कीट पतिंग के जनन प्रजनन के समग्र ज्ञान से भरेपूरे हैं। उनकी सर्वज्ञता आश्चर्यजनक है, "तस्मै श्री गूगले नमो नमः,–ऐसे गूगल देव को नमन है, नमस्कार है।

वैदिक देव अन्धविश्वास नहीं हैं। वे हमारी अन्तश्चेतना की दिव्य अनुभूति हैं। ऋग्वेद के ऋषियों की दृष्टि व अनुभूति में दिव्यता है। यहाँ अनुभूतियाँ भी देवता हैं। लेकिन सारे देव नाम एक सर्वनाम के विस्तार हैं। ऋग्वेद में इसका नाम 'एकं सद्'।

सृष्टि का जन्म और विकास

प्रकृति रहस्यपूर्ण है। इसका जन्म और विकास विज्ञान और दर्शन की चुनौती है। वैज्ञानिक सृष्टि रहस्यों की जानकारी के लिए प्रयासरत है। भारतीय चिन्तन के अनुसार प्रकृति सृष्टि सदा से है। सदा रहती है। गीता में श्रीकृष्ण ने अर्जुन को बताया कि "ऐसा कोई समय नहीं था, जब हम तुम नहीं थे।" लेकिन प्रकृति में लगातार परिवर्तन होते रहते हैं। परिवर्तनशीलता प्रकृति का गुण है। इसे सिद्ध करने की कोई आवश्यकता नहीं है। प्रकृति की परिवर्तनशीलता प्रत्यक्ष है लेकिन सृष्टि चिन्तन की कुछ आधारभूत समस्याएँ भी हैं। दिक्–काल या टाइम–स्पेस की धारणा विचारणीय है। काल या समय दिखाई नहीं पड़ता। हम वर्तमान, भविष्य या भूतकाल के विभाजन में समय को समझने का प्रयास करते हैं। समय पदार्थ नहीं है। यह पदार्थ होता तो कम–से–कम बीता समय अवश्य दिखाई पड़ता। लेकिन हमको बीते समय की हो चुकी घटनाएँ ही दिखाई पड़ती हैं, समय नहीं दिखाई पड़ता। भविष्यकाल और भी भिन्न है। भविष्य की घटनाएँ भी पहले नहीं दिखाई पड़तीं। भविष्य कोरी कल्पना है। प्रश्न यह भी उठता है कि क्या समय होता है? क्या प्रकृति सृष्टि अपने विकास के किसी चरण में समय विहीन थी? क्या सृष्टि के पहले समय नहीं है? क्या समय का जन्म हुआ है? क्या प्रकृति का कोई निर्माता है? या प्रकृति स्वयंभू है? ऐसे तमाम प्रश्न मज़ेदार हैं।

प्रकृति सृष्टि प्रत्यक्ष है। प्रश्न है कि क्या प्रत्यक्ष सृष्टि के साथ ही कोई अप्रत्यक्ष सृष्टि भी है? क्या प्रत्यक्ष और अप्रत्यक्ष एक ही हैं? हमारे देखने की सीमा है। हम प्रत्यक्ष का भी पूरा भाग नहीं देख पाते। वैज्ञानिक उपकरणों ने बहुत बड़े अप्रत्यक्ष भाग को भी देखना सम्भव कर लिया है तो भी बहुत बड़ा भाग अव्यक्त अप्रत्यक्ष अप्रकट है। मनुष्य आदिम काल से अपने परिवेश के प्रति जिज्ञासु रहा है। दुनिया के सभी समाजों में

अपने–अपने ढंग से सृष्टि चिन्तन हुए हैं और सृष्टि सृजन का श्रेय ईश्वर या ईश्वर जैसी किसी परम शक्ति को दिया गया है लेकिन ऋग्वेद में सृष्टि के उद्भव पर वैज्ञानिक दृष्टिकोण वाली जिज्ञासा प्रकट हुई है। यहाँ सृष्टि चिन्तन की धारणा बड़ी दिलचस्प है।

ऋग्वेद के ऋषि सृष्टि सृजन के रहस्यों के प्रति उत्सुक थे। उनकी जिज्ञासा तमाम निष्कर्ष देकर भी शान्त नहीं होती। ऋषि ऋग्वेद के नासदीय सूक्त (ऋ., 10.129) में सृष्टि पूर्व का रेखाचित्र बताते हैं–"तब न सत् था। न असत् था। न आकाश था। सबको आवृत करने वाले लोक नहीं थे। (वही, 1) तब न मृत्यु थी और न अमरत्व। न दिवस थे, न रात्रि। मात्र वह एक था और वायुहीन स्थिति में अपनी क्षमता के बल पर स्पन्दित था–अनादीवातं स्वधया तत् एकं।, (वही, 2) इस सूक्त के रचनाकार ऋषि हैं परमेष्टिन्। इस मन्त्र के अनुसार सृष्टि सृजन के पूर्व रात–दिन मृत्यु–अमरत्व नहीं थे लेकिन 'वह एक' था। यहाँ 'वह एक' बहुत महत्त्वपूर्ण है। ऋग्वेद में 'वह एक' का उल्लेख कई बार हुआ है। एक चर्चित मन्त्र में कहते हैं, "इन्द्र, अग्नि, वरुण' आदि अनेक देवता हैं लेकिन सत्य एक है, विद्वान उसे अनेक नामों से बताते हैं–एकं सद् विप्रा बहुधा वदन्ति।" 'वह एक' सदा रहता है। इसी में सम्पूर्ण अस्तित्व सम्मिलित है।

जीव विज्ञानी चार्ल्स डारविन (1809–1882) ने सृष्टि का उद्भव जल से बताया है। इसके पहले (ई.पू. 600) प्राचीन यूनानी दार्शनिक थेल्स ने जल को सृष्टि का आदि तत्त्व बताया था। ऋषि परमेष्टिन ने इसके भी सैकड़ों वर्ष पहले ऋग्वेद के नासदीय सूक्त में सृष्टि की पूर्व स्थिति का आश्चर्यजनक वर्णन किया। उन्होंने इसके आगे कहा, "तब सर्वत्र अन्धकार पूर्ण जल–अप्रकेतं सलिलं था।, (वही, 10.129.3) सही बात है, जल सृष्टि का उद्भव केन्द्र है। लेकिन सूक्त के अन्तिम दो मन्त्र बहुत प्यारे हैं। ऊपर की तमाम बातें कहने के बाद कहते हैं, "सृष्टि कैसे हुई? किसने रचना की? किसने नहीं की? यह सभी बातें परमव्योम में बैठे इसके अध्यक्ष ही जानते होंगे? सम्भव है कि वे भी इस सम्बन्ध में कुछ न जानते हों–यो अस्य अध्यक्ष परमेव्योमन्तसो अंग वेद यदि वा न वेद।" (वही, 7)

ऋग्वेद के ऋषि सब कुछ जानने का दावा नहीं करते। परमेष्टिन जिसे सृष्टि अध्यक्ष कहते हैं, उसे आदरपूर्वक परमव्योम में बैठा बताते हैं लेकिन उसकी जानकारी पर भी पूरा विश्वास नहीं करते। यहाँ सृष्टि निर्माण का कोई देवता नहीं है। सूक्त मन्त्र का 'वह एक' निस्सन्देह आश्चर्यजनक

दिव्यता है। वह वायुहीन दशा में भी स्वधया स्पन्दित है लेकिन सृष्टि नहीं बनाता। मूलाधार जल है। यह सृष्टि सृजन का क्षेत्र है। इस विवरण में ऋग्वेद की दृष्टि वैज्ञानिक है।

वृहदारण्यक उपनिषद् शतपथ ब्राह्मण का भाग है। इस उपनिषद् (5.5.1) में कहते हैं, "सबसे पहले केवल जल थे। जल से सत्य उत्पन्न हुआ। सत्य से ब्रह्म, ब्रह्म से प्रजापति और प्रजापति से देवता उत्पन्न हुए।" फिर इन देवों का काम बताते हैं कि "ये देव सत्य की उपासना करते हैं।" यहाँ देवता सृष्टि नहीं बनाते हैं। वे सृष्टि के विकास में भी किसी भूमिका का निर्वहन नहीं करते। वे सत्य की उपासना करते हैं। उपनिषद् में जल को आदि तत्त्व जानने की परम्परा ऋग्वेद का विस्तार है। जल सर्वोपरिता की अनुभूति का प्रथम उल्लेख ऋग्वेद में है। पहली सहस्राब्दी ई.पू. तक ऋग्वेद की यही प्रेरणा मिस्र, सुमेर, बेवीलोन, यूनान आदि देशों तक विस्तृत थी। बाइबिल उत्पत्ति 1.2 में उल्लेख है, "पृथ्वी 'वेस्ट एंड वाइड' थी। अँधियारे गहरे जल पर परमेश्वर की चेतना मँडराती थी।" बाइबिल में वर्णित अन्धकारपूर्ण जल ऋग्वेद के 'अप्रकेत सलिलं' की याद दिलाता है। अंग्रेज़ी भाषा में यही केओस है। बाइबिल में अन्धकारपूर्ण जल से आच्छादित 'केओस' है। लेकिन सारी गतिविधि के संचालन के लिए परमेश्वर की उपस्थिति है। इस्लामी चिन्तन में भी जल प्रथम है लेकिन ईश्वर सबका संचालक है।

भारतीय चिन्तन में जल श्रद्धेय हैं। ऋग्वेद में यह आपः मातरम्–जल माताएँ हैं। ऋग्वेद के अनुसार जलमाताओं ने ही विश्व को जन्म दिया है। बाइबिल में सृष्टि के आदि तत्त्व के रूप में 'शब्द'–लोगोस का भी उल्लेख है–प्रथमतः लोगोस–शब्द था। यह धारणा भी ऋग्वेद की है। ऋग्वेद (10.125) में वाणी सम्पूर्ण प्रकृति को धारण करती है। वाणी में सब व्याप्त हैं। वर्तमान ईराक में सुमेरी सभ्यता का विकास हुआ था। कुछेक विद्वान हड़प्पा को सुमेरी सभ्यता की प्रेरणा मानते हैं। सुमेरी सभ्यता के विवेचक क्रेमर ने 'दि सुमेरियंस' में बताया है कि "सुमेरी दार्शनिकों ने दैवी शब्द की सृजन शक्ति का सिद्धान्त बनाया था। सृजनकर्त्ता को योजनाओं के बारे में बोलना था। इच्छा शब्द उच्चारण से ही पूरी हो जाती थी।" शब्द की शक्ति और क्षमता का यह सिद्धान्त ऋग्वेद से बाहर गया। ऋग्वेद में ऋचा मन्त्र या शब्द आकाश में भरेपूरे हैं। आकाश का गुण शब्द है। मन्त्र आकाश से जाग्रत चित्त लोगों के भीतर उतरते हैं। शब्द–शक्ति की

पहचान का आदि केन्द्र भारत है। भारत में इस क्षमता का उल्लेख वाणी के वर्णन और मन्त्र शक्ति के निर्वचन रूप में ऋग्वेद में हुआ है।

ऋग्वेद में सृष्टि के पूर्व की दशा का नाम असत् है। सृष्टि प्रकट हो जाने की स्थिति सत् है। गीता में असत् के लिए अव्यक्त और सत् के लिए व्यक्त शब्द आये हैं। असत् शून्य नहीं है। कह सकते हैं कि तब सृष्टि का सारा भूत अति सूक्ष्म स्थिति में है। इस दशा में देवता भी नहीं है। यह वैज्ञानिक कार्ल सागन द्वारा बताया गया 'कास्मिक एग'–ब्रह्म अंड है। ऋग्वेद में देवता शब्द का प्रयोग प्रायः प्रकृति की शक्तियों के लिए हुआ है। कहीं–कहीं विद्वानों के लिए भी देव शब्द का प्रयोग हुआ है। असत् या अव्यक्त दशा में प्रकृति की शक्तियों के लिए भी हुआ है। कहीं–कहीं विद्वानों के लिए भी देव शब्द का प्रयोग हुआ है। असत् या अव्यक्त दशा में प्रकृति की शक्तियाँ नहीं हैं। ऋषि बृहस्पति आंगिरस के सूक्त (10.72) में देवों के उद्भव का वर्णन है। कहते हैं, "हम देवताओं के उद्भव का वर्णन सुन्दर वाणी से करते हैं। इससे युगों का दर्शन प्राप्त होगा।"। (वही, 1) सही बात है, देवों का उद्भव सृष्टि के साथ होता है। देवों के प्रादुर्भाव को जान लेने से युगों का परिचय भी सहज ही प्राप्त होगा।

सृष्टि का प्रारम्भ रोमांचकारी है। आगे कहते हैं, "देवों के पहले पूर्व युग में असत् से सत् का जन्म हुआ–देवानां पूर्वे युगे असतः सदजायत।" (वही, 2) जो देवों के पहले अव्यक्त था, वह व्यक्त हो गया। सृष्टि के पूर्व कोई न कोई पदार्थ अवश्य है। वही अतिसूक्ष्म होने के कारण अव्यक्त है। ऋग्वेद में इसका नाम असत् है। आगे बताते हैं कि "तब आशा का जन्म हुआ। ऊर्ध्वगामी–ऊपर की ओर गतिशील ऊर्जा कणों का विस्तार हुआ।" (वही, 3) वैज्ञानिक भी इसी तथ्य से सहमत हैं। आगे का मन्त्र ध्यान देने योग्य है–"भूः से ऊर्ध्वगामी कणों की रचना हुई। भुवः आशा का विस्तार हुआ।" (वही, 4) यहाँ भूः शब्द अविनाशी ऊर्जा का संकेतक है। इसी के परमाणु ऊपर की ओर गतिशील हुए। भुवः आशा सम्भवन का पर्याय है। सम्भवन आशा अर्थात् होने का विस्तार हुआ। इसी मन्त्र में आगे कहते हैं, "अदिति से दक्ष पैदा हुए और दक्ष से अदिति। (वही) अदिति ऊर्जा की सनातनता हैं और दक्ष हैं–सृजनात्मक कौशल का प्रवाह। अदिति से दक्ष और दक्ष से अदिति निरन्तरता के सूचक हैं।

सदा प्रवाहित सत्ता अदिति से कुशलता का प्रवाह हुआ। फिर इसी दक्ष कुशलता से अदिति का सतत प्रवाह चला। सदा प्रवाहमान अदिति

से भद्र अमृबन्धवः देवों का प्रादुर्भाव हो गया। आगे कहते हैं, "हे देवों आप परस्पर संयुक्त थे। आपके नृत्य से तीव्र रेणु (कण) प्रकट हुए।, (10.72.6) देव परस्पर संयुक्त–सुसंरब्धा हैं। ग्रिफ्थ के अनुवाद में "क्लोज क्लैस्पिंग वन ऐन अदर–परस्पर गुँथे हुए हैं। अभी अलग देव नाम नहीं है। वे नृत्य की तरफ़ सक्रिय हुए तो आकाश महीन कणों के बादल जैसा भर गया। स्टीफेन हाकिंग ब्रह्मांड विज्ञानी ने भी बिग बैंग से ऐसी ही स्थिति की कल्पना की है। शब्दावली का अन्तर है। वैज्ञानिक प्रकृति की गतिविधि में ऊर्जा का प्रपंच देखते हैं। ऋग्वेद के ऋषि प्रकृति की शक्ति को भावनात्मक देवनाम देते हैं।

सृष्टि के पूर्व देवता या प्रकृति की सारी शक्तियाँ एक बिन्दु के भीतर हैं। परस्पर संयुक्त हैं। इस पूर्व स्थिति के तमाम नाम हैं। 'अज' ऐसा ही नाम है। ऋग्वेद (10.82.6) में कहते हैं कि "सृष्टि के आदि से विद्यमान इस एक अज या अजन्मा ने अपने भीतर जल गर्भ धारण किया है। यही सब देवता रहते हैं। इस अजन्मा के नाभिकेन्द्र में सभी भुवन स्थिर हैं।" (वही) 'अज' के भीतर सम्पूर्ण विश्व है, देवता हैं। ऊर्जा है। अन्यत्र (10.81.6) कहते हैं कि उसकी आँखें विश्वव्यापी हैं, उसका मुख सर्वत्र है। सर्वत्र पैर हैं। सब तरफ़ हाथ हैं। पृथ्वी और द्युलोक इसी एक शक्ति से बिना आश्रय स्थिर हैं–विश्वतश्रचक्षुरुत, विश्वतोमुखो, विश्वतोबाहुरुत विश्वतस्पात्।" यह मन्त्र ऋग्वेद (10.90.1) के पुरुष सूक्त जैसा है–सहस्रशीर्षा पुरुषः सहस्राक्षः।

प्रलय और सृष्टि बार–बार आते हैं। वैज्ञानिक इसी सृष्टि और प्रकृति का विवेचन करते हैं। वे सृष्टि के आदि तत्त्व या तत्त्वों की खोज पर परिश्रम करते हैं। विज्ञान के अध्ययन का मूलाधार गति है। सृष्टि के सभी गोचर प्रपंच गतिशील हैं। पर सृष्टि के पूर्व गति नहीं है। कपिल के सांख्य दर्शन में प्रकृति के तीन गुण सत्व, रज व तम बताये गये हैं। इनमें 'रज' गति है। तम स्थिरिता है और सत्य चेतना है। प्रलय काल में तीनों सन्तुलित अवस्था में होते हैं। प्रलय तीनों गुणों की शान्त और साम्य अवस्था है। फिर इन तीनों गुणों की साम्यावस्था भंग होती है। ऐसा गुण क्षोभ के कारण होता है। गुण क्षोभ के कारण सन्तुलन भंग होता है। रजोगुण के बलमात्रक गतिशील होते हैं। इस गति का प्रभाव तम व सत्वगुण पर पड़ता है। रजगुण से प्रेरित सत्वगुण तममण्डल को भारी तापमान तक ले जाता है। तममण्डल का तप्त द्रव्य परम प्रकाश ज्योति में बदलता है।

कपिल जिसे प्रकृति का तम गुण कहते हैं वह प्रकृति का गुरुत्वगुणी कृष्ण गर्त या वैज्ञानिकों द्वारा बताया गया ब्लैकहोल है। इसमें प्रलय प्रभावित द्रव्य अतिघनत्व में होती है। दीर्घकाल में सत्वगुण प्रभावित तमोगुण द्रव्य एक अंड में बदल जाता है। कार्ल सागन आदि वैज्ञानिकों ने इसका नाम कास्मिक एग कहा है। भारतीय चिन्तन में यह ब्रह्म अंड या ब्रह्मांड है।

ब्रह्म अंड के भीतर पूरी सृष्टि सुप्त रूप में होती है। यह आदि अंड अपने गर्भ में सम्पूर्ण अस्तित्व धारण करता है। जैसे बीज के भीतर पौध, शाखा, पत्ती, फूल–फल और रस सूक्ष्म रूप में होते हैं वैसे ही इस आदि अंड में समूचा अस्तित्व और उसकी सम्भावनाएँ। ऋग्वेद (10.121.1) में इसे 'हिरण्यगर्भ' कहा गया है। यहाँ प्रश्न उठता है कि यह 'हिरण्य' क्या है। ऋग्वेद में हिरण्य ज्योतिर्मय धातु है। यह धातु स्वर्ण भी हो सकती है। शतपथ ब्राह्मण के अनुसार हिरण्य अविनाशी ज्योति है। आस्तिक विद्वान हिरण्यगर्भ को ईश्वर या भगवान भी कहते हैं। ऋग्वेद के इसी सूक्त में कहते हैं, "सबसे पहले हिरण्यगर्भ ही था। इसी से सभी तत्त्वों की उत्पत्ति हुई। वही सबका स्वामी है। इसी ने पृथ्वी, आकाश आदि को आधार दिया है। हम इसके अलावा किसकी उपासना करें–कस्मै देवाय हविषा विधेम्। (वही, 10.121.1) इस सूक्त के 10 मन्त्रों के अन्त में कस्मै देवाय की टेक बनी रहती है।

कस्मै देवाय के अर्थ को लेकर दो विचार हैं। एक के अनुसार किस देवता को हवि दें? यह अर्थ उचित जान पड़ता है। सृष्टि के पूर्व देवता थे ही नहीं तब किसकी उपासना करें? कुछ विद्वानों ने 'क' को प्रजापति हिरण्यगर्भ या परम ईश कहा है। उन्होंने कः अस्मै देवाय का अर्थ 'क' देव को हवि देने का अर्थ किया है। जो भी हो हिरण्यगर्भ का सूक्त बड़ा प्यारा है। आगे कहते हैं, "जो आत्म ज्ञानदाता, बलदाता हैं, देव जिसकी उपासना करते हैं, उसी से प्राणी, पर्वत, आकाश, दिशाएँ प्रकट हुई हैं। आदि। (वही)

हिरण्यगर्भ या आदि अंड अत्यधिक ताप से फूटा। ऐतरेय उपनिषद् ऋग्वेद के ऐतरेय आरण्यक का भाग है। उपनिषद् (1.1.4) में इस अंड के फूटने का विवरण है। बताते हैं, "हिरण्यगर्भ पुरुष के शरीर अंड के फूटने से मुख प्रकट हुआ। मुख से वाणी और वाणी के स्वामी अग्नि प्रकट हुए। फिर विस्फोट से नासिका छिद्र बने। इसके देवता वायु प्रकट हुए। फिर आँख और आँख के देवता सूर्य प्रकट हुए। फिर जल, वनस्पतियाँ,

औषधियाँ प्रकट हुईं। यहाँ वाणी, प्राण, नेत्र, कान, स्पर्श आदि चेतन केन्द्र हैं। भौतिक तत्त्वों में अग्नि, वायु, सूर्य, दिशा और वनस्पतियाँ हैं। वैदिक चिन्तन में दोनों हैं। वैज्ञानिक चिन्तन में केवल भौतिक तत्त्व ही हैं। महाविस्फोट की बात आधुनिक वैज्ञानिक भी बताते हैं। वे भारी ताप और घनत्व को विस्फोट का कारण मानते हैं। ताप और घनत्व भी अकारण नहीं हो सकते। सांख्य दर्शन में इसका कारण तीन गुणों की साम्यावस्था का टूटना है। साम्यावस्था के भंग हो जाने का कारण रजस गुण की गति है। रजस का अर्थ ही सक्रियता है। आश्चर्य है कि ऋग्वेद के ऋषि बिना वैज्ञानिक उपकरणों के ही वैज्ञानिक रहस्यों को गीत बनाकर गा रहे थे।

चीन के एक दार्शनिक लाउत्सु (ई.पूर्व 400 वर्ष लगभग) ने भी सृष्टि रचना पर विचार किया था। उनकी पुस्तक 'ताओ तेहचिंग' काफ़ी महत्त्वपूर्ण है। लाउत्सु के विचार में भी प्रकृति के भीतर सुन्दर अन्तर्भूत व्यवस्था है। उसने इस व्यवस्था का नाम रखा है–ताओ। ताओ का अर्थ मार्ग है। यहाँ प्रकृति संचालन के नियम 'ताओ' हैं। लाउत्सु का 'ताओ' और कुछ नहीं यह ऋग्वेद का ऋत् है। प्रकृति की सारी गतिविधियों के नियमन का नाम ऋत् है। मैकडनल ने भी ऋत् की सही व्याख्या की है–"प्रकृति में क्रियाशील विश्वगत व्यवस्था नियम को ऋत् नाम से पहचाना गया है। यही शब्द नैतिक जगत में सत्य और उचित रूप में तथा धार्मिक जगत में यज्ञ अथवा कर्म के रूप में व्यवस्था की अभिव्यक्ति है।" लाउत्सु का 'ताओ' यही है।

चीनी दार्शनिक लाउत्सु की सृष्टि सृजन धारणा भी ऋग्वेद से मिलती–जुलती है। उसने लिखा है, "अन्धकार से प्रकाश उत्पन्न हुआ। अरूप से व्यवस्था का जन्म होता है। ताओ जीवन ऊर्जा को जन्म देता है।" लाउत्सु के निष्कर्ष में अन्धकार से सृष्टि की उत्पत्ति हुई। यह धारणा उसके सैकड़ों वर्ष पूर्व ऋग्वेद में है। ऋग्वेद में असत् से सत् प्रकट हुआ। लाउत्सु के कथन में अन्धकार से प्रकाश पैदा हुआ। अन्धकार और प्रकाश अलग अलग निरपेक्ष सत्ता नहीं है। अन्धकार प्रकाश के पूर्व की स्थिति है। प्रकाश अन्धकार का विकास है। दोनों अलग–अलग सत्ता होते तो सृष्टि सृजन या विकास की कार्रवाई में एक से दूसरे का जन्म न होता। अन्धकार से प्रकाश, असत् से सत् या अव्यक्त से व्यक्त होने की धारणा ऋग्वेद (10.72 व 10.129) में पहले से है। लाउत्सु और ऋग्वेद की चिन्तन भूमि भले ही अलग–अलग है लेकिन निष्कर्ष एक हैं।

यूनानी दार्शनिक अनक्सिमेनस के अनुसार सृष्टि का मूल तत्त्व वायु है। ऋग्वेद में विचार विविधता है। ऋग्वेद में वायु को आदि तत्त्व मानने का विचार भी है। ऋग्वेद में वायु जल की सखा है, ऋतावा है, प्रथमा है—अपां सखा प्रथम जा ऋतावा। यहाँ वायु देवों का आत्मा भी है। ऋग्वेद में वायु को प्रत्यक्ष ब्रह्म कहा गया है—त्वमेव प्रत्यक्ष ब्रह्म असि, त्वमेव प्रत्यक्ष ब्रह्म वदिष्यामि। (1.90.9) ऋग्वेद के अनुसार वायु अपने रूप में दिखाई नहीं पड़ते लेकिन उनकी ध्वनि सुनाई पड़ती है—घोषा इदस्य श्रणिवरे, न रूपम्। (10.168.4)

दार्शनिक हेराक्लिटस अग्नि को आदि तत्त्व मानते थे। ऋग्वेद में तप से सृष्टि का विचार भी है। छान्दोग्य उपनिषद् की एक कथा में गाड़ीवान रैक्व ने राज जानश्रुति को बताया कि "अग्नि बुझती है, वह वायु में चली जाती है। सूर्य अस्त होकर वायु में जाता है। अन्त में सब वायु में ही जाते हैं।" वायु सबकी अन्तिम परिणति है। यही नयी सृष्टि का प्रारम्भ भी हो सकती है। अन्यत्र इसी उपनिषद् में अग्नि के सम्बन्ध में कहा गया है कि प्रथम तत्त्व से अग्नि का विकास हुआ। अग्नि से जल और जल से पृथ्वी। यहाँ अग्नि महत्त्वपूर्ण हो गये हैं।

अग्नि के पहले वायु को रख सकते हैं। वायु देवों का प्राण व आत्मा है। वायु दिखाई नहीं पड़ते। सृष्टि का विकास सूक्ष्म से स्थूल की ओर हुआ है। वायु सूक्ष्म हैं। यूनानी दार्शनिक अनक्सिमेंडर आकाश को मुख्य तत्त्व मानते थे। ऋग्वेद में आकाश पिता है। भारतीय चिन्तन के 5 महाभूतों में पृथ्वी, जल, अग्नि, वायु के बाद सबसे सूक्ष्मतम आकाश है। आकाश का गुण शब्द है। वायु आकाश से स्थूल है। वे दिखाई नहीं पड़ते। स्पर्श से अनुभव में आते हैं। आकाश से वायु का विकास हो सकता है। वायु को आकाश से शब्द गुण मिला है। वायु घोष करते हैं। वायु आकाश का विकास है। इसीलिए उन्हें आकाश का शब्द गुण मिला और स्पर्श उनका अपना गुण है।

एक महाभूत से दूसरे महाभूत को गुण का हस्तान्तरण विचारणीय है। पाँचों महाभूत अलग—अलग निरपेक्ष सत्ता नहीं है। वायु के बाद का विकास स्थूल अग्नि हैं। वे दिखाई पड़ते हैं। ताप उनका अपना गुण है। उन्हें वायु से स्पर्श व आकाश से शब्द गुण मिले हैं। इसके बाद स्थूल हैं—जल। जल का अपना गुण रस है। उन्हें शब्द गुण आकाश से, ताप गुण अग्नि से व स्पर्श गुण वायु से मिले हैं। जल में चार गुण हैं।

अन्तिम स्थूल है–पृथ्वी। पृथ्वी के पास ऊपर के सभी चार गुण हैं। उसका अपना गुण गन्ध है। पृथ्वी परिवार के सभी पदार्थ गन्धमय हैं।

सृष्टि विकास के यह 5 महाभूत या चरण हैं। यह हुआ सृष्टि का विकास। तब प्रलय भी इन्हीं 5 का प्रत्यावर्तन हो सकती है। इसके ठीक उल्टी दिशा में चलने पर पृथ्वी जल में लौटेगी। जल अग्नि में जायेगा। अग्नि वायु में समाहित होगी और वायु आकाश में। पाँचो महाभूत मिलकर एक मूल में होंगे। यह असत् होगा। तब न रात होंगे न दिन। यह हुआ सृष्टि का विकास। 'वह एक' वायुहीन होकर भी स्पन्दित रहेगा। ऋग्वेद का मन्त्र स्मरणीय है–अनादीवातं स्वधया तत् एकं।

भारतीय चिन्तन में सृष्टि और प्रलय बार–बार आते हैं। प्रलय में भी सब कुछ नष्ट नहीं होता। सृष्टि बार–बार लौटती है। बार–बार सृजन, बार–बार प्रलय। जान पड़ता है कि सृजन विसर्जन की ऐसी ही कार्रवाई सृष्टि के भिन्न–भिन्न अंगों में भी चलती है। बीज प्रथमा है। वह टूटता है। पौध बनता है। बीज और पौध दो स्वतन्त्र सत्ता दिखाई पड़ते हैं लेकिन वस्तुतः पौध बीज का विस्तार है। पौध में पुष्प खिलते हैं। फिर बीज बनते हैं। बीज से फिर पौध। मनुष्य की भी यही स्थिति है। प्रकृति में परिवर्तन और विकास की निरन्तरता है। बड़ी बात है कि सैकड़ों वर्ष पूर्व ऋग्वेद के ऋषि प्रकृति के गूढ़ रहस्यों पर शोधरत थे। आधुनिक वैज्ञानिक भी सृष्टि रहस्यों की खोज में जुटे हुए हैं। इस खोज में भी निरन्तरता है। लेकिन वैज्ञानिक भी अभी अन्तिम निष्कर्ष पर नहीं पहुँचे। गर्व करने लायक बात है कि विश्व में सबसे पहले ऋग्वेद के ऋषियों ने यह शुरुआत की थी।

ऋग्वेद और भरतमुनि का नाट्यशास्त्र

अभिनय मनमोहक कला है। अभिनय में संवाद, गीत और संगीत के तत्त्व परस्पर गुँथे रहते हैं। आधुनिक सिनेमा प्राचीन नाट्यकला का ही व्यवस्थित चित्रण है। मनुष्य आदिम काल से ही प्रकृति के रूप रंग पर मोहित रहा है। वह प्रकृति की गतिविधियों के गीत संगीत के प्रति भी रुचिपूर्ण रहा है। नदी प्रवाह का नाद उसे आकर्षित करता रहा है। मेघों का गर्जन और मेघों के मध्य विद्युत प्रकाश की दीप्ति भी आकर्षण का केन्द्र रही है। वह बन्दर जैसे जीवों की नकल करता रहा है। अभिनय मनुष्य की प्रवृत्ति है तो भी व्यवस्थित नाट्यकला का जन्म और इतिहास निर्धारित करना असम्भव है। ऋग्वेद में प्रत्यक्ष नाट्यशिल्प के उल्लेख नहीं मिलते लेकिन नाटक के तमाम घटकों के साक्ष्य ऋग्वेद में हैं। नाटक का मुख्य घटक संवाद है। ऋग्वेद के कई सूक्तों में संवाद की शैली है। यम–यमी, पुरुरवा–उर्वशी सहित कई सूक्तों की संवादशैली उत्कृष्ट है। इसी तरह नाटक का काव्य अंश भी ऋग्वेद में दिखाई पड़ता है। तमाम वाद्ययन्त्रों के भी उल्लेख हैं। कुछ गायक साधारण रहे होंगे और कुछ विशिष्ट। अच्छे गायक को 'गायत्र' कहा गया है। (1.10.1)

ऋग्वेद का छन्द विधान स्पष्ट है। गायत्री छन्द का प्रयोग बहुत हुआ है। सम्भव है कि गायत्री छन्द की लोकप्रियता के कारण गायक को 'गायत्र' कहा गया है। सात तरह की वाणी सात स्वरों की सूचना देती है। (3.7.1) देवों से स्तुति है कि आपके लिए सप्त वाणी वाली स्तुतियाँ सोमरस की धार दुहती हैं। (8.59.3) वीणा का उल्लेख अनेक बार हुआ है। यम मृत्यु के देवता हैं। उनकी स्तुति में नाड़ी नामक वाद्य बजाया जाता है। (10.135.7) कर्करि नाम का एक वाद्य यन्त्र पक्षी की बोली जैसी ध्वनि करता है। आर्यजन अपने उत्सवों में गीत संगीत का मज़ा लेते थे।

नृत्य भी होते थे। एक मन्त्र में सोम को कलश में नाचते हुए गिरते बताया गया है। गीत संगीत व नृत्य आनन्द बढ़ाते हैं।

नाट्यकला का विकास ऋग्वैदिक समाज की आनन्दवर्द्धक प्रवृत्ति से हुआ। भरतमुनि का नाट्यशास्त्र व्यवस्थित नाट्य शिल्प का विश्व का पहला ग्रन्थ है। विभिन्न विद्वानों ने इसका रचनाकाल लगभग ई.पूर्व दो शती माना है। इसमें नाट्य जन्म की दिलचस्प कथा है। इसकी शुरुआत में नाटक उद्गम के कारण बताये गये हैं। बताते हैं कि "अति प्राचीन काल में किसी अनध्याय तिथि में आत्रेय आदि मुनि भरतमुनि के पास पहुँचे। उन्होंने भरत से पूछा कि आपने वेद समान नाट्य वेद का निर्माण किया, वह कैसे उत्पन्न हुआ।? किसके लिए हुआ? इसके अंग कितने हैं? इसका प्रयोग कैसे होता है।" (भरतमुनि, नाट्यशास्त्र, प्रथम अध्याय, श्लोक 4 व 5)

भरत ने बताया कि "तब सतयुग बीत चुका था। त्रेतायुग का प्रारम्भ हो चुका था। प्रजाजन काम और लोभ के वश धर्मच्युत हो रहे थे। ईर्ष्या, क्रोध के कारण सुखी–दुखी थे। तब देव, दानव, गन्धर्व, यक्ष, राक्षस सर्वाधिपति व देवों ने ब्रह्मा जी से निवेदन किया कि हम मनोविनोद का साधन क्रीडनीयम् चाहते हैं जो देखने–सुनने के योग्य हो। आप सबके लिए उपयोगी ऐसे 5वें वेद की रचना करें।" (वही, 9) सही बात है। सृष्टि–निर्माता के रूप में ब्रह्मा की मान्यता थी। मनोविनोद का ज्ञान रचने के लिए ब्रह्मा से ही अनुरोध किया गया।

चार वेद पहले से थे। देवों, असुरों ने मनोरंजन करने वाले किसी नये ज्ञान की माँग की। उसे 5वाँ वेद कहा। अपेक्षा थी कि क्रीडयम् या नाट्यज्ञान भी प्राचीन वैदिक ज्ञान की परम्परा में ही होना चाहिए। इसीलिए उसे पाँचवाँ वेद कहा गया। नाट्यशास्त्र के अनुसार ब्रह्मा ने हाँ किया। चारों वेदों का स्मरण किया। (वही, 13) ब्रह्मा ने कहा कि "मैं नाट्य नामक 5वें वेद की रचना इतिहास सहित करता हूँ। यह धर्म अर्थ की प्राप्ति कराने वाला, यशदाता, भावीजगत् के कार्यों के लिए पथप्रदर्शक, शास्त्र अर्थों से परिपूर्ण सभी शिल्पों को प्रदर्शित करना वाला होगा।" (वही, 14, 15)

कथा भरतमुनि के नाट्यशास्त्र में है। नाट्यशास्त्र के रचयिता स्वयं भरतमुनि हैं लेकिन उनके अनुसार नाट्यशास्त्र की रचना ब्रह्मा ने की। ब्रह्मा ने भी यह रचना करते समय इतिहास का ध्यान रखा। वेदों का सार तत्त्व भी जोड़ा। इसमें धर्म और अर्थ की पूर्ति वाले तत्त्व रखे। काम और मोक्ष को छोड़ दिया। काम इसमें पहले से ही था। मोक्ष मनोरंजन का विषय नहीं।

यहाँ प्रत्यक्ष पर ज़ोर है। उन्होंने नाट्यज्ञान व इतिहास को भविष्य के कार्यों के लिए पथप्रदर्शक बनाया। इसमें सभी शिल्पों का प्रदर्शन भी जोड़ा। भारतीय परम्परा में ब्रह्मा सृजन के देवता हैं। नाट्यशास्त्र और नाटक पुनःसृजन का काम है। इसे सृष्टि सर्जक ब्रह्मा द्वारा बनाया गया कहना भारतीय परम्परा का आदर है।

नाट्यशास्त्र के मूल घटकों का निर्माण आसान नहीं था। लेकिन ब्रह्मा या रचनाकार के सामने चार वेद थे। उन्होंने ऋग्वेद से नाटक संवाद गद्य–पद्य अंश लिए। सामवेद से गीत, यजुर्वेद से अभिनय लिए। अथर्ववेद से रस प्रवाह लिया। (वही, 17 व 18) भारतीय आस्तिकता की त्रिदेव मूर्ति ब्रह्मा, विष्णु व महेश में ब्रह्मा प्रथम हैं। वे महान सर्जक हैं लेकिन नाट्यज्ञान की रचना करते समय उनका ध्यान ऋग्वेद पर है। अन्य तीन वेदों पर भी है। नाटक के संवाद और गद्य–पद्य का शिल्प ऋग्वेद से ही लिया है। इस तरह विश्वविख्यात अभिनय कला का मूलस्रोत भी ऋग्वेद ही है। दुनिया का कोई अन्य स्रोत नहीं।

नाट्यशास्त्र बन गया। अब इसके मंचन की चुनौती थी। ब्रह्मा ने इन्द्र से कहा कि मैंने यह नाट्यज्ञान व इतिहास निर्मित कर दिया है, "योग्य, प्रौढ़, चतुर, परिश्रमी देवों को आप अभिनय के लिए यह ज्ञान दीजिए। वे इसका प्रयोग करें।, (वही, 20) इस पर इन्द्र ने मज़ेदार उत्तर दिया, "इस नाट्यवेद को ग्रहण करने, धारण करने, जान लेने व प्रयोग करने की सामर्थ्य देवताओं में नहीं है। भले ही वे तमाम शक्तियों से युक्त देव हैं लेकिन नाट्य वेद का व्यावहारिक कार्य वे नहीं कर सकेंगे।" यहाँ देवों की तुलना में मनुष्यों को ज़्यादा महत्त्व दिया गया है। देवों को कम क्षमतावान बताने का काम देवराज इन्द्र ने ही किया है। यह वक्तव्य प्रगतिशील है। ब्रह्मा ने देवों के राजा इन्द्र से यह तथ्य जानकर भरतमुनि को यह कार्य सौंपा "हे प्रिय मुनि तुम 100 पुत्रों से युक्त होकर नाट्य के प्रयोगकत्ता" बनो। (वही, 24) भरतमुनि लिखते हैं कि इस प्रकार पितामह ब्रह्मा की आज्ञा व उन्हीं से नाट्य वेद पाकर मैंने अपने 100 पुत्रों को यह ज्ञान पढ़ाया।" (वही, 25) आगे नाट्यशास्त्र में इन 100 पुत्रों की सूची है।

भरतमुनि का परिचय पेचीदा है। ब्रह्मा उन्हें नाट्यवेद सौंपते हैं। इस तरह वे पौराणिक पात्र जान पड़ते हैं। पुराकथाओं में अनेक भरतों का वर्णन है। दशरथ पुत्र भरत का नाम हम सब जानते हैं। दुष्यन्त पुत्र भरत भी लोकप्रिय है। मान्धाता के प्रपौत्र भी भरत थे। इस तरह भरतमुनि भी

पुराकथाओं के पात्र जान पड़ते हैं। लेकिन नाट्यशास्त्र असन्दिग्ध रूप में उनकी ही रचना है। भरतमुनि वास्तव में थे। उन्होंने पुराणशैली की लोकप्रियता देखी और वही शैली लेखन में भी अपनायी। उनका भरत नाम ऋग्वेद के भरतजनों की परम्परा का विस्तार हो सकता है। ऋग्वेद में गण हैं। गण छोटे समूह हैं। जन बड़े समूह हैं। ऋग्वेद में भरतजन की प्रतिष्ठा है। जैसे नाट्यशास्त्र की रचना में ऋग्वेद की मूल पूँजी है वैसे ही भरतमुनि का नाम भी ऋग्वेद से ही प्रेरित जान पड़ता है।

भरतजन का सम्बन्ध अग्नि से है। ऋग्वेद के एक ऋषि भरद्वाज हैं। वे स्वयं भरतजन से हैं। भरत हैं। अग्नि से कहते हैं, "अथर्वा के पुत्र दध्यंग ने सर्वप्रथम आपको प्रदीप्त किया।" (3.16.14) अन्यत्र कहते हैं, "भरत के पुत्र देवश्रवा व देववात ने मन्थन द्वारा अग्नि प्राप्त की।" (3.23.2) अग्नि की खोज महत्त्वपूर्ण है। निस्सन्देह अग्नि सदा से है लेकिन उसे पत्थर या लकड़ी के घर्षण से पैदा करने का काम भरतों ने किया। मनु इन ऋषियों के पूर्वज हैं, "मनु हम सबके पिता हैं।" (2.33.13)

मनु प्राचीन हैं। अन्य मन्त्रों में कहते हैं, "मनु ने मनुष्यों के हित में अग्नि की स्थापना की" (7.2.3 व 1.36.19) मनु भरतों के पूर्वज हैं। भरत से भारत अग्नि का विशेषण बना। एक मन्त्र में "तस्मा अग्निर्भारतः" (4.25.4) है। विश्वामित्र ऋग्वेद के प्रतिष्ठित कवि ऋषि हैं। गायत्री मन्त्र के नाम से चर्चित 'तत्स वितुर्वरेण्यं भर्गोदेवस्य' मन्त्र के ऋषि विश्वामित्र ही हैं। विश्वामित्र के मन्त्र भारतजन का कल्याण करते हैं–विश्वामित्रस्य रक्षति ब्रहेदं भारत जनं। बरो ने 'दि संस्कृत लैंग्वेज' में ठीक लिखा है, "भरतों ने सारे देश को अपना नाम दिया। ऋग्वेद के गण समाजों में वे सबसे महत्त्वपूर्ण है।" नाट्यशास्त्र के रचयिता भरत ऋग्वेद के भरतों की परम्परा के प्रकाण्ड विद्वान हैं। भारतीय संस्कृति के प्रसारक हैं।

भरतमुनि ने नाट्यवेद के अनुसार पूरी तैयारी की। नाट्यशास्त्र के अनुसार भरत की सहायता के लिए नारद व स्वाति जैसे विशेषज्ञ उपलब्ध थे। कौशिकी वृत्ति के अतिरिक्त धन की ज़रूरत थी। इस वृत्ति का अभिनय स्त्री पात्रों द्वारा ही सम्भव था। उस समय नाटक के लिए स्त्रीपात्र सुलभ न थे। ब्रह्मा जी ने मानसिक संकल्प से मंजु केशी, सुकेशी, सुलोचना आदि अप्सराएँ दीं। दुनिया का पहला नाटक हुआ। इन्द्रध्वज महोत्सव के अवसर पर नाटक का मंचन हुआ। महोत्सव के अवसर पर सफल नाटक के लिए देवों ने पुरस्कार भी दिये। लेकिन नाटक में देवों की प्रतिष्ठा थी।

असुरों की प्रतिष्ठाहीनता थी। असुर क्रुद्ध हुए। तोड़फोड़ हो गया। अभिनेताओं की वाणी चेष्टा और स्मृति रुद्ध हुई। इन्द्र ने पौरुष से नाटक मण्डली की रक्षा की। भरतमुनि ने फिर ब्रह्मा की शरण ली, "हे देव नाटक के विघ्नकर्त्ता विनाश पर तुले हुए हैं।" (वही, 78)

भरतमुनि का नाट्यशास्त्र मोहक इतिहास है। वे स्वयं को एक्टर डायरेक्टर की तरह प्रस्तुत करते हैं। नाटक का सृजन ब्रह्मा करते हैं। ब्रह्मा ही उन्हें सहयोग करने के लिए नारद व स्वाति को भेजते हैं। वे ही स्त्री पात्रों के लिए अप्सराएँ देते हैं। अब परेशानी है कि विघ्नकर्त्ताओं से नाटक को कैसे बचाया जाये? ब्रह्मा ने विश्वकर्मा को बुलाया। नाट्यशाला का भवन बनाने के निर्देश दिये। विश्वकर्मा ने अल्प समय में ही शुभ, विस्तार सम्पन्न, अच्छे लक्षणों से युक्त नाट्यशाला बनायी। भवन बन गया। इसकी रक्षा के लिए चन्द्रमा नियुक्त किये गये। स्टेज के पीछे की नेपथ्य भूमि की रक्षा मित्रदेव को सौंपी गयी। दिशाओं की रक्षा लोकपालों व उपदिशाओं की मरुद्रगणों की ज़िम्मेदारी बनी। आदित्य और रुद्र देवों को भी सुरक्षा में लगाया गया। नायक की रक्षा इन्द्र, नायिका की सरस्वती व विदूषक की रक्षा का भार ओम्कार को मिला। यहाँ रक्षा का भार ऋग्वैदिक देवों को ही मिला। इस सूची में पौराणिक देवों की महत्ता नहीं है।

नाटक का सभागार भी ऋग्वेद की परम्परा है। सभागार बनाने वाले विश्वकर्मा ऋग्वेद के देवता हैं। सुरक्षा में लगे मित्र, वरुण, रुद्र आदित्य आदि भी ऋग्वैदिक देव ही हैं। नायिका की रक्षा वाले इन्द्र ऋग्वेद के शीर्ष देव हैं। विदूषक की रक्षा करने वाला ओम्कार ऋग्वेद से आधुनिक काल तक प्रभावशाली है। नाट्यशास्त्र में रस की महत्ता है। यह रस ऋग्वेद में मधुरस है, ऋग्वेद की एक नदी का नाम रसा है। अथर्ववेद का रस प्रवाह उपनिषदों तक व्यापक है।

नाट्यशास्त्र पुराण की तरह प्रारम्भ होता है। इतिहास की तरह गति करता है। लोक में प्रवेश करता है। शास्त्र को लोक का अंग बनाता है। लोक को रंग देता है। रंगकर्म की सुन्दर नींव डालता है। दुनिया की कोई भी अभिनय शाखा भरत के नायक, नायिका, विवेचन, नाट्य निर्देशन, अभिनय मंच के मूल आधार का अतिक्रमण नहीं कर सकती। इसके प्रस्थान बिन्दु पर ऋग्वेद के मन्त्र हैं और विस्तार व्याप में समूचा विश्व। भारत के सभी अवतार भी लीला या अभिनय करते हैं। रामलीला या श्रीकृष्ण लीला अवतारी

पुरुषों के अभिनय ही हैं। कौन जाने? क्या हम सब भी अपने कार्यक्षेत्र में किसी अज्ञात कला निदेशक के अनुसार अभिनय प्रवृत्त ही नहीं हैं?

अभिनय असाधारण कला है। भारत में इसका उद्‌भव यूनानी नाटकों से प्राचीन है। ऋग्वेद में इसके मूल सूत्र हैं। भरतमुनि का नाट्‌यशास्त्र प्राचीन ग्रन्थ है। इसमें सुव्यवस्थित नाट्‌यकला का दिग्दर्शन है। स्वाभाविक ही इस विद्या का विकास हुआ है। भरतमुनि ने इसका श्रेय ब्रह्मा व शिव को दिया है। उन्होंने नाट्‌यशास्त्र को नाट्‌यवेद कहा है। ब्रह्मा और शिव आदि से भरत का अभिप्राय प्राचीन परम्परा से है। 'नाट्‌यवेद' का अभिप्राय नाटक की विद्या को वेद का भाग बताना है। बताते हैं कि नाटक की तैयारी पूरी हो जाने पर उन्होंने ब्रह्मा से आगे की कार्रवाई के सम्बन्ध में प्रश्न पूछा। ब्रह्मा ने कहा, "इस समय अभिनय के लिए फिर से अच्छा अवसर आया है। असुरों पर देवों की विजय का इन्द्र ध्वज महोत्सव चल रहा है। इसी महोत्सव में नाट्‌यवेद का प्रयोग करना चाहिए।" (नाट्‌यशास्त्र, भरतमुनि, अध्याय 1.53–54) फिर से अच्छा अवसर का अर्थ है कि नाटक पहले भी थे। सो यह नाटक भी सम्पन्न हुआ। पुस्तक के अनुसार ब्रह्मा आदि देवों ने नाटक देखकर प्रसन्न्ता व्यक्त की। सबने नाटक के ज़रूरी उपकरण पुरस्कार में दिये।

देवों का उल्लेख कथावाचन की परम्परा है। असली बात है नाट्‌यकला का विकास। नाटक में असुरों की निन्दा थी, देवों की प्रशंसा थी। देव प्रसन्न हुए। असुर क्रोध में आये। दूसरे देवासुर संग्राम की स्थिति बनी। असुरों के लिए नाटक बर्दाश्त के बाहर था। विघ्नकारी दैत्यों ने असुरों के साथ मिलकर नाटक पर हमला कर दिया। इन्द्र ने रक्षा की। (वही 69–70) विघ्नकर्ताओं का भय तो भी था। ब्रह्मा ने विश्वकर्मा से कहा कि आप सुन्दर नाट्‌यशाला बनाइए। उन्होंने नाट्‌यशाला बनायी। (वही, 79–81) स्पष्ट है कि पहले नाट्‌यशालाएँ नहीं थीं। नाट्‌यशाला का निर्माण सम्भवतः नाटक में होने वाले उपद्रवों को ध्यान में रखकर किया गया है। नाटक विद्या के विकास का यह अगला चरण है।

नाटक में विघ्न का भय तब भी था। नाट्‌यशाला निर्माण से ही नाटक में होने वाले उपद्रवों से रक्षा सम्भव नहीं थी। नाट्‌यशास्त्र में रक्षकों की नियुक्ति का वर्णन बड़ा रोचक है। नाट्‌य मण्डप की रक्षा का भार चन्द्रमा को दिया गया। नेपथ्य क्षेत्र या यूनानी नाटकों वाले ग्रीन रूम की रक्षा का काम मित्र देव को, स्टेज की रक्षा का भार अग्नि को, वाद्य यन्त्रों की

रक्षा का भार अन्य देवों को मिला। स्तम्भों की रक्षा का भार मनुष्यों को दिया गया। (वही, 84–94) यहाँ सारे देवता ऋग्वेद के हैं। व्यवस्था पूरी करने के बाद ब्रह्मा ने विघ्नकर्ताओं से कहा, "आप नाट्य विनाश के लिए क्यों तत्पर हैं? विघ्नकर्ताओं ने कहा कि हम और देव सृष्टि के प्रारम्भ में आपसे ही पैदा हुए हैं। लेकिन आपके नाट्यवेद में देवों की प्रशंसा और असुरों का अपमान है।" (वही, 101–104) इस कथन का अर्थ सीधा है। नाटक के प्रदर्शन से एक वर्ग क्रुद्ध था लेकिन क्रुद्ध वर्ग अलग नस्ल या प्रजाति नहीं था। असुर भिन्न नस्ल नहीं थे। असुरों ने ब्रह्मा से कहा कि "यथा देवस्त तथा दैत्यास्त्वतः सर्वे विनिर्गताः।" (श्लोक 104) देव दैत्य एक परिवार से थे।

कला, गीत संगीत और काव्य मनुष्य को उदात्त बनाते हैं। संस्कृति मनुष्य को उदात्त बनाती है। अभिनय श्रेष्ठ कला है और नाटक का मुख्य भाग है। नाटक में सभी पक्ष होते हैं। उद्देश्यपूर्ण नाटक में सब कुछ होता है। भारतीय नाट्य परम्परा में नाटक का अन्त सुखद होता है। नाट्यशास्त्र में नाटक की विषयवस्तु का विस्तार से उल्लेख है, "नाट्य में संसार के सभी भावों का अनुकीर्तन है।" (वही, 107) अनुकीर्तन ध्यान देने योग्य है। कीर्तन मूल है, अनुकीर्तन अनुसरण है। अभिनय प्रकृति के प्रपंचों का ही पुनःसृजन है। आगे कहते हैं, "इसमें कहीं धर्म है, कहीं क्रीड़ा, कहीं अर्थ, कहीं हास्य, कहीं युद्ध, कही काम तथा कहीं वध है।" (वही, 108) यहाँ नाटक में सभी भाव व विषय समाहित हैं।

भारतीय नाट्य कला केवल सम्पन्नों का मनोरंजन नहीं है। बताते हैं, "इसमें धर्म परायणों के लिए धर्म है। काम प्रवृत्तों के लिए काम है। उद्दण्डो के लिए दण्ड है। वीरों के लिए उत्साह है। नाटक अबोध के लिए ज्ञानदाता है और विद्वानों के ज्ञान को बढ़ाने वाला है। इसमें सम्पन्नों के लिए विलास है। दुख पीड़ितों के लिए स्थिरता व व्याकुल चित्त के लिए धैर्य है। यह अनेक भावों से समन्वित विभिन्न अवस्थाओं वाला है। यह लोकव्यवहार का अनुकरण करने वाला है।" (वही, 109–112) नाटक का उद्देश्य स्पष्ट है। इसका सम्बन्ध लोक व्यवहार से है। लोक व्यवहार शब्द भी ध्यान देने योग्य है। नाटक में लोक व्यवहार की प्रमुखता है। लोक व्यवहार का अनुकीर्तन ऋग्वेद की परम्परा है। ऋग्वेद भी लोकमन और लोकप्रज्ञा की अभिव्यक्ति है। भारतीय मान्यता के अनुसार ऋग्वेद में सब कुछ है। भरीपूरी प्रकृति, प्रकृति के सभी प्रपंच, जीव वनस्पति, नदी पर्वत आदि हज़ारों

विषय ऋग्वेद में हैं। मनुष्य जीवन के राग द्वेष, सुख स्वस्ति आनन्द, दर्शन और भौतिक विज्ञान के महत्त्वपूर्ण सूत्र ऋग्वेद में हैं। भरतमुनि भी कहते हैं, "जो नाटक में न मिले, ऐसा कोई ज्ञान, शिल्प, विद्या, कला, योग या अन्य कोई कार्य नहीं है। नाटक में सभी शास्त्रों, सभी शिल्पों और सभी कार्यों का समावेश है इसलिए मैंने इसकी रचना की है।" (वही, 117–18) भरतमुनि के अनुसार नाटक में पूरा संसार है। लोक और शास्त्र दोनों ही नाटक के अंग हैं। नाटक यथार्थ है, अध्यात्म नहीं है।

नाटक से ज्ञान बढ़ता है, मनोरंजन होता है। भरतमुनि ने नाटक से तमाम अपेक्षाएँ की हैं, "यह नाट्य उत्तम, मध्यम तथा अधम मनुष्यों के कर्म का आधार लेने वाला तथा हितावह उपदेशों का जनक होगा। यह नाट्य रसों, भावों तथा इन सभी (रसभाव आदि) के कार्य और क्रियाओं के द्वारा उपदेश प्रदान करने वाला होगा। यह नाट्य दुख से, थकावट से तथा शोक से पीड़ित दीन दुखियों के लिए विश्राम देने वाला होगा। यह नाट्य धर्म, यश और आयु का संवर्धक, हितकारी, बुद्धि का विकास करने वाला तथा संसार को उपदेश देने वाला होगा।" (वही, 113–16) नाटक कलाकार को यश देगा। दर्शकों की वृद्धि बढ़ायेगा।

नाटक से समाज को होने वाले सारे लाभ भौतिक हैं। मनुष्य को सुख देने वाले हैं। नाटक से मोक्ष या भवसागर पार करने की घोषणा नहीं है। नाटक में प्रत्यक्ष यथार्थ का पुनःसृजन होता है। प्रकृति के सारे सृजन यथार्थ हैं, इनका पुनःसृजन भी यथार्थ है। यह सत्य है। शिव और सुन्दर का सर्जक है। नाटक में अन्तर्निहित सन्देश समाज को सांस्कृतिक व उदात्त बना सकते हैं। यहाँ नाटक की सरल परिभाषा भी है, "लोक प्रवृत्तियाँ सुख–दुख मिश्रित होती हैं, यही आंगिक आदि अभिनय से युक्त होकर नाट्य कहलाती हैं–सो अंगाद्यमिनयोपेतो नाट्य मित्याभि धीयते। (वही, 21) लोक प्रवृत्ति में बेशक सुख–दुख की अनुभूति है लेकिन नाटक सुख अनुभूति बढ़ाने वाला कार्य है।

भरतमुनि शुद्ध संसारी नाट्य विषय लिख रहे थे। उनका ध्यान वेद की ओर से नहीं हटता। वेद इतिहास भी हैं और ज्ञान का संकलन भी। वे नाटक के प्रभाव का विवरण देते समय भी वेद, विद्या और इतिहास को याद रखते हैं। लिखते हैं, "यह नाटक संसार में वेद, विद्याओं और इतिहास की गाथाओं की परिकल्पना करने वाला होकर विनोद आनन्द का कर्त्ता होगा। यह नाट्य श्रुति, स्मृति, सदाचार और शेष अर्थों की कल्पना करने

वाला लोकरंजक होगा।" (वही, 122 व 23) भरत का ध्यान श्रुति (वेद) स्मृति और लोक से नहीं हटता। सदाचार का प्रवाह उनका व नाटक का ध्येय है। मनोरंजन इसका उपविषय है। मनोरंजन के रास्ते सदाचार का संवर्द्धन नाटक की प्रगतिशील भूमिका है।

प्राचीन काल के नाटक की अतिविकसित विधा आधुनिक काल का सिनेमा है। नाटकों का मंचन आधुनिक काल में भी चल रहा है लेकिन सिनेमा का विस्तार बड़ा है। भरतमुनि के नाट्यशास्त्र में अभिनय के सभी मूल तत्त्व हैं। सिनेमा में भी ज़्यादातर वही तत्त्व हैं। लेकिन तकनीकी के कारण सिनेमा का माध्यम ज़्यादा शक्तिशाली है। सिनेमा के निर्माता नाटक या अभिनय के मूल उद्देश्यों के प्रति सजग नहीं जान पड़ते। सिनेमाई अभिनय में देह अभिव्यक्ति ज़्यादा है, भाव अभिव्यक्ति कम है। किसी–किसी स्तर पर सिनेमा में भी भाव अभिव्यक्ति का सुन्दर घनत्व है लेकिन सदाचारहीन देह–प्रेम ज़्यादा है। सिनेमा में भरतमुनि द्वारा अपेक्षित मर्यादा सौन्दर्य नहीं के बराबर है। यथार्थ के नाम पर बन रहे सिनेमा में समाज के योजक नेह सम्बन्धों को तोड़ने में कोई हिचक नहीं है। भरत ने नाट्यशास्त्र में अभिनय के दौरान गीत, संगीत या नृत्य रखने के अवसर भी समझाये हैं। सिनेमा में गीत नृत्य के उचित अवसर का ध्यान प्रायः नहीं होता। 'आइटम सांग' कभी भी, कहीं भी ज़ोर–जबर्दस्ती से घुसा हुआ ही जान पड़ता है।

भरत का उद्देश्य सांस्कृतिक है। तत्त्व बोध इतिहास बोध के रास्ते समाज के अन्तर्मन का संस्कार है। ऋग्वेद के रचनाकार ऋषि प्रकृति के सत्य, शिव और सुन्दर को ही काव्य मन्त्रों द्वारा पुनःसृजित कर रहे थे। स्वाभाविक ही भरत की प्रेरणा ऋग्वेद है, बाद का वैदिक साहित्य है। गन्धर्व विद्या है। शिव है, शिव का नृत्य है। वे शास्त्र से रस लेकर लोक को रसपूर्ण करते हैं। लोक रस के अतिरेक से शास्त्र को समृद्ध करते हैं। नया वेद नाट्यशास्त्र रचते हैं। सिनेमा न संस्कृति से रस लेता है और न ही भरतमुनि के नाट्यशास्त्र से ही प्रेरित होता है। मूल उद्देश्यों में अन्तर है। सिनेमा का उद्देश्य अर्थार्जन है। भरत का उद्देश्य लोक रंजन व संस्कृति संवर्द्धन है और इस आनन्दी संस्कृति का मूल स्रोत ऋग्वेद है।

पृथ्वी माता, आकाश पिता

हम सब प्रकृति का अंश हैं। इसलिए प्रकृति से आत्मीय सम्बन्ध स्वाभाविक ही श्रेष्ठ होते हैं। ऐसे सम्बन्ध बनाना ऋग्वेद के ऋषियों का स्वभाव है। पृथ्वी हम सबको धारण करती है इसीलिए वह धरती धारित्री है। इसी तरह आकाश है। वह सबको आवृत्त करता है। दशों दिशाओं से आच्छादित करता है। वह हमारे भीतर है और बाहर भी। ऋषि पृथ्वी को माता कहते हैं और आकाश को पिता। हम सब पृथ्वी और उसके घटक जल अन्न आदि से निर्मित हैं। आकाश तत्त्व हमारे जीवन में हैं। हम माता–पिता का विस्तार हैं। पृथ्वी माता और आकाश पिता की अनुभूति अभिव्यक्ति सरल और स्वाभाविक है। ऋग्वेद के सुन्दर मन्त्र (6.70.5–6) में माता पृथ्वी व पिता आकाश से प्रत्येक स्तर पर मधुमयता की स्तुति है। कहते हैं, "मधुनो द्यावा पृथ्वी मिमिक्षितां मधुश्चुता मधु दुधे मधुव्रते। द्योश्च पृथ्वी च पिन्वतां पिता माता।" इस कविता में बार–बार मधु आवृत्ति है। सारांश यह है कि माता पृथ्वी व पिता आकाश हमारे जीवन को मधुरस और मधुव्रत से भर दें।

माता–पिता सन्तति को आनन्द से भरते रहते हैं। वे सन्तति के सुख में स्वयं भी सुखी होते हैं। पृथ्वी माता और आकाश पिता से यही अपेक्षा है। पृथ्वी माता धारक है। वह सुजला और सुफला है। वह जलों को मेघ होने के लिए उकसाती है। जल मेघ बनते हैं। आकाश पिता उन्हें अपनी सन्तति के हित में वर्षा के लिए प्रेरित करते हैं। माता पृथ्वी जल रस से भर जाती है। वनस्पतियाँ उगती हैं। ऋग्वेद में ऐसी ही स्तुतियाँ हैं। एक स्तुति (1.159.1–2) में "आकाश पृथ्वी को विचार प्रेरक भी कहा गया है। इनका मन एक है।" दोनो मिले हुए हैं। दोनों विश्व धारक हैं। समृद्धि के आधार हैं। प्रकृति के नियम मानते हैं। अनुशासित रहते हैं, "द्यावा पृथ्वी विश्वशम्भुव ऋतावरी रजसो धारयत्कवी।" (1.60.1)

शक्ति उपास्य है। मनुष्य में शक्ति अभिलाषा है। पृथ्वी में शक्ति है, आकाश में भी शक्ति है। पिता–माता दोनों मिलकर महाशक्ति सम्पन्न हैं। ऋग्वेद में दोनो का साझा नाम 'रोदसी' है। रोदसी से भी स्तुतियाँ हैं। वैदिक ऋषियों की द्यावा पृथ्वी श्रद्धा अनूठी है। कहते हैं, "ये द्यावा पृथ्वी महाशक्ति सम्पन्न है।" (10.92.11) दोनों अपनी सन्तति को शक्ति सम्पन्न बनाते हैं। माँ प्रकृति की आदि आत्मीयता है। ऋग्वेद के ऋषियों के चित्त में माँ की अनुभूति गहरी है। वे जल को माताएँ कहते हैं। नदियों को भी माता कहते हैं। जैसे पृथ्वी को माता कहने की ऋग्वैदिक परम्परा में देश मातृभूमि है वैसे ही नदियों को माता बताने की परम्परा आधुनिक लोकजीवन में भी सरल तरल प्रवाहमान है। गंगा–यमुना आदि नदियाँ माता कही जाती हैं।

पृथ्वी और आकाश माता–पिता को ऋग्वेद (10.36.2) में सचेतन व प्रचेतस कहा गया है। यहाँ दोनों चेतन युक्त हैं। संवेदनशील और ज्ञानवान हैं। वे प्रकृति के नियमों का पालन करते हैं। पुत्र का पालन–पोषण भी प्रकृति का नियम है। सभी प्राणी सन्तति को संरक्षण देते हैं। ऋषि उनसे उचित ही संरक्षण की स्तुति करते हैं, "वे द्यावा पृथ्वी हमारी रक्षा करें।" (वही) आश्चर्य है कि आधुनिक भारत पृथ्वी माता व आकाश पिता के प्रति आत्मीय भाव से युक्त नहीं हैं। पृथ्वी के मर्मस्थल खोदे जा रहे हैं। खनन से माता पृथ्वी घायल हैं और प्रदूषण से आकाश पिता। ओजोन परत ख़तरे में है। भूमण्डल का ताप बढ़ा है। माता–पिता वाला वैदिक श्रद्धाभाव समय का आह्वान है।

मधुअभिलाषा के एक मन्त्र में वायु, नदियाँ, धरती और जीवन की प्रत्येक गति नियम में माधुर्य माँगा गया है। मन्त्र के अन्त में 'मधुद्यौरस्त न पिता–आकाश पिता भी मधुर हैं। माता–पिता जीवन के प्रत्येक स्पन्दन में उपस्थित रहते हैं। हम सबकी जीवन गति पृथ्वी पर है। पृथ्वी जन्म क्षेत्र, कर्म क्षेत्र और यश क्षेत्र है। आकाश पिता हमारी सर्वोत्तम सम्भावना का प्रेरक है। ऊँचे उठने की कामना आकाश है। सुदृढ़ होने का तल पृथ्वी है। वायुयान की यात्रा में डर लगता है। सम्भवतः इसका कारण आकाश पिता है। पिता के निकट होने में थोड़ा डर सबको लगता है। माता का सान्निध्य निर्भयता है। पृथ्वी माता से जुड़े रहना स्वाभाविक ही आश्वस्तिदायी है।

माता और पिता में माता सगन्धा है। उसकी सहज निकटता गन्ध आपूरण है। आकाश का गुण शब्द है। पिता आकाश का प्रसाद शब्द हैं।

वैदिक ऋषियों को शब्दों, मन्त्रों का प्रसाद आकाश पिता से मिला है। शेष सब कुछ माता पृथ्वी की अनुकम्पा है। कहते हैं कि यह पृथ्वी देवों द्वारा संरक्षित है—देव गोपा है। पृथ्वी कल्याण करती है—स्वस्तिरिद्धि है। यह ऐश्वर्य शालिनी—प्रपथे श्रेष्ठा है। (10.63.16) पृथ्वी और आकाश प्रत्यक्ष हैं। ये काव्य कल्पना नहीं है। दोनों स्वाभाविक ही माता—पिता हैं।

ऋग्वेद की पम्रपरा में अथर्ववेद का विश्व प्रतिष्ठ भूमि सूक्त है। यहाँ भी पृथ्वी माता है और हम सब पृथ्वी पुत्र हैं। पृथ्वी सगन्धा है। ऋषि अथर्वा ने इस गन्ध को कमल में प्रकट होते हुए देखा सूँघा है। देवों ने कमल गन्ध को सूर्य पुत्री सूर्या के विवाह अवसर पर उपस्थित अभिजनों में विस्तृत किया है। कवि ऋषि के अनुसार इस पृथ्वी पर उत्सव हैं, मेले हैं। हँसता, गीत गाता जीवन स्पन्दन है। माता पृथ्वी के आँचल में नदियाँ हैं, वन—उपवन और पर्वत हैं। पशु—पक्षी और कीट—पतिंग हैं। ग्राम है, ग्राम मिलन है, संग्राम है। पृथ्वी माता सबको अपने आँचल में सम्हालती है। अथर्वा कहते हैं कि हे माता हम सर्वत्र आपकी स्तुति करते हैं। पृथ्वी माता स्तुति और नमस्कारों के योग्य हैं।

ऋग्वेद और अथर्ववेद की यही परम्परा पुराणों में भी है। श्रीकृष्ण ने भी पृथ्वी की उपासना की। पृथ्वी प्रसन्न हुई। श्रीकृष्ण ने पूछा कि हे वसुन्धरे आपको कैसे प्रसन्न करें? आपका किस तरह पूजन करें? पृथ्वी ने कहा कि थोड़ा अन्न प्रतिदिन पक्षियों आदि के लिए बिखेर दिया करो, पशुओं के भोजन की भी चिन्ता करो। कथा के अनुसार श्रीकृष्ण ने यही किया। पृथ्वी प्रसन्न हुई। पृथ्वी माता को अपनी प्रत्येक सन्तान की चिन्ता रहती है। पृथ्वी आराधना आधुनिक काल में भी है। भूमि पूजन अब भी होते हैं। ऋग्वेद की यही परम्परा आधुनिक काल में बंकिम चन्द्र की कविता वन्देमातरम् में श्रेष्ठ रूप में प्रकट हुई है। वन्देमातरम् भारत का राष्ट्रगीत है। यहाँ धरती माता उचित ही भारत माता हैं। यह माता सुजला, सुफला के साथ मलयज शीतला भी है। पूरा गीत राष्ट्रजीवन की मूलभूत चेतना की सुमधुर अभिव्यक्ति है। प्रत्येक भारतवासी का मन इसे गुनगुनाते हुए आनन्दित व कर्तव्य परायण होता है। माता पृथ्वी जन्म से लेकर मृत्यु तक पोषण करती है। पिता आकाश हमारे जीवन का संवर्द्धन करते हैं। भूमि के प्रति वैदिक पूर्वजों की अनुभूति और श्रद्धा अद्वितीय है। मृतक के दाह संस्कार में स्थानीय भूमि तापयुक्त होती है। ऋषि भूमि के प्रति संवेदनशील हैं। स्तुति करते हैं, "हे अग्नि आपने इस भू स्थल को तापदग्ध किया है।

इसे तापरहित बनाइए। यहाँ अनेक शाखाओं वाली घास फिर से उगे। भूमि पहले जैसी हो जाये।" (ऋग्वेद 10.16.3)

माता पृथ्वी और पिता आकाश से सम्बन्धित ऋग्वेद के एक देवता हैं पर्जन्य। वे वर्षा के देवता कहे जाते हैं। आधुनिक वैज्ञानिक शब्दावली में वे प्रकृति का 'इकोलोजिकल साइकिल' हैं। जलों का पृथ्वी से आकाश जाना, बादल होकर आकाश में पर्यटन करना और फिर से वर्षा रूप धरती पर आना बड़ी प्राकृतिक कार्यवाही है। यह कार्यवाही मनुष्य सहित सभी जीवों के जीवन का आधार है। ऋग्वेद के एक अन्य मन्त्र (7.101.3) में भी "आकाश पिता हैं, उनका पय–रस पर्जन्य है। माता धरती इस रस को ग्रहण करती है। दोनों संवर्द्धित होते हैं, सन्तति भी संवर्द्धित होती है–पितु पयः प्रति गृभ्णाति माता तेन पिता वर्धते तेन पुत्रः।" पर्जन्य से जल है। जल से औषधियाँ वनस्पतियाँ हैं। पर्जन्य जगत का आत्म हैं–तस्मिन्नात्म जगतस्तस्थुष श्रृच। (वही, 6) ऐसे सारे प्रपंचों का स्थल नीचे पृथ्वी है, ऊपर आकाश है। बीच में सुन्दर प्रपंचों के सुन्दर खेल हैं लेकिन मूल हैं माता पृथ्वी और पिता आकाश की अनन्य प्रीति। धरती माता आकाश पिता की यही प्रीति अजर–अमर है। ऋग्वेद के ऋषि ऐसे प्रेम प्रपंचों के द्रष्टा हैं।

पूर्वज अनुभूति में पृथ्वी सजीव है। यह निर्जीव नहीं है। लाखों जीवों की धारक है। इसी में उगना उदय और अस्त होना प्रत्येक प्राणी की नियति है। यह जननी है। पृथ्वी को माता कहने वाले यह ऋषि अन्धविश्वासी नहीं हैं। वे अपने काव्य सृजन में गहन अनुभूति व दर्शन को आधार बनाते हैं। वैज्ञानिक दृष्टिकोण उनकी सहज वृत्ति है। पृथ्वी उनकी अनुभूति की नींव है और आकाश उनका दार्शनिक, वैज्ञानिक, मनोवैज्ञानिक क्षेत्र। वे इसी प्रगाढ़ अनुभूति में धरती माता और आकाश को पिता जानने का भाव उनके मन में उगा है तो इसमें आश्चर्य क्या है।

वृद्धावस्था की पीड़ा

मृत्यु जीवन का अन्त है। वृद्धावस्था जीवन ऊर्जा का अवसान है। क्या मृत्यु दुख देती है या नहीं देती ? यह प्रश्न अनुत्तरित है। मृत्यु का अनुभव अज्ञात है लेकिन वृद्धावस्था के कष्ट सर्वविदित हैं। बुद्ध की कथा में भी वृद्ध दर्शन की अनुभूति है। ऋग्वेद में 100 शरद् जीवन की स्तुति है। इस स्तुति में 'पश्येम शरदः शतं'–100 वर्ष देखने की भी इच्छा है। दीनहीन न होने की भी स्तुति है। वृद्धावस्था में दृष्टि सहित अधिकांश इन्द्रियाँ काम नहीं करतीं। बुढ़ापे के कष्टों की ओर वैदिक समाज का ध्यान गहरा है। जीवन अमूल्य है। वृद्ध हमारे समाज का अनुभव समृद्ध भाग हैं। उनके जीवन को कष्टरहित बनाना समाज का कर्तव्य है। वृद्धों की सेवा उनके पुत्रों–पौत्रों का प्रथम वरीयता वाला दायित्व है। यह राष्ट्र राज्य का भी कर्तव्य है। राष्ट्र राज्य सतर्क है। इस पर क़ानून भी है लेकिन आधुनिक समाज इस महत्त्वपूर्ण समस्या पर सजग व सतर्क नहीं है। संरक्षक अभिभावक जीवन की साँझ में दुखी हैं।

भारतीय समाज जीवन संयुक्त परिवारों में विकसित हुआ है। ऐसे परिवारों के सुख–दुख साझे रहे हैं। वृद्ध अपने बड़े परिवारों के मुखिया रहे हैं। वे अपनी वरिष्ठता में ही आनन्दित रहते हैं। लेकिन अब संयुक्त परिवारों की परम्परा टूट गयी है। सब एकाकी रहना चाहते हैं। वृद्ध अकेले हो रहे हैं। वे उपयोगी नहीं माने जाते। वे अशक्त हैं। आधुनिक उपयोगितावाद के कारण वृद्धावस्था के शारीरिक कष्टों में अब मानसिक सन्ताप भी जुड़ गये हैं। ज़्यादातर वृद्ध मानसिक अवसाद में हैं। मानसिक अवसाद से व्यथित हैं। भारतीय समाज के लिए यह स्थिति त्रासद है। संवेदनाएँ कुचालक हो रही हैं।

जीवन समय बन्धन में है। सभी प्राणी काल के भीतर हैं। मनुष्य भी। जन्म और शैशव ऊषाकाल है। बचपन सम्भावनाओं का बीज है। सम्भावना

का बीज फूटता है। जीवन ऊर्जा से भरीपूरी तरुणाई आती है। तरुणाई भी स्थिर नहीं है। सूर्य आये, सूर्य गये। काल का पहिया घूमा। 40–50 शरद् पूर्णिमा आयीं, गयीं। जीवन का सन्ध्या काल आया। ऊर्जा घटी, शरीर टूटा। प्राचीन कवि बता गये है–शीर्यते इति शरीरं। जो शीर्ण होता रहता है, वह शरीर है। शरीर सतत क्षरणशील है। 60 वर्ष के आसपास आ जाती है वृद्धावस्था। आयुर्वेद के महत्त्वपूर्ण ग्रन्थ शारंगधर संहिता में मनुष्य शरीर के भाव क्षरण का सुन्दर उल्लेख है। लिखा है कि "प्रत्येक 10 वर्ष बाद भाव ह्रास के लाक्षणिक परिवर्तन आते हैं। जीवन के पहले 10 वर्ष में मनमौजी बाल्यावस्था का ह्रास होता है। फिर अगले 10 वर्ष में वृद्धि का ह्रास होता है। वृद्धि रुक जाती है। शारीरिक विकास स्थगित हो जाता है। फिर अगले 10 वर्ष में कान्ति या चेहरे की दीप्ति का ह्रास, फिर आगे के 10 वर्ष में धारणा का ह्रास होता है। 5वें दशक में सौन्दर्य का ह्रास और छठे में दृष्टि का ह्रास बताया गया है। 7वें दशक में ऊर्जाबल का ह्रास, फिर पराक्रम और बुद्धि का ह्रास होता है।" आधुनिक विज्ञान ने इस ह्रास को घटाया है लेकिन प्रकृति के नियम अपना काम करते ही हैं। वृद्ध होना सबकी नियति है।

बुढ़ापा अभिशाप नहीं है। वृद्धों के पास संसार के जीवन्त अनुभवों का कोष होता है। ऋग्वेद के एक मन्त्र में सभी वरिष्ठों को नमस्कार किया गया है, "इदं नमः ऋषिभ्यः, पूर्वजेभ्यः वेभ्यः पथिकृदम्यः–ऋषियों को नमस्कार है, पूर्वजों को नमस्कार है, वरिष्ठों व मार्गदर्शकों को नमस्कार है।" (10.14.15) वरिष्ठों का सम्मान प्राचीन वैदिक परम्परा है। एक मन्त्र (10.15.2) में कहते हैं, "इदं पितृत्यो नमो, अस्त्वद्य ये पूर्वासों–जो नहीं है और जो है, उन सबको नमस्कार है।" ऋग्वेद का यह नमस्कार ध्यान देने योग्य है। यह वरिष्ठों के प्रति आदर का स्थयी भाव है। ऋग्वेद की इसी परम्परा का प्रवाह महाभारत में है। कहा गया है कि वह सभा सभा नहीं है, जिसमें वृद्ध नहीं हैं, वे वृद्ध वास्तविक वृद्ध नहीं हैं, जो धर्मतत्त्व नहीं जानते। रामकथा वृद्धों के सम्मान से युक्त है। वृद्ध होना सौभाग्य है। शारीरिक शक्ति का विचार अर्थहीन है। अनुभव का कोष महत्त्वपूर्ण है। वृद्ध के पास दिशा होती है, युवक के पास गति और ऊर्जा। वृद्धों के दिशा दर्शन में ही युवकों की गति उपयोगी है।

माता–पिता भी ऐसे ही मार्गदर्शक संरक्षक होते हैं। हम सब उनका विस्तार हैं। वे न होते तो हम न होते। ऋग्वेद में पृथ्वी माता है, आकाश पिता है।

इस उदाहरण में विराट पृथ्वी और अनन्त आकाश की तुलना माता–पिता से की गयी है। माता–पिता से हमारे अन्तःसम्बन्ध एकात्म हैं। वे जनक हैं। वे हमारा भविष्य सँवारने में जुटे दो देवता हैं। वे प्रतिपल प्यार और शुभाशंसा उड़ेलने वाले शक्ति केन्द्र हैं। उनका आदर और सम्मान हमारा कर्तव्य है। माता–पिता के प्रति हमारा सम्मान अतर्क्य है। ऋषि की इच्छा है कि हम पृथ्वी को माँ जैसी और आकाश को पिता जैसी प्रतिष्ठा दें।

वैज्ञानिक दृष्टिकोण वाले चिन्तन और निष्कर्ष निस्सन्देह सही होते हैं लेकिन माता–पिता से हमारी आत्मीयता की व्याख्या वैज्ञानिक दृष्टिकोण से ही नहीं हो सकती। वैज्ञानिक दृष्टिकोण में हम उनकी युति से जन्मे हैं लेकिन माता–पिता से हमारे रिश्ते अव्याख्येय हैं। ऋग्वेद में इन रिश्तों की अद्वितीय स्थापना है। ऋग्वेद के रचनाकाल से लेकर रामायण, महाभारत होते हुए आधुनिक काल तक इन रिश्तों की प्रीति ऊष्मा एक जैसी है। इनका समाज विज्ञान अनूठा है। आधुनिक समाज में माता–पिता के प्रति श्रद्धा का अभाव है। वैदिक संस्कृति में माता–पिता देवता स्तुत्य हैं। दुनिया के किसी भी देश की संस्कृति व सभ्यता में माता अदृश्य ईश्वर या मान्य देवों से पिता बड़ा नहीं है लेकिन भारत में ये दोनों सुस्थापित देवों से भी बड़े हैं। इस परम्परा का आदि स्रोत ऋग्वेद है।

ऋग्वेद (10.22.3) में इन्द्र से कहते हैं, ''जैसे पिता अपने पुत्र को संरक्षण देता है आप हमें वैसे ही संरक्षण दें–पिता पुत्रमिव प्रियम्।'' यहाँ पिता का संरक्षण सबसे बड़ा है। ऋषि की कामना है कि इन्द्र भी उसे पिता जैसा संरक्षण दें। हाथ पकड़े रहें, हम गिरें तो वे तत्काल उठा लें। एक अन्य मन्त्र में इन्द्र से प्रार्थना है कि आप हमें पिता की तरह बुद्धि दें–प्रमतिपितेव। इन्द्र ज्ञानी हैं। यह समाज की मान्यता है लेकिन पिता द्वारा दी गयी बुद्धि की बात ही दूसरी है। ऋषि पिता की बुद्धि का श्रेय जानता है। यही यथार्थवादी बोध है। देव सामाजिक मान्यता व आस्तिकता हैं। उनके होने या न होने पर प्रश्न उठाये जा सकते हैं। ऐसे प्रश्न ऋग्वेद में भी हैं। लेकिन पिता यथार्थ हैं। प्रत्यक्ष संरक्षक व सुखदाता है। सोम से स्तुति है, ''हमें वैसे ही सुखी रखो, जैसे पिता पुत्र को सुखी रखता है।'' सुख कई तरह का होता है। प्रिय का मिलन सुख है। प्रकृति की अनुकूलता सुख है। इच्छा का पूरा होना भी सुख है लेकिन ऋषि पिता द्वारा दिये गये सुख से सराबोर है। सोम देवता है। आनन्ददाता भी है। ऋषि उनसे पिता जैसा सुख माँगते हैं।

माता–पिता के प्रति भावपरक श्रद्धा का अपना समाज विज्ञान है। माता–पिता बचपन में पोषण देते हैं, पढ़ाते हैं, सिखाते हैं। वे स्वयं की चिन्ता नहीं करते, अपना भविष्य नहीं देखते। हम सबके सुखद भविष्य का तानाबाना बुनते हैं। हम तरुण होते हैं, पिता वृद्ध होते हैं। हम तरुणाई से और परिपक्व होते हैं, पिता और वृद्ध होते हैं। जब हम तेज रफ़्तार जीवन की गतिशीलता में होते हैं, तब माता–पिता उठते ही गिर पड़ते हैं। वे बचपन में हमको गिरने से बचाते थे। ऋषि की स्मृति में ऐसे तमाम प्रसंग हैं। एक ऋषि अग्नि से स्तुति करते हैं, "हमें वैसे ही उछालो जैसे हमारे पिता हमको उछालते थे।" बचपन में माता–पिता हमको उछालते थे। हम उनकी गोद में गिरते थे। खिलखिलाते हँसते थे। प्रसन्न मन। क्या उन्हें हम उनकी वृद्धावस्था में अपनी गोद में बैठा सकते हैं?

भारत आगे बढ़ रहा है। विकासशीलता से विकसित राष्ट्र होने जा रहा है। अधिकांश वृद्ध माता–पिता जीवन की साँझ में निराश हैं। पुत्र अपने काम में व्यस्त हैं। वे अकेले हैं। कुछेक को दवा भोजन मिलता है लेकिन प्रेम नहीं। वे युवा पुत्रों से वार्ता चाहते हैं। उन्हें वृद्धावस्था में संरक्षण की ज़रूरत है। लेकिन कमाऊ पुत्र डाँट रहे हैं, वृद्ध व्यथित हैं। सरकारें वृद्धाश्रम बना रही हैं। यह स्थिति भयावह है। दुख दुर्निवार हैं। यह राष्ट्रव्यापी समस्या है। इसका उपचार प्राचीन संस्कृति और वैदिक सभ्यता है।

सारा प्राचीन काल बाह्य नहीं है। कालबाह्य को काल स्वयं ही छोड़ देता है। कुछ सत्य शाश्वत हैं। माता–पिता का साहचर्य अल्पकालिक है लेकिन उनके साथ का आनन्द तत्त्व शाश्वत है। उनका आदर पिछड़ापन नहीं है। भारत के अपने इतिहास में माता–पिता के आदर व श्रद्धा वाला संस्कारी समाज था। वैसा ही संस्कारी भविष्योन्मुखी समाज बनाने के लिए माता–पिता का संरक्षण पाना और वृद्धावस्था में उन्हें संरक्षण देना कोई बड़ा काम नहीं है। यह सांस्कृतिक प्रश्न है। सामाजिक प्रश्न है और पारिवारिक आनन्द की प्राप्ति का मार्ग भी है। ऋग्वेद इस सामाजिक प्रश्न का वास्तविक समाधान है।

नारी

स्त्री–पुरुष प्राकृतिक संरचना है। सभी जीवों का जन्म स्त्री–पुरुष की युति का परिणाम है। दोनों सम्पूर्ण जीव–सृष्टि के आधार हैं। दोनों के मिलन से जीव–सृष्टि का विकास है। ऋग्वेद में विवाह नाम की सुस्थापित संस्था है। विवाह संस्था की मज़बूती में स्त्री की भूमिका मुख्य है। विवाह के विकास में काफ़ी समय लगा होगा। विवाह जैसी संस्था का जन्म और विकास किसी राजा के आदेश से सम्भव नहीं है। यह सतत सामाजिक विकास का परिणाम है। ऋग्वैदिक समाज सामाजिक विकास के आदिम चरण को पार कर चुका है। विवाह इस समाज का प्रेमपूर्ण उत्सव है। ऋग्वेद (10.85) में सूर्य पुत्री सूर्या के विवाह का सुन्दर उल्लेख है। सूर्य प्रकृति की विराट शक्ति हैं। उनकी पुत्री का वर्णन काल्पनिक भी हो सकता है। लेकिन इस सूक्त की रचनाकार सूर्या महिला ही है। सूर्या के विवाह का उत्सव वर्णन भी ऋग्वेद के मानव समाज के यथार्थ की ही मनोरम काव्य रचना है। ऋग्वेद में देव स्तुतियाँ हैं। देवों का मानवीकरण है। ऋषि देवों को स्वादिष्ट भोजन व सोमरस पान आदि के लिए बुलाते हैं। वे अपने समकालीन समाज के उत्सव, भोजन रस गीत और नृत्य देव समाज में भी कल्पित करते हैं।

आधुनिक समाज में विवाह सम्बन्धी बातें तय करने के लिए परिजन दोनों पक्षों के घर जाते हैं। ऋग्वेद में भी ऐसा ही उल्लेख है। अश्विनी कुमारों से कहते हैं, "हे अश्विनौ! आप सूर्या के विवाह सम्बन्धी बातें करने जब गये तब सभी देवों ने आपका अनुमोदन किया।" (वही, 14) विवाह में दोनों पक्षों का अनुमोदन ज़रूरी है। विवाह के समय कन्या की सखियाँ प्रसन्न मन सक्रिय होती हैं। ऋग्वेद में सूर्या की सखियाँ रैभी नाम वाली ऋचाएँ (कविताएँ) थीं। नाराशंसी–ऋचाएँ सूर्या की सेविकाएँ थीं। यहाँ कविता ही सखियाँ हैं। फिर सूर्या पतिगृह के लिए चली। तब उत्तम विचार उसके

वस्त्र थे। द्यावा पृथ्वी सूर्या के धन थे। सूर्य पुत्री पति को हृदय से चाहती थी। (वही, 6,7,9) विवाह के समय वर कहता है, "हे वधू! सौभाग्यवृद्धि के लिए मैं आपका हाथ ग्रहण करता हूँ। तुम मेरे साथ सदा रहना।" (वही, 36) विवाह आजीवन साथ रहने का संकल्प है। आगे कहते हैं, "पतिगृह की यात्रा में सूर्या का मन ही रथ था। आकाश इस रथ की छतरी था।" (वही, 10) विवाह के पूर्व पिता का घर ही कन्या का आश्रय होता है। तब तक वह पितृ परिवार के अनुशासन में होती हैं। उसे आशीर्वाद देते हैं, "हम आपको पितृकुल से मुक्त करते हैं, पतिकुल से सम्बद्ध करते हैं। हे इन्द्र यह वधू सौभाग्यशाली हो।" (वही, 25)

विवाह के बाद की नारी पतिगृह की सेविका नहीं मुख्य कार्यपालक अधिकारिणी है। उसे सब आशीष देते हैं। कहते हैं, "इस सुमंगला को सब आशीष दें।" (वही, 33) यह नारी पूरे परिवार की प्रतिष्ठा का संवर्द्धन करने वाली है। इन्द्र से स्तुति है कि इसे सुसन्तति युक्त सौभाग्यशाली बनायें। (वही, 45) फिर उसे आशीष व शुभकामना देते हैं, "आप सास, श्वसुर, ननद व देवर की सम्राज्ञी बनें। पूरे परिवार की स्वामिनी बनें–सम्राज्ञी अधिदेवेषु।" (वही, 46) ऋग्वेद के ऋषियों की यह अभिलाषा बार–बार समझने योग्य है। सूर्या के विवाह के रूपक द्वारा उन्होंने वैदिक समाज में नारी की स्थिति का सुन्दर वर्णन किया है। वैदिक काल को पिछड़ा बताने वाले विद्वानों के लिए यही एक सूक्त विचार संशोधन के लिए पर्याप्त है। आधुनिक समाज में दहेज आदि कारणों से बहुओं के उत्पीड़न होते हैं। ऋग्वेद की यह देशना उत्पीड़कों के लिए भी महत्त्वपूर्ण है। नारी माता है, बहन है, गृहस्वामिनी भी है।

हिन्दी के विद्वान साहित्यकार आचार्य महावीर प्रसाद द्विवेदी ने 'वैदिक रचना करने वाली स्त्रियाँ' शीर्षक निबन्ध में लिखा है, "रचनाकारों के नाम भी यथास्थान वेदों में पाये जाते हैं। लोगों का कहना है कि वेदों की रचना केवल ऋषियों ने ही नहीं की विदुषी स्त्रियाँ भी इस काम में शरीक थीं। विद्वानों का अनुमान है कि बहुत पुराने ज़माने में यहाँ स्त्रियाँ पढ़ती–लिखती थीं, रचना करती थीं। पुरुष पण्डितों के साथ वैदिक बातों पर विचार करती थीं।" द्विवेदी ने नारी प्रतिष्ठा की बातें लिखी हैं।

नारी सम्मान और समान अधिकार ऋग्वेद के नारी सम्बन्धी उल्लेखों का केन्द्रीय विचार है। ऋग्वेद का दम्पती शब्द बहुधा द्विवचन में आया है। दम्पती में पति–पत्नी दोनों ही परिवार के स्वामी हैं। पति–पत्नी के

मध्य समान प्रीति और सम्बन्ध सम्माननीय हैं। ऋषि सूर्य को बुलाते हैं, "वह वैसे ही प्रेमपूर्वक हमारे पास आयें जैसे पति–पत्नी के पास जाते हैं।" (10.149.4) यहाँ पति–पत्नी का स्नेह आदर्श है, देवता भी ऐसा ही करें, ऋषि की यही अभिलाषा है। वैदिक समाज की स्त्री स्वतन्त्र है, समान अधिकार वाली है लेकिन मर्यादा का पालन करती है। एक सुन्दर मन्त्र (10.71.4) में कहते हैं कि "शोभन वस्त्र धारण करने वाली पत्नी का शरीर पति ही देखते हैं, दूसरे लोग केवल वस्त्र देखते हैं।"

वैदिक काल का समाज कर्मठ था। अनेक कर्म दायित्व थे। युद्ध भी थे। इन युद्धों में पुरुषों के साथ स्त्रियाँ भी हिस्सा लेती थीं। युद्ध वीरता व पराक्रम वाला कर्म है लेकिन वैदिक समाज की स्त्रियाँ भी युद्ध में पराक्रम का प्रदर्शन करती थीं। एक युद्ध में विपश्ला नाम की नारी का पैर टूट गया था। अश्विनी देवों ने इस टूटे पैर की जगह किसी धातु का कृत्रिम पैर लगाया था। (1.112.10) एक नारी मुद्‌गलानी की वीरता का वर्णन भी ऋग्वेद में है। वे मुद्‌गल की पत्नी बताई गयी हैं। उन्होंने युद्ध में सहस्रों गायों को जीता था। उस समय उनके अस्त–व्यस्त वस्त्रों का संचालन वायु देवता ने किया। (10.102.2) ऋग्वैदिक समाज की नारी पुरुष के समान है, वह युद्ध में है। वह परिवार में सम्राज्ञी है। ऋग्वेद की इसी परम्परा में कैकेयी भी दशरथ के साथ युद्ध भूमि में गयी थी।

घर–गृहस्थी के तमाम कार्यों में नारी भी पति के समान ही काम करती है। सोम प्रिय पेय है। पति–पत्नी दोनों मिलकर सोम पीते हैं। मिलकर सोम आनन्द लेते हैं। साथ–साथ देव स्तुति करते हैं लेकिन कपड़े बुनने का काम प्रायः महिलाएँ ही करती हैं। एक मन्त्र (5.47.6) के अनुसार "माताएँ पुत्रों के लिए वस्त्र बुनती हैं।" माता को पुत्र प्रिय हैं। वे उन्हें सजाती हैं। अपने पुत्रों के लिए वस्त्र बुनना स्वाभाविक प्रीति है। ऊषा सूर्य के पहले आती हैं। ऋषि कवि की दृष्टि में वे शोभन महिला हैं। स्वाभाविक ही उन्हें भी वस्त्र बुनने का काम करना चाहिए। वे भी "किरणों के धागे से वस्त्र बुनती हैं।" (1.134.4) ऊषा का बुना वस्त्र प्रकाश हो सकता है। तब रात्रि भी वस्त्र बुनने का काम क्यों नहीं कर सकती है। एक मन्त्र (2.38.4) के अनुसार "रात्रि अन्धकार बुनती है।" रात्रि, ऊषा आदि के सुन्दर प्रतीक ऋग्वेद में महिलाओं के वस्त्र बुनने का श्रम कुशलता की ही अभिव्यक्ति हैं। ऋग्वेद के समाज में वस्त्र उद्योग घरेलू भी हैं। सम्भव है कि प्राथमिक चरण में वस्त्रों का उद्योग

घरेलू ज़रूरतों तक ही सीमित हो लेकिन बाद में निश्चित ही इसका व्यापार विस्तार भी हुआ होगा।

ऋग्वेद के समाज में काव्य सृजन का बड़ा सम्मान है। ऋषि वस्तुतः कवि है। वे काव्य मन्त्र रचते हैं। कवि मनीषी भी हैं। ऋग्वेद के मुद्रित सूक्तों में मन्त्र द्रष्टा कवियों, ऋषियों के नाम हैं। प्रत्येक सूक्त/मन्त्र के द्रष्टा कवि ऋषि के नाम के साथ देवता के नाम भी छपे संस्करणों में हैं। इन ऋषियों में स्त्रियाँ भी हैं। लोपामुद्रा ऐसी ही एक महिला है। वे मन्त्र द्रष्टा हैं (1.169.1–2) रोमसा नाम की महिला भी मन्त्र द्रष्टा हैं। (1.126.5) काक्षीवती घोषा भी मन्त्र रचयिता हैं। (10.40) यमी वैवस्वती (10.154) भी मन्त्रों की रचनाकार हैं। ऋषिकाओं की संख्या और भी ज़्यादा हो सकती है। असली बात संख्या की ही नहीं है। इन स्त्री नामों से ऋग्वेद के समाज में महिलाओं के सम्मान का पता चलता है। वे अपने पतियों के साथ यज्ञ कार्य में भी हिस्सा लेती थीं। एक मन्त्र के अनुसार अग्नि से स्तुति है कि वे 33 देवताओं को पत्नियों सहित यज्ञ उत्सव में लायें। आधुनिक दम्पती–पति–पत्नी विवाह आदि उत्सवों में साथ–साथ हिस्सा लेते हैं। यह परम्परा ऋग्वेद से लेकर आधुनिक काल तक प्रवाहमान है।

ऋग्वेद में देवता हैं, देवियाँ भी हैं। पुरुष प्रधान समाज में देवियों की उपासना नहीं हो सकती। लेकिन ऋग्वेद में देवियों से भी स्तुतियाँ हैं। देवी उपासना का अर्थ सुस्पष्ट है कि ऋग्वेद के समाज में स्त्री सम्मान था। पिता के साथ माता भी उपास्य हैं। वैदिक समाज में आकाश पिता हैं और पृथ्वी माता लेकिन पृथ्वी माता की उपासना और स्तुति ऋग्वेद से लेकर अथर्ववेद और महाकाव्य काल तक सुप्रतिष्ठित है। भारतीय सामाजिक संरचना में परिवार नाम की इकाई दिव्य भव्य है। परिवार में स्त्रियों की प्रतिष्ठा का व्यवहार शास्त्र ऋग्वैदिक काल से ही प्रतिष्ठित है। प्राचीन भारतीय साहित्य स्त्री प्रतिष्ठा का अभिलेख है। पुरुष धनार्जन के काम में ज़्यादा सक्रिय थे। महिलाएँ गृहस्थी की मुखिया थीं। वे धन व्यय की नीति निर्धारक थीं। धन कमाऊ होने के कारण पुरुष का वर्चस्व बढ़ा। स्त्रियों की स्थिति कमज़ोर हुई। तो भी संस्कृति के मूलभूत सूत्रों ने स्त्रियों के सम्मान को बनाये रखा है।

आधुनिक भारत की मूल संस्कृति वैदिक संस्कृति का प्रवाह है। काल के थपेड़ों में तमाम परिवर्तन भी हुए हैं। ऐसे ज़्यादातर परिवर्तन हमारे अचेत मन का परिणाम हैं। लेकिन उदात्त भाव वाला बहुत कुछ सचेत मन

से भी बचाया गया है। इसका संवर्द्धन भी हुआ है। संविधान निर्माताओं ने सचेत मन से लैंगिक समानता को मूल अधिकार बनाया है। भारत के समाज में सतत आत्म–मथन चल रहा है। आत्म मन्थन की द्रष्टा परम्परा ऋग्वेद के समय से ही है। शतपथ ब्राह्मण के वृहदारण्यक उपनिषद् वाले खण्ड में दार्शनिक याज्ञवल्क्य से प्रश्नों की झड़ी लगाने वाली गार्गी व मैत्रेयी उत्तर वैदिक काल की स्वाधीन नारियों की प्रतिनिधि हैं। लेकिन यह परम्परा ऋषि अगस्त्य से पत्नी लोपामुद्रा के प्रश्नों के साथ ऋग्वैदिक काल में ही प्रारम्भ हो गयी थी।

ऋग्वेद की परम्परा और आधुनिक भारत

आधुनिकता और प्राचीनता अलग–अलग नहीं हैं। आधुनिकता प्राचीनता का विकास है। भारत प्राचीन सभ्यता है। इस सभ्यता का सतत् विकास हुआ है। यहाँ की संस्कृति भी अति प्राचीन है। संस्कृति का भी सतत् विकास हुआ है। ऋग्वैदिक सभ्यता और संस्कृति का विकास सहस्रों वर्ष पूर्व हुआ। उत्तर वैदिक काल में यही संस्कृति दार्शनिक यथार्थवाद व अद्वैतवाद की अनुभूति तक पहुँची। आधुनिक काल तक इसी सांस्कृतिक विकास की निरन्तरता है। ऋग्वेद की संस्कृति का मूल लोकमंगल है। प्रकृति के रहस्यों की जिज्ञासा है। ऋग्वेद के केन्द्र में सम्पूर्ण अस्तित्व को एक जानने वाला दर्शन है। ऋग्वेद में इसी 'एक' सत्य की दार्शनिक अनुभूति है। सत्य सम्बन्धी चर्चित मन्त्र में कहते है, "एकं सद् विप्रा बहुधा वदन्ति–सत्य एक है, विद्वान उसे अनेक ढंग से कहते हैं।" ऋग्वेद का यह "एकं सद्"–एक सत्य भारतीय संस्कृति का आधार है। ऋग्वेद के रचनाकाल से लेकर आधुनिक भारत की संस्कृति और सभ्यता में काल अखण्ड इकाई है। यहाँ पुरुष सूक्त में काल को अखण्ड बताते हुए कहा गया है कि–"जो अब तक हो चुका है और जो भविष्य में होने वाला है, वह सब पुरुष है।" ऋग्वैदिक पूर्वजों के लिए पृथ्वी माता व आकाश पिता है। आधुनिक काल में भारत माता की अनुभूति है।

ऋग्वेद में उल्लिखित पुरुष सहस्रशीर्षा है। सम्पूर्ण अस्तित्व को आच्छादित करता है। स्वयं भी इसके भीतर–बाहर तक व्याप्त रहता है। इसकी व्यापकता अन्य लोकों तक भी है। काल को अविभाजित बताना ऋग्वेद के पूर्वजों की प्रिय अनुभूति है। वे 'अदिति' नाम के एक देवता के भीतर सम्पूर्ण दिक्काल को समेटते हैं। अग्नि भी ऐसे ही है। वे भी सभी कालों में एक समान है। आधुनिक भारतीय संस्कृति का मूल स्रोत ऋग्वैदिक दर्शन है।

कुछ विवेचक भारतीय संस्कृति के विकास में भारत के बाहर से आये समूहों का भी प्रभाव बताते हैं। कुछ ऋग्वैदिक पूर्वजों को ही बाहर से आया हुआ बताते हैं। डॉ. सत्यकेतु विद्यालंकार ऐसे ही विवेचक हैं। सत्यकेतु 'भारतीय संस्कृति का विकास' (पृ. 105, उपशीर्षक : प्राचीन आर्यों की भारतीय संस्कृति को देन) में लिखते हैं, "भारत की वर्तमान संस्कृति अनेक संस्कृतियों के सम्मिश्रण का परिणाम है। इसे न केवल प्राचीन युग की विविध जातियों ने प्रभावित किया है, अपितु अरब, अफ़गान, मुगल और इंगलिश लोगों ने भी इस पर अपनी गहरी छाप छोड़ी है।" उन्होंने आधुनिक भारत की संस्कृति को अनेक संस्कृतियों का घोल, सम्मिश्रण बताया है। राजनीतिक क्षेत्र में भी लगभग 100 वर्ष से भारतीय संस्कृति को "कम्पोजिट कल्चर या सामासिक संस्कृति" कहा जा रहा है।

डॉ. सत्यकेतु ने अरब, अफ़गान, मुग़ल और इंगलिश लोगों की गहरी छाप का उल्लेख किया है। उन्होंने इतिहास के मध्यकाल के अरब, अफ़गान, मुग़ल व आधुनिककाल के इंगिलश जन को भारतीय संस्कृति पर प्रभाव डालने वाला बताया है। उनके विवेचन में इनके प्रभाव को 'गहरी छाप' की संज्ञा दी गयी है लेकिन आगे वे स्वयं अपनी बात का ही खण्डन करते हुए दिखाई पड़ते हैं। वे अपने उक्त कथन को पूरा करने के बाद लिखते हैं, "पर इस बात से इनकार नहीं किया जा सकता, कि इस बीसवीं सदी में भी भारतीय संस्कृति का स्थूल ढाँचा प्रायः वही है, जिसकी नींव वैदिक युग में प्राचीन आर्यों ने डाली थी।" लिखते हैं कि, "आर्यों की विचारधारा और जीवन के आदर्श एक नद के समान हैं, जिसमें अन्य अनेक छोटी–छोटी नदियाँ आकर मिलती रहती हैं। गंगा के प्रवाह में बहुत–सी छोटी–बड़ी नदियाँ आकर मिल जाती हैं, वे स्वयं गंगा का अंग बन जाती हैं, और उसके प्रवाह को अधिक शक्तिशाली और समृद्ध बनाकर अपनी सत्ता को उसमें विलीन कर देती हैं। यही बात भारतीय संस्कृति के सम्बन्ध में कही जा सकती है।"

आधुनिक भारत की संस्कृति का मूल ढाँचा आर्यों की देन है। ऋग्वेद के रचनाकार ऋषियों, कवियों ने ही इसकी सुस्पष्ट रूपरेखा बनायी थी। सत्यकेतु मानते हैं कि, "बीसवीं सदी में भी भारतीय संस्कृति का मूल ढाँचा प्रायः वही है।" यहाँ उनके विवेचन में अन्तर्विरोध हैं। वे एक ओर विदेशी लोगों के प्रभाव की बात कहते हैं और दूसरी ओर वैदिक सभ्यता के मूल ढाँचे को बीसवीं सदी में भी यथावत् मानते हैं। आगे लिखते हैं,

"वैदिक युग में प्राचीन आर्यों ने संस्कृति के जिस प्रवाह को प्रारम्भ किया था, शक, यवन, हूण, आमीर, अफ़गान, मुग़ल अंग्रेज़ आदि कितने ही लोगों ने उसे प्रभावित किया, पर इनसे उस प्रवाह की धारा अवरुद्ध नहीं हुई। इससे उसकी शक्ति और अधिक बढ़ती गयी।" (वही)

भारत की सर्वोच्च न्यायपीठ ने संविधान के मूलभूत तत्त्वों का अनेकशः निर्वचन किया है। सर्वोच्च न्यायालय ने संविधान के अनेक विषयों उपबन्धों को 'संविधान का मूल ढाँचा : बेसिक फीचर्स ऑफ़ कांस्टीट्यूशन' कहा है। न्यायपीठ ने निष्कर्ष दिया है कि संविधान के मूल ढाँचे में संशोधन नहीं किया जा सकता। संविधान के मूल ढाँचे की तरह ऋग्वेद के तमाम सूक्त भारतीय संस्कृति का मूल ढाँचा हैं। संविधान के ऐसे मूल ढाँचे का संशोधन नहीं हो सकता। सर्वोच्च न्यायालय इसका संरक्षक है। ऋग्वेद के ऐसे ही मूलभूत सांस्कृतिक तत्त्वों का संशोधन 21वीं सदी तक नहीं हुआ। ऋग्वेद भारतीय संस्कृति का मूल स्रोत–आधार और मूल ढाँचा है।

सत्यकेतु ने भी आगे यही बात लिखी है, "यही कारण है कि आज भी भारत के निवासी उन्हीं आदर्शों के अनुसार जीवन व्यतीत करने का प्रयत्न करते हैं, जिन्हें आर्य ऋषियों ने वैदिक सूक्तों द्वारा प्रतिपादित किया था। वेद ने उपदेश दिया था–'हम सब प्राणियों को मित्र की दृष्टि से देखें।' महाभारत ने इसे और अधिक स्पष्ट किया–'दूसरों का उपकार करने से पुण्य होता है, और दूसरों को पीड़ा देने की अपेक्षा अधिक बड़ा पाप कोई नहीं।' मध्यकाल में तुलसीदास ने इसी विचार को इस ढंग से कहा–'अभिमान पाप की जड़ है, जब तक शरीर में प्राण रहे, प्राणियों के प्रति दयाभाव का परित्याग न कीजिए।' आज भी लाखों भारतीय यह गाते हैं–'जो दूसरों की पीड़ा का अनुभव करता है, वही सच्चे अर्थों में वैष्णवजन है।' महात्मा गाँधी जैसे सन्तों ने अहिंसा और परोपकार का यही आदर्श बीसवीं सदी में प्रबल रूप से भारतीयों के सम्मुख उपस्थित किया है।" (वही)

ऋग्वैदिक आर्यों द्वारा विकसित संस्कृति की निरन्तरता की धारा उत्तर वैदिक काल में और विकसित हुई। वैदिक मन्त्रों, सूक्तों के प्रति जनसामान्य में असामान्य प्रीति थी। मन्त्रों के उपयोग व विनियोग पर ब्राह्मण व आरण्यकों की रचना हुई। ब्राह्मण ग्रन्थों में इतिहास को भी सम्मिलित किया गया। यज्ञ आदि कर्मकाण्ड बढ़े। कर्मकाण्डों की अपनी महत्ता थी लेकिन पुरोहितों के एक वर्ग ने यज्ञ और कर्मकाण्ड से भौतिक उपलब्धियों की प्राप्ति का आश्वासन दिया। आरण्यक ब्राह्मण ग्रन्थों के दर्शन भाग

उपनिषद् में इनकी आलोचना भी हुई। ऋग्वेद की मूल धारा भी यही थी। स्वतन्त्र उपनिषद् भी रचे गये। उपनिषदों में ऋग्वैदिक दर्शन का विस्तार था। ईश्वास्योपनिषद् (मन्त्र 11) में तत्त्वज्ञान के साथ सांसारिक ज्ञान को भी आवश्यक बताया गया है। यह ऋग्वेद की परम्परा है।

ऐतरेय उपनिषद् ऋग्वेद के ऐतरेय आरण्यक के चौथे, पाँचवें और छठे अध्याय हैं। इस उपनिषद् का दर्शन ऋग्वेद का ही विस्तार है। अनेक उपनिषदों में ऋग्वेद के ही तत्त्व हैं। प्रश्नोपनिषद् व मुण्डकोपनिषद् के शान्तिपाठ ऋग्वेद के दो मन्त्र हैं। तैत्तिरीय उपनिषद् का प्रथम अनुवाक सीधे ऋग्वेद (1.90.9) से उद्धृत है। श्वेताश्वतर उपनिषद् (2.4) का मन्त्र ऋग्वेद में (5.8.11) भी है। इसी उपनिषद् का मन्त्र (2.5) भी ऋग्वेद (10.13.1) में है। इसी उपनिषद् का मन्त्र (3.3) ऋग्वेद (10.81.3) में है। ऋग्वेद के मन्त्रों का उपनिषदों में भी प्रयोग दिलचस्प है। जहाँ ऋग्वेद के मूल मन्त्र का जस–का–तस उपयोग नहीं है, वहाँ ऋग्वेद की धारणा भावना का प्रयोग किया गया है। भारतीय संस्कृति, दर्शन का विस्तार उत्तर वैदिक काल में भी ऋग्वेद के मूल ढाँचे के अनुसार ही विकासमान था।

भारत में लोकतन्त्र है। लोकतन्त्र भारत की प्रकृति है। लोकतन्त्र की यह धारा ऋग्वेद से लेकर आधुनिक भारत तक प्रवहमान है। ऋग्वैदिक समाज में विचार–विमर्श की परम्परा है। विमर्श का केन्द्र सभा है। सभा में जाने वाले 'सभेय' हैं। सभासद हैं, सभ्य हैं। सभेय विद्वान हैं। सभा सदस्य अपने सूक्तों, कथनों से सम्मानित होता है। ऋग्वैदिक काल की सभा में तमाम विषयों की चर्चा होती है। कृषि और पशुपालन की विशेष चर्चा होती है। गायों से कहा गया है कि, "सभा में आपका यश गाया जाता है।" (6.28.6) आधुनिक भारत की लोकसभा, राज्यसभा, विधानसभा या ग्रामसभा ऋग्वैदिक परम्परा का आधुनिक विकास हैं। इनका उदात्त चरित्र ऋग्वेद की परम्परा है। सभा में प्रभाव का उपकरण वाणी है। सभा में प्रयुक्त सुन्दर वाणी 'सभावती' है। (1.167.3) सभा में तर्क संगत सुन्दर बोलना यशदायी है। सुन्दर सभा–वक्ता के यश से मित्र प्रसन्न होते हैं। (10.71.10)

सामूहिक विचार–विमर्श की श्रेष्ठता ऋग्वेद की परम्परा है। ऐसे विचार–विमर्श में स्वाभाविक ही वाद–विवाद होते हैं। प्रश्न और जिज्ञासा के संस्कारों के कारण विमर्श मधुर ही बने रहे हैं। आधुनिक भारत दुनिया का सबसे बड़ा जनतन्त्र है। यहाँ असहमति का आदर है। इस जनतन्त्र की सफलता का रहस्य भारत के लोगों की जनतन्त्री प्रकृति है। जनतन्त्री प्रकृति

का विकास ऋग्वैदिक पूर्वजों ने ही किया था। तब सभा के साथ विचार–विमर्श की एक अन्य संस्था 'समिति' भी थी। ऋग्वैदिक काल की समिति में 'राजा' भी हिस्सा लेता था। एक सुन्दर मन्त्र में राजा के समिति में जाने की तुलना वैद्य से की गयी है, "जैसे औषधियाँ विद्वान वैद्य के साथ जाती हैं वैसे ही राजा समिति में जाते हैं।" (10.97.6) ऋग्वैदिक काल में देवता के साथ देवी भी उपास्य हैं। समिति को आदर के साथ देवी कहा गया है, "समिति देवी भवति–समिति देवी हो जाती है।" (10.11.8) सोम वैदिक कवियों का आनन्दरस है। ऋषि सोम को एक कलश से दूसरे में डालते हैं। कहते हैं कि यह सोम कलश में उसी प्रकार जाता है जैसे राजा समिति में जाता है। (9.92.6)

आधुनिक भारत में तमाम समितियाँ हैं। संसद और विधानमण्डलों की संसदीय समितियाँ हैं। प्रधानमन्त्री, मुख्यमन्त्री विषय विशेष के अध्ययन के लिए मन्त्रिमण्डलीय समितियाँ बनाते हैं। समितियों का उद्‌भव ऋग्वैदिक समाज में हुआ था। इनका सुन्दर विकास भी ऋग्वैदिक आर्यों ने ही किया था। ऋग्वैदिक आर्यों को घुमन्तू, चरवाहा, बर्बर आदि बताने वाले मित्र भारतीय संस्कृति के आधारभूत उत्स को ही लांछित करने के दोषी हैं। ऋग्वेद में सभा और समिति की चर्चा किसी जल्दबाज़ी में या सरसरी तौर पर नहीं की गयी है। ऋषियों को सभी अवसरों पर सभा समिति की उपयोगिता का स्मरण रहता है। समिति के उल्लेख के साथ ही ऋग्वेद का समापन होता है। यहाँ समता–समानता का बीजमन्त्र है–"समानो मन्त्रः समितिः समानी–मन्त्र में विचार–विमर्श समान है और समिति भी समान है। सबके मन समान हैं।" सबका ध्येय लोकमंगल है। ऋषि का सन्देश है कि, "सब लोग मिलकर कर्म उपासना करें। देवता भी ऐसा ही करते रहे हैं।" (10.191.3) यहाँ देवता का अर्थ वैदिक आर्यों के पूर्वज अभिजन हो सकते हैं।

भारतीय दर्शन, संस्कृति व धर्म का सतत् विकास हुआ है। ऋग्वेद के ऋषि अव्यक्त प्रकृति से व्यक्त प्रकृति का विकास मानते थे। कहते हैं, "देवताओं के पहले के युग में असत् से सत् पैदा हुआ–देवानां पूर्वे युगे असतः सत् अजायत्।" (10.72.2) यहाँ असत् असत्य या शून्य नहीं है। शून्य से कुछ भी प्रकट नहीं हो सकता। 'अजायत्' का अर्थ है–प्रकट हुआ, पैदा हुआ। व्यक्त वर्तमान प्रकृति सत् है, प्रकट है। इसका जन्म हुआ है असत् से। तब देवता भी नहीं थे। असत् से सत् प्रकट होने की इस कार्रवाई में देवों ने हिस्सा नहीं लिया। यह कार्य स्वतःस्फूर्त हुआ है। इसके बाद एक अन्य सूक्त (10.129) में असत् का वर्णन है, "न दिवस था, न रात्रि थी,

न मृत्यु थी, न अमृत था। अन्धकार था और अगाध जल। लेकिन एक आदि तत्त्व था। वह एक अपनी क्षमता के बल पर साँस लेते हुए स्पन्दित था।" सृष्टि सृजन के पूर्व शून्य नहीं था। पहले वाले मन्त्र में उस एक का नाम असत् है। वह अप्रकट आदि तत्त्व है। बाद में वही 'स्वधया तत् एकम्–एक है। ऋग्वेद में इसी 'एक' की स्थापना है। सत्य एक है, विद्वान उसे अनेक नामों से पुकारते हैं। (1.164.4)

आधुनिक भारत में अनेक **देवता** हैं। अनेक उपासनाएँ हैं। न्याय, वैशेषिक, मीमांसा, सांख्य, योग, वेदान्त के साथ बुद्ध और जैन कम–से–कम आठ दार्शनिक धाराएँ हैं। सभी दर्शनों में ऋग्वेद का प्रवाह है। सांख्य को निरीश्वरवादी दर्शन कहा जाता है लेकिन सांख्य को भी नास्तिक नहीं माना जाता है। यहाँ वेद को मानना आस्तिकता है। सांख्य के निर्वचन में ऋग्वेद का प्रवाह है। बुद्ध ने अपने दार्शनिक विवेचन में चार आर्य सत्य बताये थे। 'आर्य सत्य' शब्द का उपयोग ध्यान देने योग्य है। ये आर्य ऋग्वैदिक समाज के अभिजन हैं। ऋग्वेद उनके द्वारा उद्‌भूत व दर्शन, दिग्दर्शन व संस्कृति का ज्ञान अभिलेख हैं। बुद्ध आर्यों के चार सत्य का उल्लेख कर रहे थे।

'रामायण' भारत के मन का सामगान है। यह प्रथम काव्य भी माना जाता है। इसके रचनाकार वाल्मीकि आदिकवि कहे जाते हैं। ऋग्वेद के ऋषियों में विश्वामित्र व वशिष्ठ की प्रतिष्ठा है। विश्वामित्र और वशिष्ठ 'रामायण' में भी प्रतिष्ठित हैं। सम्भवतः यह गोत्र वंश नाम हैं। ऋग्वेद के देवता इन्द्र रामायण और महाभारत के कथानक में हैं। इन्द्र भी एक संस्था या विचार हैं। वे ऋग्वेद से रामायण और महाभारत में भी क्रियाशील हैं। ऋग्वेद के एक राजा हैं–इक्ष्वाकु। 'रामायण' के दशरथ व श्रीराम इन्हीं के वंशज हैं। श्रीराम वेदों के भी ज्ञाता हैं। रामायण का समाज ऋग्वेद के समाज व संस्कृति का विकसित रूप है। ऋग्वेद में राक्षस हैं, रामायण में भी राक्षस हैं। ऋग्वेद में मनुष्यों व राक्षसों के युद्ध का उल्लेख नहीं है। रामायण में मनुष्यों व राक्षसों के बीच युद्ध है। रामायण में ऋग्वेद की 'विवाह' संस्था भी है। 'रामायण' में यत्र–तत्र दर्शन के बीज भी हैं लेकिन ऋग्वैदिक काल की मर्यादा का विस्तार ज़्यादा है। श्रीराम मर्यादा पुरुषोत्तम हैं।

रामायण और महाभारत भारतीय विवेक व सृजनशीलता के महाकाव्य हैं। रामायण में मनुष्य और राक्षसों के मध्य युद्ध की कथा है। नित्य, अनित्य और विवेक की परम्परा ऋग्वेद की है। 'महाभारत' का केन्द्र एक ही परिवार की युद्धगाथा है लेकिन तत्कालीन भारत के तमाम वीर व राजा इस युद्ध

में सम्मिलित थे। महाभारत भीष्म पर्व के गीता वाले अंश में इन योद्धाओं का वर्णन है। संजय ने धृतराष्ट्र को बताया कि दुर्योधन ने अपने गुरु द्रोणाचार्य को पाण्डु पुत्रों की व्यूह रचना की जानकारी दी। पाण्डव पक्ष में भीम, अर्जुन, युयुधान, राजा विराट व द्रुपद, धृष्टकेतु चेकिस्तान काशिराज, पुरूजित, कुन्ति भोज और शैव्य हैं। कौरवों की तरफ़ भीष्म, द्रोणाचार्य, कृपाचार्य, कर्ण, अश्वत्थामा, विकर्ण, भूरिश्रवा आदि योद्धा। (गीता, अध्याय–1)

महाभारत के युद्ध में रथ का प्रयोग हुआ है। ऋग्वेद में रथ और अश्व प्रयोग के अनेक विवरण हैं। महाभारत में कौरव–पाण्डव युद्ध के अलावा सैकड़ों छोटी–बड़ी कथाएँ भी हैं। इन कथाओं का विवेक ऋग्वेद की परम्परा है। महाभारत का दार्शनिक भाग गीता है। गीता का विश्वरूप ऋग्वेद के पुरुषसूक्त का विकास है। गीता में कर्मयोग की प्रतिष्ठा है। कर्म की प्रतिष्ठा सीधे ऋग्वेद की परम्परा है। महाभारत में विश्व को परिवार जाना गया है। ऋग्वेद में पूरे विश्व को आर्य गुणों से विभूषित करने की स्तुति है। महाभारत में कालवाद है। इस धारणा के बीज ऋग्वेद में हैं। विस्तार अथर्ववेद के कालसूक्त में है।

योग विज्ञान के प्रथम वक्ता 'हिरण्यगर्भ' है। हिरण्यगर्भ का उल्लेख ऋग्वेद में है। पतंजलि का 'योगसूत्र' व्यवस्थित विज्ञान है। पतंजलि के योगसूत्र की चित्तवृत्ति ऋग्वेद के 'मन' का विस्तार है। योगसूत्र की 'ऋतम्भरा प्रज्ञा' ऋग्वेद में पहली बार बारम्बार आये 'ऋत्' का अन्तस् तत्त्व है। यह प्रकृति का संविधान है। योग सिद्धि ज्ञान को 'ऋत्' से जोड़ती है। हड़प्पा में योग की मूर्तियाँ हैं। योग विज्ञान के विकास का एक स्तर हड़प्पा है। इसकी प्रेरणा ऋग्वेद क्यों नहीं हो सकता? ऋग्वेद में मन्त्र–ऋचा को जाग्रत चित्त की ओर आते हुए बताया गया है। हड़प्पा को ऋग्वेद से प्राचीन कहने वाले मित्र महानुभाव हड़प्पा के पूर्व की सभ्यता–संस्कृति की चर्चा नहीं करते।

कौटिल्य ने दुनिया का पहला 'अर्थशास्त्र' लिखा था। उन्होंने वेदत्रयी को ज्ञान का आधार बताया, कृषि, पशुपालन को जोड़ा। दर्शन को भी स्रोत बताया। वेदत्रयी में ऋग्वेद प्रथमा है। कृषि, पशुपालन की प्रतिष्ठा ऋग्वेद में है ही। ज्ञान विवेचन के सूत्र ऋग्वेद में हैं। अर्थशास्त्र में वे आनुवीक्षकी हैं। 'चरक संहिता' आयुर्विज्ञान का महान ग्रन्थ है। इसमें जल, वायु, अग्नि, आकाश और पृथ्वी का सुन्दर विवेचन है। यह विवेचन ऋग्वेद के सूक्तों का विकास है। चरक संहिता के रोग निदान विभाग में भी ऋग्वेद की प्रेरणा है। ऋग्वेद में वैद्य को तमाम औषधियों की जानकारी है।

भरतमुनि ने दुनिया का पहला नाट्यविज्ञान लिखा है। यह 'नाट्यशास्त्र' के नाम से विख्यात है। उन्होंने इसकी सामग्री के स्रोत बताये हैं। लिखा है कि नाट्यशास्त्र का संवाद वाला अंश ऋग्वेद का है। रस भाग अथर्ववेद का है। ऋग्वेद में समूचे अस्तित्व को मधुरसा बनाने की स्तुतियाँ हैं। सोमरस वैदिक पूर्वजों का सृजनशील आलम्बन है। नाट्यशास्त्र की रचना के समय भरतमुनि के सामने ऋग्वेद था। उन्होंने स्वयं इसके संवाद भाग को ऋग्वेद से लेने की घोषणा की है। रस भाग भी अथर्ववेद के साथ ऋग्वेद की प्रेरणा हो सकता है।

आधुनिक भारत के राष्ट्रगान में 'जन गण मन' है। ऋग्वेद में मनुष्यों के छोटे समूहों का नाम 'गण' है। बृहस्पति गणपति हैं। सब गण प्रेमपूर्ण मिलते हैं। विमर्श का ढाँचा बनाते हैं। सांस्कृतिक प्रीति से गणतन्त्र बनते हैं। ऋग्वेद के देवों में मरुत् इसका अच्छा उदाहरण हैं। वे हमेशा समूह में चलते हैं। इसलिए उन्हें मरुद्गण कहा गया हैं। रामायण काल के सुप्रतिष्ठित देवता हनुमान मारुति नन्दन हैं। वायु पुत्र हैं। ऋग्वेद के सभी देवता ज्ञानदाता हैं। हनुमान से भी बल के साथ बुद्धि और विद्या की स्तुति है—'बल बुद्धि विद्या देहु मोहि, हरहु क्लेश विकार'। ऋग्वेद में ऐसी ही अनेक स्तुतियाँ हैं।देवों और प्रकृति की शक्तियों की स्तुति विश्व ज्ञान के इतिहास में पहली बार ऋग्वेद में ही मिलती है।

गण छोटे समूह थे। कृषि, व्यापार व सांस्कृतिक कारणों से अनेक गण मिलते रहे। इस प्रेम में गण से जन बने। ऋग्वेद में अनेक जन हैं। पाँच जनों की चर्चा ज़्यादा है। सरस्वती पाँच जनों को समृद्धि देती हैं। अदिति देव में पाँच जन समाहित हैं। जनों के अपने प्रभाव वाले क्षेत्र जनपद बने। भारतीय राष्ट्रगान में जन गण हैं। इनका सबका साझा मन 'जन गण मन' है। ऋग्वेद में सामूहिक समान मन की स्तुति है। यही सामूहिक जन गण मन भारत का मन है। 'वन्देमातरम्' इसी सामूहिक मन का प्रियतम राष्ट्रगीत है।

ऋग्वेद से लेकर 21वीं सदी तक आधुनिक भारत में जन गण मन की सांस्कृतिक निरन्तरता है। ऋग्वेद में 'जनों' के उल्लेख हैं। गणों के भी हैं। महाभारत में भी इसी परम्परा में अनेक 'जनों' के उल्लेख हैं। बौद्ध साहित्य में भी जनपद हैं। ऋग्वेद में सुन्दर घरों की चर्चा है। वरुण देव का घर सहस्र खम्भों वाला है। अथर्ववेद में खुले वायु प्रवाह वाले घर की प्रतिष्ठा है। महाभारत के घर और स्थापत्य आश्चर्यजनक हैं। रामायण में भी भवन

निर्माण की कुशलता का उल्लेख है। हड़प्पा के भवन निर्माण पर इतिहास विवेचकों का ध्यान ज़्यादा है लेकिन ऋग्वेद, रामायण और महाभारत की भवन निर्माण शैली की ओर कम है। प्रायः नहीं है। हड़प्पा का भवन निर्माण कौशल शून्य से नहीं आया। यह ऋग्वैदिक सभ्यता का ही विकास है।

स्थापत्य, कला और संगीत साम्प्रदायिक नहीं होते। मुग़लकाल का स्थापत्य प्राचीन भारत का विकास है। संगीत की शास्त्रीयता प्राचीन है। बेशक मन्दिर निर्माण की सभ्यता मुग़लकाल में अपवाद है। इसके कारण साम्प्रदायिक हैं। मन्दिरों का ध्वंस सभ्यता नहीं बर्बरता है। इसके घाव झेलने वाले भारतीय समाज ने अवसर पाते ही अपनी कला और स्थापत्य को आगे बढ़ाया। सांस्कृतिक निरन्तरता का प्रवाह पूरी तरह से कभी नहीं टूटा।

अंग्रेज़ीराज भारतीय इतिहास का दुखद अध्याय है लेकिन ऋग्वेद से लेकर इतिहास के परवर्ती कालखण्ड और स्वाधीनता तक वैदिक संस्कृति का प्रवाह जारी रहा है। तमिल, तेलुगु और कन्नड़ आदि भाषाभाषी क्षेत्रों के कवियों ने भी वैदिक आदर्शों की प्रकाश ज्योति को निरन्तरता दी। बंगाल के तमाम विद्वान राष्ट्रीय जागरण में जुटे थे। अनेक यूरोपीय विद्वान भी ऋग्वैदिक परम्परा के प्रशंसक थे। मैक्समूलर जर्मन विद्वान ने ऋग्वेद का अनुवाद किया। पार्जीटर ने पुराणों पर परिश्रम किया। अमेरिकी विद्वान ब्लूमफील्ड ने वैदिक साहित्य व दर्शन की समीक्षा की।

भारत स्वतन्त्र हुआ। संविधान निर्माण का अवसर आया। संविधान सभा ने 23 जनवरी 1947 के दिन उद्देश्य संकल्प का प्रस्ताव पारित किया। सभा में इस संकल्प को पं. जवाहर लाल नेहरू ने रखा था। पं. नेहरू इसके पहले 'डिस्कवरी ऑफ़ इण्डिया' लिख चुके थे। उन्होंने इस प्रतिष्ठित पुस्तक में ऋग्वेद का विशेष रूप में स्मरण किया था। वे आर्यों को बाहर से आया हुआ मानते थे। लेकिन ऋग्वेद व सम्पूर्ण वैदिक साहित्य के प्रति अनुराग भाव रखते थे। उन्होंने संविधान सभा के संकल्प में आठ सूत्र रखे। 8वाँ सूत्र महत्त्वपूर्ण है। इस सूत्र में उन्होंने कहा, "यह प्राचीन भूमि विश्व में अपना समुचित और गौरवपूर्ण स्थान प्राप्त करेगी और विश्वशान्ति तथा मान व कल्याण के लिए स्वेच्छा से अपना पूरा सहयोग देगी।" इस ऐतिहासिक सूत्र में 'प्राचीन भूमि' ही कर्ता है। कहा गया है कि प्राचीन भूमि ही "गौरवपूर्ण स्थान प्राप्त करेगी।" यही विश्वशान्ति व मानव कल्याण में सहयोग देगी। यहाँ मूलभूत प्रश्न है कि 'प्राचीन भूमि' का अर्थ क्या है? दुनिया की समूची पृथ्वी प्राचीन भूमि है। तब संविधान सभा के संकल्प वाली प्राचीन भूमि क्या

है? यह वस्तुतः वही भूमि है जहाँ ऋग्वेद के पूर्वजों ने दुनिया का प्राचीनतम ज्ञानकोश गाया था। यहीं सामगान उगे थे। यहीं इसी भूमि पर भरत–भारत जन विश्वामित्र ने तेजोमय सविता से ज्ञान माँगा था। यहीं ऋषि वशिष्ठ ने ऋग्वेद के प्रसिद्ध मन्त्र 'त्र्यम्बकं यजामहे' वाली ऋचा गायी थी।

यह भूमि अपने अन्तस्, छन्दस् में हज़ारों वर्ष का इतिहास सँजोये है। पूर्वजों, अग्रजों ने यहीं सृष्टि विज्ञान के सूत्र खोजे थे। यह सूर्य से लेकर सूर्य पुत्र विवश्वान, मनु, इक्ष्वाकु, श्रीराम, श्रीकृष्ण, विवेकानन्द, दयानन्द, बंकिमचन्द्र की पवित्र भूमि है। अथर्वा ने यहीं इसी भूमि पर पृथ्वी सूक्त गाया था। कौटिल्य, रवीन्द्रनाथ टैगोर, कम्बन, तिरुवल्लूर, सुब्रमण्य भारती की प्राचीन भूमि यहाँ है। गाँधी ने इसी भूमि पर सत्य–आग्रह का मन्त्र फूँका था। डॉ. के.बी. हेडगेवार ने इसी भूमि पर राष्ट्रआराधन का नया मन्त्र–तन्त्र रचा था। इसी भूमि पर ऋग्वेद के ऋषियों ने विश्व लोकमंगल का स्वप्न देखा, लोकमंगल की शपथ भी ली थी।

ऋग्वेद की संस्कृति और उसकी निरन्तरता अजर–अमर–अविछिन्न है। आधुनिक भारत इसी परम्परा में विश्व शान्ति का देवदूत बनकर उभरा है। आधुनिक विश्व ने अर्थव्यवस्था और आर्थिक सम्बन्धों के लिए दुनिया को एक माना है। ऋग्वेद के ऋषियों ने यथार्थ रूप में सभी सरोकारों के लिए विश्व को एक जीवन्त इकाई बताया था। आधुनिक भारत का मन उमंग से भरा–पूरा है। इस उमंग के भीतर ऋग्वैदिक परम्परा का प्रसाद है। भारत, प्राचीन भारत, नया भारत या आधुनिक भारत अलग–अलग उपास्य नहीं है। वैदिक संस्कृति की निरन्तरता में वे एक हैं। हमारी श्रुति स्मृति में वे हमारे भीतर है। भारत को असीम परम व्योम तक उड़ना है। नये पंख लगाकर। वैदिक संस्कृति की अमर जिजीविषा और राष्ट्रीय स्वप्न लेकर। 'परम व्योम' की धारणा भी ऋग्वेद के ऋषि ने ही दी थी।

प्राचीन भारत : मधुवाता/आधुनिक भारत : प्रदूषित वातायन

वायु और जल प्रदूषण आधुनिक विश्व की चुनौती है। पृथ्वी के अस्तित्व पर संकट है। वायु में विष है। आकाश में धुन्ध रहती है। वायु प्राण है। वायु में आयु है। पूर्वज वायु को देवता जानते थे। देवता प्रायः प्रत्यक्ष नहीं होते लेकिन ऋग्वेद के ऋषि की अनुभूति में वायु प्रत्यक्ष ब्रह्म है। एक मन्त्र (1.90.9) में वायु से स्तुति है, "नमस्ते वायो त्वमेव प्रत्यक्ष ब्रह्मासि, त्वमेव प्रत्यक्षं ब्रह्म वदिष्यामि–वायु को नमस्कार है। आप प्रत्यक्ष ब्रह्म हैं।

मैं आपको प्रत्यक्ष ब्रह्म कहता हूँ।'' वायु के प्रति ऐसा आदर भाव दुनिया की किसी संस्कृति में नहीं मिलता। यह मन्त्र–मान्यता महत्त्वपूर्ण है। सो यही मन्त्र ऋग्वेद, यजुर्वेद, अथर्ववेद व तैत्तिरीय उपनिषद् में भी आया है। वायु से जीवन है। जब तक शरीर में वायु तब तक आयु और जीवन। ऋग्वेद (10.16.3) में मृत जीव से प्रार्थना है, "आपकी आँखों की ज्योति सूर्य में मिले और प्राण–आत्मा वायु में चले जायें।"

वायु प्राण धारक है। वायु दो तरह की। एक हमारे भीतर स्थित हमारे प्राण का आधार है और दूसरी सम्पूर्ण सृष्टि में प्रवहमान ब्रह्म की तरह सर्वत्र व्यापक वायु। यही सर्वत्रव्यापी वायु सभी प्राणियों का प्राण है। कठोपनिषद् की कथा में यम ने नचिकेता को बताया था, "वायुर्थेको भुवनं–प्रविष्टो रूपं–रूपं प्रतिरूपो वभूवः–यह वायु सभी भुवनों में प्रविष्ट होकर रूप–रूप प्रतिरूप होता है।'' यह सभी भूतों का मधुरस भी है। बृहदारण्यक उपनिषद् में कहते हैं, ''अयं वायुः सर्वेषां भूतानां मध्वस्य, वायो सर्वोणि भूतानि मधु– यह वायु सभी प्राणियों का मधु है और सभी प्राणी वायु के मधु।'' मधु पूर्वजों का प्रिय आत्मलम्बन है। प्राणी और वायु परस्परावलम्बन में हैं। दोनों एक–दूसरे के मधु हैं। ऐसी ही अनेक मान्यताओं के कारण हम भारतवासी वायु को अतिरिक्त महत्त्व देते थे। वायु निर्मल थी। वायु प्रवाह में होना आनन्ददाता था। तब वायु प्रदूषण की बात भी नहीं थी।

भारतीय चिन्तन में सृष्टि का आधार पाँच महाभूत हैं। पृथ्वी, जल, अग्नि, वायु और आकाश। हम पृथ्वी ग्रह के निवासी हैं। पृथ्वी तत्त्व के साथ हमारे जीवन में जल, अग्नि, वायु और आकाश भी है लेकिन वायु प्राणों का मूलाधार है। शरीर के भीतर वायु की गति ही प्राण की गति है। योग का प्राणायाम शरीर के प्रत्येक कोष को वायु पहुँचाने का विज्ञान है। शुद्ध वायु शरीर की मूलभूत आवश्यकता है। पूर्वजों ने वायु का गहन अध्ययन किया था। उन्होंने वायु को बहुवचन मरुद्‌गण कहा है। उन्हें रुद्र का पुत्र बताया था। ऋग्वेद के सुन्दर मन्त्र (7.56.1–2) में ऋषि वशिष्ठ की जिज्ञासा है, "इनके जन्म के सम्बन्ध में कोई नहीं जानता।" आगे कहते हैं, "इनकी माता ने इन्हें अन्तरिक्ष में धारण किया था। वे (अन्य देवों की तरह) ऋत् सत्य धारण करते हैं।" इस सूत्र की मज़ेदार बात है कि, "वे सब पर एक समान कृपा करते हैं।" मरुद्‌गण भले ही समाजवादी है, लेकिन वायु प्रदूषण के ज़िम्मेदार वंचित, ग़रीब कम हैं और अराजक औद्योगिक सभ्यता के लाभार्थी ज़्यादा हैं।

वर्षा से जल है। जल से वनस्पतियाँ हैं। अन्न भी है। अन्न का उद्भव जल से है। गीता में श्रीकृष्ण ने अर्जुन को बताया–पर्जन्य (वर्षा के कारक) से अन्न है–अन्नाद भवति पर्जन्या। वर्षा का उद्भव सत्कर्म हैं। सत्कर्मी जल वायु का प्रदूषण नहीं करते। ऋग्वेद (1.166.1) के अनुसार, "वायु वर्षा को तत्पर मेघों के भीतर भी उपस्थित रहती है।" ऋग्वेद के पूर्वजों का ध्यान वर्षा की हरेक गतिविधि पर है। जल बरसाने वाले अनेक देवता हैं। इन्द्र हैं। पर्जन्य हैं, और मरुद्गण भी हैं। कहते हैं कि, "गतिशील मरुद्गण भूमि पर दूर–दूर तक जल बरसाते हैं। वे सभी जीवों के मित्र हैं।" (1.167.4) वर्षा के समय मेघों के बीच विद्युत चमकती है। आकाशीय विद्युत वायु की प्रेम प्यासी है। वह मरुतों का वरण करती है। ऋषि इस प्रेम को काव्य बनाते हैं। कहते हैं, "मनुष्य मन पर प्रभाव डालने वाली विद्युत ने मरुतों का वरण किया है। विद्युत भी इनके साथ चलती है।" (1.167.5)

प्राचीनकाल में प्रकृति के सभी घटकों से मनुष्य की प्रीति थी। वायु शुद्ध थी। मनुष्य वायु को देवता जानते–मानते थे। तब प्रदूषण का दुस्साहस सोचना भी प्रकृति के विरुद्ध अपराध था। ऋग्वेद में वायु के साथ जल कण की गति है। विद्युत की दीप्ति है। वायु के सम्बन्ध में यही बात ऋग्वेद की शैली में आधुनिककाल में कहनी हो तो कहेंगे–"हे वायु देव! आपको हम आधुनिक मनुष्यों ने करोड़ों वाहनों का धुआँ सौंपा है। खेतों में फसल के अवशेष जलाकर विषैला बनाया है। आप इन सबका भार ढोते हुए प्रवाहित हैं। धुन्ध आपकी देन है। अब आपकी शक्ति पहले से बहुत ज़्यादा हो गयी है। आपकी धुन्ध के डर से वायुयान भी अव्यवस्थित हैं।"

महानगरों में वायु प्रदूषण की होड़ बढ़ी है। सब प्रथम रहना चाहते हैं। लेकिन उलटबाँसी बड़ी है। महानगरवासी वायु शुद्ध चाहते हैं। शुद्ध वायु में टहलने के लाभ गिनाते हैं लेकिन वायु प्रदूषण के सारे उपद्रव करते हैं। वे परम्परा और संस्कृति के मूल्यों का मज़ाक़ बनाते हैं। स्वस्थ परम्पराओं को पिछड़ापन बताते हैं। वैज्ञानिक दृष्टिकोण की बातें करते हैं तो भी वायु प्रदूषण रोकने के वैज्ञानिक उपायों का पालन नहीं करते। शुद्ध वायु प्रतिपल की आवश्यकता है। ऋग्वेद के ऋषि सजग थे। स्तुति है कि, ''हे मरुतो! आप सतत् गतिशील रहें, रात–दिन चलें। सभी क्षेत्रों में भ्रमण करें।'' (5.54.4) सही बात है। वायु की सघन उपस्थिति में स्फूर्ति है। जितनी गहरी शुद्ध वायु की साँस उतनी ही गहरी स्फूर्ति। वायुहीन वातायन निर्वात है। निर्वात

प्राण शून्यता है और प्राण शून्यता मृत्यु है। शुद्ध वायु की अनुपस्थिति से पृथ्वी ग्रह के सामने जीवन अस्तित्व का संकट है।

वायु से वाक् है। न बोल पाना अवाक् कहा जाता है। भयंकर वायु प्रदूषण से भारत अवाक् है। वायु से वाणी हैं। वायु से ही गीत उगते, फैलते हैं। वायु से संगीत है। गीत–संगीत का श्रवण स्रोत भी वायु आधारित है। शब्द या ध्वनि अपनी गतिशीलता में वायुरथ से ही चलते हैं। प्राण स्पन्दन का मूल वायु है। वायु प्राण है। जब तक प्राण तब तक प्राणी और तभी तक वाणी। दुर्भाग्य से भारत का वातायन प्रदूषित है। ऋग्वेद के पूर्वजों ने मधुवातायन की स्तुतियाँ की थीं, 'मधुवाता मधु ऋतायते' लेकिन आधुनिक काल प्रदूषण की धुन्ध में है। यह प्रदूषण हम सबकी जीवन–शैली का परिणाम हैं। हम सब स्वयं ही इस आत्मघात के उत्तरदायी हैं। सब कुछ जानते हुए भी सतर्क नहीं हैं। प्रकृति ने लगातार चेतावनी दी है। हम प्रकृति, संस्कृति और संवैधानिक संस्थाओं की चेतावनी भी सुनने को तैयार नहीं हैं। भारत का भविष्य भी प्रदूषण धुन्ध से आच्छादित है। संकट बड़ा है और हम सब इसकी उपेक्षा कर रहे हैं।

हम आधुनिक समाज के लोग वायु प्रदूषण के ख़तरे से अवगत हैं। भूमण्डलीय ताप की वृद्धि के परिणाम भी जानते हैं। पृथ्वी ग्रह के जीवन को बचाने की चुनौती से भी विश्व अवगत है। वायु में विष है और जल में भी। हम सब यह तथ्य भी जानते हैं। मूलभूत प्रश्न है कि सब कुछ जानते हुए भी हम वायु प्रदूषण में बढ़ावा देने वाले कुकर्म क्यों करते हैं? दीपावली पर करोड़ों टन पटाखे जलाते हैं। सरकारें परामर्श जारी करती हैं। पटाखों पर संयम की अपीलें जारी की जाती हैं। हम कोई परामर्श नहीं सुनते। आख़िरकार हम पृथ्वी का जीवन नष्ट करने को ही क्यों तत्पर हैं? हम आत्मघात की दिशा में ही क्यों बढ़ रहे हैं? प्रश्न बड़े हैं। आत्मघात की प्रवृत्ति आश्चर्यजनक है।

भारत के अपने अतीत में प्रकृति के सभी घटकों को संरक्षण देने वाली सदाबहार प्राणवान वैदिक संस्कृति थी। पर्यावरण का संवर्द्धन था। तब जल को माताएँ कहा जाता था और वायु को प्रत्यक्ष ब्रह्म। समूचा प्राचीन साहित्य जल, जंगल, वनस्पति और सभी प्राणियों के प्रति प्रीति से भरा–पूरा है। हम सबको ऋग्वेद और उसके पूर्व से चली आ रही सांस्कृतिक परम्परा से क्यों नहीं जुड़ना चाहिए?

सन्दर्भ ग्रन्थ

1. इतिहास दर्शन, डॉ. रामविलास शर्मा, वाणी प्रकाशन, दिल्ली।
2. भारतीय नवजागरण और यूरोप, डॉ. रामविलास शर्मा, हिन्दी माध्यम कार्यान्वयन निदेशालय, दिल्ली।
3. पश्चिमी एशिया और ऋग्वेद, डॉ. रामविलास शर्मा, हिन्दी माध्यम कार्यान्वयन निदेशालय, दिल्ली।
4. भारतीय राष्ट्रवाद की सामाजिक पृष्ठभूमि, ए.आर. देसाई, भारतीय इतिहास अनुसन्धान परिषद्।
5. भारतीय साहित्य की भूमिका, डॉ. रामविलास शर्मा, राजकमल प्रकाशन, दिल्ली।
6. संस्कृति के चार अध्याय, डॉ. रामधारी सिंह दिनकर, लोकभारती प्रकाशन, प्रयागराज।
7. हिन्दुस्तान की कहानी, पं. जवाहरलाल नेहरू, सस्ता साहित्य मण्डल प्रकाशन।
8. रामायण, वाल्मीकि, गीता प्रेस, गोरखपुर।
9. ईशादि नौ उपनिषद्, गीता प्रेस, गोरखपुर।
10. बृहदारण्यक उपनिषद्, गीता प्रेस, गोरखपुर।
11. बृहदारण्य उपनिषद्, गीता प्रेस, गोरखपुर।
12. छान्दोग्य उपनिषद्, गीता प्रेस, गोरखपुर।
13. रामचरितमानस, गीता प्रेस, गोरखपुर।
14. नाट्यशास्त्र, भरतमुनि, चौखम्भा।
15. हड़प्पा सभ्यता और वैदिक साहित्य, डॉ. भगवान सिंह, राधाकृष्ण प्रकाशन, दिल्ली।
16. श्रीमद्भागवत गीता, डॉ. राधाकृष्णन्।

17. ऋग्वेद और डॉ. रामविलास शर्मा, हृदयनारायण दीक्षित, शिल्पायन प्रकाशन, दिल्ली।
18. माई ऑटोबायोग्राफ़ी, मैक्समूलर।
19. इंट्रोडक्शन टु दि प्रिंसिपल उपनिषद् का हिन्दी अनुवाद, डॉ. राधाकृष्णन, राजपाल एण्ड संस, दिल्ली।
20. आचार्य महावीर प्रसाद द्विवेदी : संकलित निबन्ध, नेशनल बुक ट्रस्ट, दिल्ली।
21. भारत का संविधान।
22. भारतीय संस्कृति का विकास, सत्यकेतु विद्यालंकार, सरस्वती सदन, नयी दिल्ली।
23. ब्रीफ़ हिस्ट्री ऑफ़ टाइम, स्टीफेन हॉकिंग।
24. दि थ्योरी ऑफ़ एवरीथिंग, स्टीफेन हॉकिंग, जैको पब्लिशिंग हाउस, दिल्ली।
25. ऋग्वेद संहिता।
26. यजुर्वेद संहिता।
27. अथर्ववेद संहिता।
28. ऋग्वैदिक सभ्यता और आर्य, राहुल सांकृत्यायन।
29. ताओ तेह चिंग, लाउत्सु (अंग्रेज़ी अनुवाद)।
30. वैदिक देवों का आध्यात्मिक व वैज्ञानिक स्वरूप, डॉ. कपिलदेव।
31. वैदिक देवशास्त्र, डॉ. सूर्यकान्त।

□□

जीवन-वृत्त

हृदयनारायण दीक्षित

★ **जन्म** : ग्राम लउवा, ज़िला उन्नाव, उत्तर प्रदेश।

★ **शिक्षा** : एम.ए. 'अर्थशास्त्र'।

सार्वजनिक जीवन

★ पूर्णकालिक सामाजिक कार्यकर्ता।

★ चार बार लगातार विधानसभा सदस्य रहे और वर्तमान में पाँचवीं बार उन्नाव जनपद उत्तर प्रदेश के भगवन्तनगर से विधानसभा सदस्य हैं।

★ छः वर्ष तक उत्तर प्रदेश विधानपरिषद के भी सदस्य रह चुके हैं।

★ उत्तर प्रदेश सरकार में पंचायतीराज मन्त्री तथा संसदीय–कार्यमन्त्री भी रह चुके हैं।

★ उत्तर प्रदेश राज्य विधानमण्डल की सार्वजनिक उपक्रम समिति के सभापति सहित अनेक समितियों में भी रह चुके हैं।

सम्प्रति : अध्यक्ष, विधानसभा, उत्तर प्रदेश।

सम्मान

★ मध्य प्रदेश सरकार द्वारा 'गणेश शंकर विद्यार्थी' पुरस्कार से सम्मानित।

★ राष्ट्रधर्म का 'भानु प्रताप शुक्ल पत्रकारिता सम्मान'।

★ राजस्थान के छोटी खाटू पुस्तकालय का 'दीनदयाल उपाध्याय सम्मान'।

★ डॉ. हेडगेवार प्रज्ञा सम्मान, श्री बड़ा बाज़ार कुमार सभा पुस्तकालय, कोलकाता।

पत्रकारिता

★ 'कालचिन्तन' पत्रिका के संस्थापक/सम्पादक 1978 से 2004 तक।

★ राष्ट्रधर्म, पांचजन्य व राष्ट्रवादी विचार की विभिन्न पत्र–पत्रिकाओं में लेखन।

★ दैनिक जागरण में 20 वर्ष से नियमित लेखन।

★ विभिन्न दैनिक पत्र–पत्रिकाओं में नियमित लेखन।

★ अब तक 4 हज़ार से अधिक आलेख प्रकाशित।

साहित्य

★ **ऋग्वेद और डॉ. रामविलास शर्मा**

ऋग्वेदकालीन समाज, संस्कृति, सभ्यता, अर्थव्यवस्था आदि विषयों पर हिन्दी के मूर्धन्य आलोचक डॉ. रामविलास शर्मा की दृष्टि का आलोचनात्मक अध्ययन।

★ **मधुविद्या**

वैदिक समाज और दर्शन की अनुभूतियों पर आधारित निबन्ध।

★ **सांस्कृतिक राष्ट्रदर्शन**

भारतीय राष्ट्रभाव के मूलस्रोत, राष्ट्रभाव का विकास, राष्ट्रभाव और राष्ट्रीय एकता के बाधक तत्त्वों का विवेचन। वैदिक काल से लेकर अब तक के सांस्कृतिक राष्ट्रभाव का दर्शन–दिग्दर्शन।

★ **भारतीय संस्कृति की भूमिका**

भारतीय संस्कृति के मूलस्रोत ऋग्वेद और उसके पहले के समाज का अध्ययन। ऋग्वेद के परवर्ती वाङ्मय अथर्ववेद, ब्राह्मण उपनिषद्, महाभारत–गीता आदि के संस्कृति तत्त्वों का विवेचन। भारतीय संस्कृति के प्रवाह से जुड़ी संस्थाओं का अध्ययन।

★ **भगवद्गीता**

गीता के प्रत्येक श्लोक को ऋग्वेद उत्तरवैदिक काल होते हुए आधुनिक सन्दर्भों तक समझने का प्रयास। गीता के मुख्य विषयों पर अलग से 9 स्वतन्त्र अध्ययन।

★ **सांस्कृतिक अनुभूति और राजनीतिक प्रतीति**

सांस्कृतिक अनुभूति से जुड़ी राजनीति और संस्कृतिविहीन राजनीति के सरोकारों से जुड़े निबन्धों का संकलन।

★ **जम्बूद्वीपे भरतखण्डे**

विभिन्न समाचार–पत्रों में प्रकाशित राष्ट्रवाद, अल्पसंख्यकवाद और दुनिया के मूलभूत प्रश्नों से जुड़े लेखों का संकलन।

★ **संविधान के सामन्त**

दैनिक जागरण में प्रकाशित संवैधानिक संस्थाओं के अपमान से जुड़े लेखों का संकलन।

★ **पं. दीनदयाल उपाध्याय : दर्शन, अर्थनीति, राजनीति**

ऋग्वेद से लेकर शंकराचार्य तक के दर्शन व उपाध्याय जी के एकात्म मानव दर्शन का अध्ययन।

★ **तत्त्वदर्शी पं. दीनदयाल उपाध्याय**

पं. दीनदयाल उपाध्याय का जीवन, राजनीति और अर्थदर्शन।

★ **भारत के वैभव का दीनदयाल मार्ग**

पं. दीनदयाल उपाध्याय का जीवन–वृत्त और भारत के समग्र वैभव से जुड़े प्रश्न।

★ **श्रीराम आस्था और इतिहास**

श्रीराम भारत की आस्था और भारतीय इतिहास के नायक।

★ **अम्बेडकर का मतलब**

डॉ. अम्बेडकर के जीवन से जुड़े तमाम सामाजिक, राजनीतिक सरोकारों पर लिखे गये निबन्धों का संकलन।

★ **राष्ट्राय स्वाहा**

दैनिक जागरण में प्रकाशित आतंकवाद से जुड़े निबन्धों का संकलन व भारतीय राष्ट्रवाद का उद्‌भव, विकास।

★ **भगवद्‌गीता रिविज़िटेड**

सम्पूर्ण भगवद्‌गीता का सरल विवेचन, अंग्रेज़ी में।

★ **भारतीय समाज : राजनीतिक संक्रमण**

आधुनिक राजनीति का विवेचन और समाज पर उसके प्रभाव से जुड़े विश्लेषण पर लिखे गये निबन्धों का संकलन।

★ **राष्ट्र सर्वोपरि**

दैनिक जागरण में प्रकाशित राजनीतिक निबन्धों का संकलन।

★ **सुवासित पुष्प**

श्री अटल बिहारी वाजपेयी के संसदीय भाषणों का संकलन, सम्पादन।

★ **ऊँ**

भारतीय संस्कृति और परम्परा के ध्वनि प्रतीक का विवेचन।

★ **शिव**

ऋग्वैदिक देवता रुद्र–शिव का अध्ययन।

★ **मधुरसा**

वैदिक ज्ञान और दर्शन सम्बन्धित ललित निबन्ध।

★ **मधु अभिलाषा**

भारतीय संस्कृति, जीवन–शैली और दर्शन का ललित ज्ञान।

★ **हिन्द स्वराज : एक पुनःपाठ**

महात्मा गाँधी द्वारा लिखित 'हिन्द स्वराज' की व्याख्या।

★ **हम भारत के लोग**

दैनिक जागरण में प्रकाशित राजनीतिक निबन्धों का संकलन।

★ **भारत बोध**

विभिन्न कार्यक्रमों में दिये गये भाषणों का संकलन।

★ **भारतीय अनुभूति का विवेकानन्द**

विवेकानन्द दर्शन का सार।

★ **द वे भारत थिंक्स**

सोचने की भारतीय दृष्टि

भारतीय समाज के तर्क–वितर्क और दर्शन की परम्परा का विवेचन।

★ **ईशावास्योपनिषद् का पुनःपाठ**

वैदिक साहित्य की प्रथम उपनिषद् का सम्पूर्ण विवेचन।

★ **गीता का अन्तःसंगीत**

गीता दर्शन के प्रमुख विषयों व श्लोकों का विवेचन।